吴国平操盘论道五部曲系列丛书

2.0版

看透F10

操盘论道入门曲

知名私募基金经理用心之作

吴国平◎著

SPM
南方出版传媒
广东经济出版社
·广州·

图书在版编目（CIP）数据

操盘论道入门曲. 看透F10：2.0版/ 吴国平著. —广州：广东经济出版社，2016. 8
（吴国平操盘论道五部曲系列丛书）

ISBN 978 - 7 - 5454 - 4717 - 0

Ⅰ. ①操…　Ⅱ. ①吴…　Ⅲ. ①股票交易－基本知识　Ⅳ. ①F830. 91

中国版本图书馆CIP数据核字（2016）第169687号

出 版 人：姚丹林
责任编辑：易　伦
责任技编：许伟斌

出版发行	广东经济出版社（广州市环市东路水荫路11号11～12楼）
经销	全国新华书店
印刷	广东省农垦总局印刷厂（广州市天河区棠东横岭三横路11－13号）
开本	787毫米×1092毫米　1/16
印张	18. 5
字数	270 000字
版次	2016年8月第1版
印次	2016年8月第1次
印数	1～1 0000册
书号	ISBN 978－7－5454－4717－0
定价	49. 00元

如发现印装质量问题，影响阅读，请与承印厂联系调换。
发行部地址：广州市环市东路水荫路11号11楼
电话：（020）38306055　37601950　邮政编码：510075
邮购地址：广州市环市东路水荫路11号11楼
电话：（020）37601950　营销网址：**http://www.gebook.com**
广东经济出版社新浪官方微博：**http://e.weibo.com/gebook**
广东经济出版社常年法律顾问：何剑桥律师

作者简介

主要成就：

2006 年 5 月，被媒体评价为奥运版“牛市宣言第一人”。

2006 年 9 月初至 10 月底，以两个月超 150% 收益的成绩在“操盘纪实”大赛中夺得冠军。

2007 年，被《理财周报》评为“2007 中国理财年度人物”。

2008 年至 2009 年，完成了《吴国平操盘论道五部曲》经典操盘书籍体系。

2009 年开始，成为各大知名高校投资研修班的主讲讲师或首席讲师，同时开始正式培养第一代贴身弟子。

2010 年 12 月，被“中欧国际工商学院”邀请为其学员做演讲，并在 2011 年 4 月初成为在中欧工商学院做深度授课的最年轻的学者，获得高度好评。

2012 年，被《证券日报》评为“最靠谱”基金经理。

2013 年初，其期货实战成绩在半年内获得超 10 倍的骄人收益率。

2014 年，新浪财经专栏评论，其证券准确率和前瞻性达到九成以上，实战成绩首屈一指。

2015 年 10 月，《吴国平对股市的六大思考和出牌救市建议》获得北大商业评论“我为证监会支招”有奖征文第一名。

2015 年，参加《大众证券报》和财信网第二季度荐股大赛，以“26 个交易日涨幅 107%”的收益赢得第一名。

2015 年，在水晶球财经网，连续三次获得选股冠军。

2015 年，在金融界旗下爱投顾大师赛中拿下个人赛和名人赛双料冠军。

2016 年，开始实际落地打造最亲民私募孵化和最干货供应平台“私募国中岛”，并开通微信公众号：私募国中岛。

已经出版的书籍：

2010 年 2 月，吴国平操盘论道五部曲系列丛书——《看透 F10》《把握价值》《抓住形态》《看穿盘面》《跳入权证与期货》。

2010 年 8 月，吴氏赢利系统——《期指攻略》。

2011 年 5 月，操盘论道五部曲浓缩版——《主升浪》。

2011 年 7 月，吴国平实战操盘大讲堂系列丛书——《看透分时图》《市场与个股的心理博弈》《看穿主力思维》《量能与均线》《透过 F10 挖掘牛股》。

2011 年 10 月，主力操盘案例系列丛书——《主力选股策略》《主力建仓策略》《主力拉升策略》《主力出货策略》《主力全局运作策略》。

2013 年 3 月，吴国平、陈旭师徒二人合著——《寻牛——如何挖掘投资主线》。

2014 年 3 月 1 日，《150 万到 1 亿：操盘手日记第一季》。

2014 年 5 月 15 日，《短线金手：私募实战赢利系统剖析》（吴国平、陈旭）。

2015 年 5 月 1 日，《短线金手：涨停狙击战法深度解密》（吴国平、陈旭）。

2015 年 7 月到 8 月，《主力出货策略》《主力选股策略》《主力拉升策略》《主力建仓策略》《主力布局策略》（吴国平）。

2015 年 11 月，《“大海日出”操盘实录：吴国平团队培养成功启示录》。

未来，我们坚信，做到极致就能创造奇迹。一切将拉开新的篇章，期待一起开启下一路口的奇迹……

新浪微博：吴国平财经

个人微信公号：财经听国平

平台微信公号：私募国中岛

联系邮箱：wgp168@ vip. 163. com

再版序一

厚积薄发：五部曲跨越6年多的思考

《吴国平操盘论道五部曲》是我经历了2006到2007年这两年的大牛市后，在2008—2009年写成的，更多是在休息、沉淀后期的2009年写的，然后在2010年正式出版。

至今跨越了6个年头，这6个年头，世界变化不小。记得那时候，还没有微博、微信，当时最流行的是博客，现在微博和微信成了主流，视频直播等也渐渐发力。世界变化极其迅速，让你有点目不暇接。

或许也正是如此，近几年市场的行情变化也显得极其迅速——2015年上半年的牛市，2015年下半年的崩盘，来去都是如此急速。

时代虽然在急速变化，市场也随着变化万千，但对于投资的本质而言，其实一直都没变，你能否挖掘到牛股的关键因素，依然是相通的。技术的研究方法和思考逻辑，本质是没有太多变化的，更多的只是小的、局部的方式方法随着市场的变化进行一定的完善而已。

因此，回头去看这套"操盘论道五部曲"，本质的东西其实依然是相通的，只是现在环境有所改变，局部、细分的东西需要与时俱进而已，但对于思想本身，过去的依然具有相当的价值。甚至可以说，如果现在重新再写，未必能沉淀出过去的那种思想，现在的思想更多的是在过去的基础上，进行各种完善和提升。

接下来，我要透过视频教学的方式，让它的价值更好地绽放出来。当然，我觉得这对自己也是一种总结、一种梳理。过去的思想我需要温故知新，需要结合最新的市场状况，以更好的方式展现在读者面前，让我们一起继续成长、前行。

过去的书，我们不会做太大的修改，尽可能保持原来的风味，因为它具有穿越时间的思想价值，也是最好的基础教材。所谓经典，就是尽可能地保持原汁原味。

美国很多关于技术分析的书籍，再版无数次，历经几十上百年而经久不衰，关键就是其内在的思想价值能够穿越时间。这里，不谦虚地说，我觉得我的思想也有那样的价值。

记得在2010年出版这套书籍的时候，我就提出了一个理念，那就是金融文化的理念。现在回头来看，至少在资本市场，应该说，我是属于那种非常有前瞻性的人，可以不夸张地说，也应该是提出这理念的第一人吧。

记得当时自己还特意成立了一个文化公司，构建大格局出版中心，为的就是更好地把我的一些金融文化理念能最终一项项落地。但是，当时的环境对这块是没有概念的，也是不热衷的，所以，一直在具体落实上很难执行，做得不尽如人意。

现在环境变了，流行的载体变了，要实际落地并做好它的基础有了，剩下就看你怎么去做了。

我正在做过去出版的所有书籍的教学视频，其实，就是为了我的金融文化梦能最终落地、生根、发芽，这是我一直怀有的执着情怀。

多年来，我坚持每年都出版几本书，至今已出版了差不多30本，准备出版的书籍还有20多本。可以不夸张地说，资本市场做私募的人群里，我们的书籍出版是做得最好的，细分市场我们是第一名。未来我们要继续扩大这种优势，直至最终实现我的金融文化产业梦。

在至少6年的时间里，收到很多读者表达感激和感谢的来信，微博上也有很多留言对我所出书籍的肯定，这是能够持续下来的一种动力。毕竟，书籍本身所创造的经济效益是根本没法跟资本管理所创造的经济效益相比拟的，之所以能坚持至今，除了自己内心的喜好和情怀外，更多的是读者的支持和鼓舞所带来的动力。

另外，在这6年的时间里，我也培养了一些人才。从我刚出版书籍开始，跟随我一直成长的人才不下6个，这6个人为我们的金融文化更快地展开、更好地推广、更深入、更落地打下了坚实的基础。毕竟，任何事情只靠一个人是很难做出多大成绩的，但只要是一个不错的团队，厚积薄发，在某个时刻所带来的能量绝对是惊人的。

与此同时，全国各地受我书影响的职业投资者也很多，在私募行业的人也深受我书籍思想的影响。我深深感受到，更大的使命将摆在我前面，没错，那就是打造一个平台——最亲民的私募孵化平台，最强大的干货内容供应平台，这不就是我要做的吗？2016 年，我把酝酿了几年的私募国中岛想法逐步落地。私募国中岛就是一个平台，一个最亲民的私募孵化和干货供应平台。“私募国中岛”也是我们的微信公众号，一切都将从这里全面展开。更光明的未来必将在远处等着我们。

煜融投资董事长

私募国中岛岛主

“私募国中岛”（微信公众号：smgzdao）是最亲民私募孵化和最干货供应平台。

再版序二

让我们成为你的引路人

这是我们的再版书，虽然对其中的内容有部分更新，但就算不更新，经典依然是经典，对于新读者而言，其价值依然是非常突出的；对于老读者，更多的是温故而知新。

为了让更多读者能够更好地去理解书中的内容，我们结合市场各种工具的变化进行了新的尝试，也有了新的突破。过去读书，有了教材，但还需要名师来指导，才能更快更好地吸收书中的内容，完成蜕变。读者都希望作者能够亲自授课，互联网时代提供了这种可能，线上视频教学就是我们未来要给予大家的增值服务。

未来我们将拿原来在线下各知名大学比如中欧商学院、中国人民大学、浙江大学、广东金融学院等花高价上课的内容，搬到线上来，几万元的课程内容将转变为几千几百元甚至免费。我们将开辟网络视频教学，围绕我们的书籍，为读者做好增值服务。

视频教学，将结合市场最新的动态案例来阐述知识点。书就是教材，虽然书中的案例是旧的，但对于明白要点不构成任何阻碍，同时再结合网上的最新案例及我们视频上的讲解和点拨，读者思想上的突破是必然的。所以，不论是老读者还是新读者，在学习的过程中，最好加入到我们的视频教学中来，以帮助自己更好地提升和突破。书是静态的，我们的教学是结合市场而发的，是动态的，价值可想而知。怎么加入？很简单，请关注我们微信公号：私募国中岛！不论你是新读者还是老读者，只要认购了这本书，我们都将免费送你一集线上的视频教学课程。

什么是私募国中岛？简单一句话来概括就是：最亲民的孵化平台和最干

货的供应平台！这本书是敲门砖，一块敲开证券市场本质的敲门砖，希望我们成为你最好的引路人……

煜融投资董事长

私募国中岛岛主

“私募国中岛”（微信公众号：smgzdao）是最亲民私募孵化和最干货供应平台。

序一　行在资本市场中

我和国平认识，是在万科公司组织的一次活动中。从认识而相识，从相识而相知，从相知而相惜，毫不避讳地说，我对国平的喜爱可谓与日俱增。

国平是那种少见的胸怀大志、脚踏实地而又朴实无华的孩子。这样的孩子，即便像我这样阅人无数的老江湖，一辈子也都见不到几个。这样的孩子，即便像我这样素来以挑人毛病为乐的坏人，也会打心里喜欢。

呵呵，这样的孩子，注定会成为事业和命运的宠儿。如果你信上帝，那你当然应该相信上帝是公平的！所以，我不会神秘兮兮地说，国平，你养得一副美髯，相貌不凡，准保大成！所谓性格决定命运也是谬误，品格才真正决定命运。

胸怀大志方能胸襟开阔、为天下先。脚踏实地才能早点从梦想中醒来，进而去实现梦想。朴实无华才能海纳百川、凝聚团队。有此三样品格，好比怀有三样宝器者，想不成功都难！就算经历挫折，挫折也是肥料，可助东山再起。

呵呵，前面说的是国平之为人。现在要说一下其文。所谓文如其人，“我手写我心”，摆在案前的《吴国平操盘论道五部曲》系列丛书，既是国平的心血之作，又是其人格的表现，是浮躁的书市上不可多得的佳作。

先说胸怀大志（胸襟开阔、为天下先）这一条。时至公元2010年，江湖上已尽人皆知，股指期货的推出在中国已是倒计时。这意味着中国资本市场将深度市场化以及越来越国际化。股指期货并不改变股市的长期趋势，但一经推出，股市波动将大大加剧，如国平书中所讲，一月之内收益翻倍或全部赔光是完全可能的事情，这对散户的操作水平将是极大的考验。中国股市的游戏规则一旦变化，赢家输家也将重新洗牌。过去，股神说过“退潮时才知道谁没穿裤子”，其实，大浪时也将抛出一批没穿裤子的。在大浪来前，认真学一点操盘之道，穿上游戏裤，积累重新下海游戏的本钱，实在是最重要的事情。国平的书，可谓是面向中国新资本时代的先锋之作。

再说脚踏实地这一条。遍览国平的书，你会发现尽是他自己的操盘心得。他从业的每一步都是踏踏实实走下来的，而他的书也是这样认认真真、一步一步写下来的。没有空洞的理论，全是实战的功夫；没有陈腐的见解，全是智慧的珍珠；没有对洋人的崇拜，没有引经据典卖弄知识，全是实实在在、招招见血的经验。想要学真本事，而不是徒得谈资的人，一定要读读国平的书。

再就是朴实无华这一条。读国平的书以及接触他的为人，你会发现他骨子里有一种不服输、不屈不饶的精神，但实在难得的是，他又很谦卑，对人不卑不亢、对市场深怀敬畏。他的文字，则潇潇洒洒，娓娓道来，全无一丝的造作，有些地方，甚至透着孩子般的透明和挚诚，让我乐不可支！如果你喜欢一位坦诚、赤诚、性如明月的朋友，那你一定会喜欢国平的书，并且有可能成为他的朋友（至少是通信朋友）。

国平的书是一个完整的系列，既有谈如何把握股票内在投资价值的，又有谈市场趋势以及盘面信息的，还有详细介绍如何理解F10奥秘的，更有介绍权证与期货操作的。可以说，这是一套中国股市实战操作的百科全书。一卷在手，仔细精研，一定会大有心得，至少可习得驾驭中国股市的本领，甚至于摩拳擦掌、跃跃欲试。

我真的很高兴看到一批行在中国资本市场中，与中国资本市场共同成长的中华宠儿。原因很简单，我偏激的骨子里是不相信海外投行尤其是西方投资银行家的。我认为中国经济未来最危险的就是走上日本式泡沫经济的道路，而中国财富最危险的敌人就是海外金融机构以及投资银行家。此外，国人还知道，落后就会挨打，而中国最需要锻炼出本领来避免挨打的领域不是军事，而是金融，特别是资本市场领域。因这个缘故，我特别盼望着包括国平在内的中国一代土生土长的投资金融家们兴起，御敌于国门之外，保护好父辈们通过改革开放辛辛苦苦数十年创造起来的财富。

是为序！

北京科技大学经济管理学院教授　赵晓

序二 真诚自见风流

国平兄的大作终于在两年的期待中呱呱坠地了，厚厚的五本书，着实是近年证券类书籍鲜见的大手笔，由衷恭喜他。

和国平相识，纯粹属于神交，或者说是一种情怀。

2007 年大约 10 月份的时候，那是《理财周报》刚创刊三个月的时候，一切都显得如此生涩和吃力。而对刚刚转行的我来说，资本市场几乎是一片深不可测的黑洞，那时我还是一个记者。

那时候盛传股指期货即将推出，市场正是疯狂得火上浇油的时候。在某周的周一例会上，副主编罗老师谈及此事的时候，突然神情严肃地扫了一圈会场说，我周末的时候在深圳跟吴国平喝了一次茶，他说再这么下去，股指期货是“80 后”翻身唯一的机会了。

一语惊醒梦中人。

当时股指正在驶向 6000 点的高速路上一路狂奔，对绝大多数依旧一贫如洗的“80 后”来说，百年一遇的股市机遇已经绝尘而去——也正是如此焦灼的情绪使得为数众多的“80 后”成为 6100 点最顽固的站岗者。我清楚地记得，当时不少媒体都报道了在各大校园中小股神正雨后春笋般地冒出来。

但这是极不正常的。吴国平这句话突然让我的“80 后”同事感到的是荒谬、绝望和恐慌。

吴国平是谁？我问老罗。

江湖人称“少帅操盘手”，曾经以前瞻性预测 2007 年大牛市而名动华南私募圈，重要的是 1980 年生。

这让我心生疑惑，此人到底有什么三头六臂的能耐，竟能若此？

从那以后，理财周报资本市场版的稿件中开始不断出现吴国平的小专栏，或者理财周报记者的采访言论。我记得我们曾经策划了一期《鬼 K 线股票》，一时洛阳纸贵，其中跨版的十大“鬼 K 线”股票点评，就是我请吴国平操刀的，那是我第一次拨通他的电话，电话那边一个劲的说：“没问题没问题，好的好的。”古道热肠，诚以待人，这就是国平，也是他这套书区别于其他书籍的最重要品质。

直到今天，我们的资深记者张伟湘，动不动就抓起电话：“喂，吴老师吗？哦，那个你怎么看今天的大盘啊，暴涨啊……”

如果说，“80 后唯一机会论”和“鬼 K 线”，是我对国平的前两个深刻印象的话，最深刻的印象应当是一只股票——海信电器。在这个股票的判断上，充分体现了他的投资功力和哲学。

尚在 2008 年 8 月的时候，我们做过一期市场策略的采访，采访了多位知名市场人士，也询问了他们看好什么公司，其他投资家推荐的公司到现在我已经完全失去了印象，唯独记得国平看好的公司。他说：“我看好海信。”

这个说法显得十分标新立异，甚至有点怪异，因为家电板块被边缘化已经非常之久了，而海信也看不出有什么利好的支撑。他说：“我看好它的未来。”

曾经因为这个事情，有热心读者打电话给我，说国平曾经“忽悠”过他关注海信电器，但是一直不涨，他被搞烦了，也根本不知道是因为什么。老实说，那时候我也是不清楚，我对那位读者说，我们等着时间来验证吧。

而现在，我们都应该知道答案了。

一直到后来我接管了《理财周报》资本市场部的工作之后，我才与国平真正谋面，也才把这个压了很久的疑问抛出来。他说：“我做了这几件事：去公司调研，看公司高管的作风和战略，看他们对 ST 科龙的处理方式，研究股权激励实施，研究 F10 尤其是他的液晶项目运行状况，最后我发现这家公司很健康，很清晰，厚积薄发。”

就这么简单。够了。这是很多基金经理没有做到的事情。

他从大学就开始操盘，历经数次牛熊波折而未灭，青涩过、莽撞过、浮躁过、绝望过，但却没有走入歧途，心态越来越宽和，投资手法越来越大气，智慧也越来越纯熟。

而现在，他把他这几年的想法和经历一并奉献给了读者，我想说的是，这是一本跟资本市场平行的书，来自于市场又回到了市场，与市场血肉相连。他没有像很多“技术派大师”那样写神功秘笈，玄之又玄，凌驾于市场；也没有像“江湖骗子”那般东拼西凑、投机鬼吹。

他以五部曲的规模，系统地阐释了他的投资哲学。他的哲学一点都不复杂，稍微有投资知识的人都能读。整套书娓娓道来，只说他切身的体会，说人心的沉浮。

这套书的规模和结构，的确是开创了一个新的历史标记，对诸多细节的铺写让人身临其境，平凡中贮藏着真知灼见。而我觉得最为重要的是，我从书中读出了难得的真诚，真诚自能动人，真诚自风流。

祝国平成功！

《理财周报》首席编辑　江勋

序三　一个不像“80后”的“80后”

认识国平是因为他的文章，2006年上证综合指数从1500点附近起步到后来的“半夜鸡叫”引发的“5·30”震荡，这个年轻人几乎没有看错。在瞬息万变的股市中寻找若隐若现的脉搏，这对诸多的市场老手都是一个巨大的考验，而吴国平用其独特的视角来揭示行情发展的能力让我对他刮目相看。

2006年，在参加腾讯网证券频道主办的“私募基金论坛”之后，他被《北京商报》誉为奥运版“牛市宣言第一人”，他的人气在2007年也达到一个高峰。2008年A股市场连续暴跌，亲历股市“悲欢离合”“千金散去”的我本以为年轻的吴国平也将很难“幸免”，2008年3月我前往深圳参加当年的“私募基金论坛”，在会场旁边的一个贵宾休息室，他笑着告诉我，“股市虽有受伤，但更多的是一份坚定，目前重心正在期货市场进行博弈”。从他的言语中，我看到了更多的沉淀与收获。

2009年他告诉我，他要写书，要写他自己的投资和生活，要用他的书来表达对投资的理解和对金融人生文化的感悟，要结合自己的亲身经历带给广大的投资者一些帮助，初衷很简单。他曾经征求过我的意见，我一口气说出我的看法，尤其是在“有用”的立意上，甚至有些苛刻。2010年初，他的书稿终于成型。《吴国平操盘论道五部曲》系列丛书基本满足了A股投资者由初级进入高级的知识结构需求，也反映了作者本人对投资、对生活的认识更趋理智和成熟。吴国平在完成著作的同时，也完成了他自身投资境界的突破。知识是用来分享的，不是用来炫耀的，也不是一个人用来自己发财的，从这个意义上来讲，这套书的出版，也让我看到了吴国平自身品质高度的蜕变。在媒体呆的时间长了，总会有一些喜欢挑刺的臭毛病。尽管我不认为这是一本每个人看完都能赚钱的书，它也不一定是适合每一个人的投资灵药。

但是，我在字里行间看出这是吴国平真正用心去写的一套书。书里面有他大量的实战案例，有成功的也有遗憾的，我相信每一个读完这套书的人都能体会到吴国平的睿智、机警、谦逊与平和。

这就是吴国平，一个不像“80后”的“80后”！

腾讯财经　韦洪波

序四　期待国平走得更精彩

国平是我校2003届的毕业生。他毕业后投身资本市场，正所谓“生逢盛世”。新世纪的第一个十年，无论是中国还是世界，资本市场风起云涌，以极其澎湃的力量给人们带来前所未有的冲击，也令国人比以往任何时候都更加关心与资本相关的知识。“全民皆股”是近年来国内证券市场的生动写照，在“股海”中惘然四顾的人们，渴望能有一些指引帮助他们去看懂其中的奥秘。

国平的这套书，出得正是时候。这是一套有关证券投资交易实践操作技巧的书籍。一方面，其体系具有较好的系统性，涉及公司基本面的分析、股票价值的分析、股票技术形态的分析、股票交易盘面的分析、权证与期货交易的分析，等等；另一方面，其内容具有很强的实操性，是国平长期投资实践的经验探索和总结。这对那些在操盘系统分析上仍未完善的投资者来说无疑是大有裨益的！

作为一所培养应用型人才的本科院校，建校60年来，我校为社会培养了数万名金融、保险、证券等方面的专业人才。这群莘莘学子，活跃在祖国的大江南北，为国家尤其是华南地区的金融事业奋力奉献，他们以优异的业绩为母校争得了荣誉。国平就是这千千万万学子中的一员。

新世纪之初，经济社会正经历着极其深刻的变革，与之伴随的是大学生就业难、房价居高、创业多艰等社会现象，反映了当前社会部分青年的境况不如人意。而国平作为“80后”的年轻人，却始终秉承着一种不断学习、不断实践、不断奋斗的朝气，实在难能可贵。为国平作序，正是对这种宝贵精神的肯定和赞赏。

2010年恰逢广东金融学院建校60周年，这是母校的甲子之庆，看到许许多多像国平这样的学子成为社会的有用之才、成为经济改革大潮的弄潮好手，母校深感欣慰，也期待国平今后的路走得更加精彩！

广东金融学院院长 刘庄

自序　听君一席话　胜读十年书

“听君一席话，胜读十年书”是我在成长过程中感受颇深的一句名言，现在把它送给广大的读者朋友。我在私下也有个小小的愿望，希望本套丛书对投资者来说，能有“胜读十年书”的价值。

一、带着平静心面对书与股海

夜客访禅登峦峰，
山间只一片雾朦胧。
水月镜花，
心念浮动，
空不异色，
色不异空。
回眸处灵犀不过一点通，
天地有醍醐在其中，
寒山鸣钟，
声声苦乐皆随风，
莫要逐云追梦，
拾得落红，

叶叶来去都从容，

君何须寻觅僧踪。

读书让我明白“学海无涯”，佛学使我感知“博大精深”，股市令我清楚“股海无常”，这“常”，就是“常态”的意思。

股海，就是因其没有“常态”，其波动性带来的机会与风险才更显魅力非凡，使无数人为之竞折腰。很多人，面对股海，面对“无常”的状态，心往往也跟着“无常”起来，于是，情绪跟着股海走也就成了“常态”，生活由此就可能进入了一个难以平静的状态。那是会让人偶尔失去理智的状态，就如武侠小说中谈到的练武功一样，一旦不能把持自己，就很容易走火入魔，这是危险的。

身在“无常”股海中，成为最后大赢家的最难因素是什么？答案其实已经不言自明，就如武侠小说中的绝世武功那样，只有把持住自己，潜心静气地去修炼，才能达到最终的成功。投资境界的高低跟武功境界的高低，有些路是相通的，原理也类似。

希望你能带着一颗平静的心面对本套丛书，太浮躁，可能看不了几页，也不会有什么太多的启迪与收获。看书如此，把握股海，何尝不是如此？静静地感知这“无常”股海，既是我的操作思想，也是对读者的期望。

利用五部曲来构建每个人适合自己的赢利系统，是本套丛书的核心理念。只要你们能建立起适合自己的赢利系统，资本市场就会逐渐掌握在你们手中。

二、图书有价，操盘赢利系统无价

图书有价，思想无价。在本套丛书中，我将毫无保留地把我十多年来积累的操盘经验和思想系统地展示给广大读者，读完它，你就会明白我的投资系统是一个什么样的状况。真实而力求震撼投资者的内心深处，这就是我想要达到的效果。

《吴国平操盘论道五部曲》系列丛书共分五本，分别是《操盘论道入门曲——看透F10》《操盘论道基本曲——把握价值》《操盘论道深入曲——抓住形态》《操盘论道升级曲——看穿盘面》与《操盘论道升华曲——跳入权证与期货（心理)》。

在资本市场能否长久生存，关键就是要建立一个赢利系统。“冰冻三尺，非一日之寒”，赢利系统的建立是一个不断沉淀的过程，是一个循序渐进的过程，更是一个不断升华的过程。所以，这必然是一个相对长期的工程。妄想速成的投资者，最终能学到的仅仅是花架子而已，经受不住时间的检验。

本套丛书也经历了不断沉淀、循序渐进与不断升华的过程，只要投资者细心读下去就会发现，不论是书本身的结构还是内容的编排，都有这样的特点。不谦虚地说，本套丛书是我的用心之作，里面包含不少自己过去秘而不宣的思想，其中蕴涵的价值，绝对能够在目前国内证券市场之中大放异彩，当然，这最终需要投资者的检验。只是，就我自己的感受而言，本套丛书蕴涵的价值是——无价。

既然那么有价值，本来应该秘而不宣的东西，为何要公之于众呢？道理不复杂，一是写书过程就是自我系统的巩固、完善与提升的过程，这对自我赢利体系的升华是有极大帮助的。二是本套丛书让我的价值得到了更大的体现，人活着不就是要充分实现自我价值吗？人的生命相对宇宙而言，犹如一粒尘埃，但，我坚信每粒看似毫不起眼的尘埃都各有自己的使命，我是属于资本市场的，我的使命就在于此。图书有价，操盘赢利系统无价，希望本套丛书能给读者带来收获的喜悦。

三、各册图书的不同点逐一阐述

本套丛书共五本，各册图书内容不同，结构相似，下面对每本书的不同点进行逐一简要阐述：

1.《操盘论道入门曲——看透 F10》

F10 是我们操作股票软件时经常接触但又常被大多数人所忽略的地方，其包括的范围很广，例如公司概括、股东研究、主力追踪、行业分析、高层治理、财务分析、公司报道、百家争鸣、分红扩股等等，可以说，这里面的内容就是上市公司基本面的一个大综合。

很多人可能只是找到上述栏目中的几个自己认为能看得懂的或者是自己认为较为重要的看一下就算了，但是，蜻蜓点水式的阅读，一是无法形成系统化的研究，二是很容易忽略掉真正具有价值的基本面信息。重视基本面，其实就应该从重视 F10 的阅读与研究中开始，这里的信息虽然是公开的，但内涵却是大有乾坤，懂它的人很容易就能够挖掘出真正有价值的基本面信息出来，从而在具体博弈过程中占据先机。

我们不妨让自己系统地去看待 F10，在这本书中，我也毫无保留地把自己对 F10 的系统方法展示给读者，希望读者通过书中由浅入深、由点到面、由远及近的剖析方式，感悟并掌握 F10 系统，这将会给你的投资过程带来巨大益处。

本书共分三章：

第一章对 F10 的各个要点逐一简单剖析，让读者能够形成初步印象以及打好建立系统的基础。

第二章对 F10 的关键要点、重点进行深入剖析，让读者能够深入 F10 的精髓之中，从而起到印象加深、系统开始逐步形成的作用，并激发举一反三的潜力。

第三章对 F10 的具体运用作了全面详细的剖析。此处以大盘、中盘以及小盘三种不同类型的上市公司为例，逐一展开，详细剖析，让读者最终形成对 F10 较为完善的认知系统，从而使读者在未来投资的过程中，对 F10 的阅读与研究能力能够有质的飞跃。

看透 F10 的过程就好比是恋爱到结婚的过程，虽然繁琐，但却必要，如果你想要幸福的话。按部就班，循序渐进，全面了解，其实并不是一件坏事，尤其是在做长期投资打算之时，更是如此。很多资料，你看多了，熟悉了，自然就会生出一种感觉，那是一种直觉。如果你曾经为本书而废寝忘食过，恭喜你，你升级了。读书有“由厚到薄”的过程，看透 F10 也同样如此。

不管你是否在 F10 这块领域建立了自己的认知系统，透过上面书中的三章内容，我相信，你都会有或多或少的收获，因为这是我投资经验的精华沉淀，是毫无保留的用心之作。读了这本书，你一定会有“听君一席话，胜读十年书”的感觉的。

2.《操盘论道基本曲——把握价值》

投资时，很多人都会谈到价值，但“价值”到底是什么？我们应该如何看待它？如何把握它？这些问题都是投资者需要解决的，也是把握市场的一种基本功。

本书第一章探讨的是“看透价值的基本思路”，从股票是什么谈起到最后价值的心理博弈，虽然这个章节内容不算多，但却少而精，学习完这个章节，会对价值有个基本的认识。

第二章探讨的是“价值概念的深入”，明确提出价值的组成部分为“本身的价值”与“交易的价值”，并结合案例进行剖析，同时对其衍生出来的如“破净”等思想进行总结。

第三章是“价值概念的升华”，在价值体系中占据重要地位的“成长性”的秘密以及消息对价值的影响，在本章毫无保留地总结出来，价值的“轮回”与“变异”为本书的结尾，使得本书对“价值”的论述成为一个完整的体系。

3.《操盘论道深入曲——抓住形态》

形态是在市场波动过程中投资者必须面对的一个重要环节，也是一种运用最广泛的股票技术分析手法。它看似简单实则复杂，看懂容易，但要娴熟运用很难。本书是我对这一领域长久以来的积累与总结，把形态方面的系统毫无保留地展示出来，因为我深知，只要形态把握好，一切都可以变得简单，利润就可以说是尽在我们掌握中了。

第一章，“形态就是形态”，这里将结合具体个股波动来阐述形态的两大种类，一类是反转形态，另一类则是持续形态。每一类形态都将分为若干个具体形态；每一个具体形态，在此，我都是重点剖析形态本身而非其他，结合具体个股的波动来逐一作出具体的对比描述。这章的内容可以说是形态的基本，是必须植入脑海之中的，对此需要做到条件反射般的反应。

第二章，“形态系统把握”，这章一是对反转形态的重点进行深入系统的剖析，二是综合地对持续形态进行系统剖析，结合各种具体的案例，把形态的系统串联起来，最终形成一个更为真实、具体、实用的形态体系。在这里，把看似繁杂的各种形态，用不同的视角作了全新而深入的阐述，尤其是对持续形态的把握。最后把各种形态联系起来，形成一个综合的思路，会让很多东西都变得清晰起来，这在具体实际操盘过程中，其价值会显得尤为珍贵。

第三章，“形态的综合战役”，这章将结合大盘股、中盘股与小盘股三种不同的类型，展开三大战役，把前面的形态体系深刻融入三种具体不同类型的品种上，让整个体系更具实战价值，发挥出最大的威力。根据我过去经验的总结，告诉你形态在不同类型、品种上的把握，做到具体类型具体剖析，总结出看似无规律市场背后的规律特征，从而让我们在具体操盘上占尽先机。这一章，可以说是形态融会贯通后的升华篇。

4.《操盘论道升级曲——看穿盘面》

盘面的内容虽然包罗万象，归根到底反映的还是具体市场或具体品种的波动，透过盘面波动去看透其本质。这不仅需要长期经验的累积，更需要系统地去剖析波动背后的真相。盘面上的功夫是要落到实处的，来不得半点虚假。书本有价，盘面功夫无价。

第一章，“盘面的基本交易思路”，这里透过如何去把握好市场的感觉以及市场的脉络等内容，建立起对盘面系统的基本认识。把握好对市场的感觉与脉络是盘面的基本要素，其具体的策略与心得则是把握好盘面的辅助工夫。这一章重在理解，其意义是建立盘面系统的地基。

第二章，“盘面系统逐个击破”，这章展现的是我过去积累、总结出的如何去看大盘以及把握强势股等具体盘面特征的心得，再结合案例深入剖析所显示出来的成果，其中每一小节内容在具体实战过程中都具有相当分量的价值，需要读者用心体会、感悟。第二章是把盘面整个系统更深入地提升上来，尤其是“避风港”以及强势品种中的操盘思路，一旦掌握好，势必对市场盘面的理解有更高升华的认识。

第三章，“盘面运用的三把宝剑”，内容涉及上下影线、缺口以及时间窗口三大领域。上下影线是研究K线过程中，我认为最为关键的环节，在这一环节上攻破它，对于其他K线而言，就有着举一反三、触类旁通之效果，因此，要把这里作为系统中一个重要武器对待。缺口很普遍，但很多人却不太明白缺口背后的具体含义，有些在特定环境下出现的缺口对研判和把握市场常常能够起到奇效，因此，我也把它列为系统中一个重要武器对待。时间窗口带有相当的神秘色彩，在这块上很大一部分投资者要么是钻牛角尖走进死胡同，要么就是只知其一不知其二认识肤浅。透过我长期操盘经验的总结，尝试着为读者揭开其神秘的面纱，让它也成为盘面系统中一个不可或缺的重要武器。

5.《操盘论道升华曲——跳入权证与期货（心理）》

建立研判与把握市场的赢利系统需要一个过程，前面四部曲分开来为独立的小系统，综合起来则成为复合的大系统，威力将远超4个1相加带来的效果。要建立起一套真正属于自己的赢利系统，绝非一招一夕所能达到，欲速则不达，厚积才能薄发。同时，我们更应认识到很多原理在不同市场上道理都是相通的，因此，运用也是大同小异，但随着市场的变化，有些要求也必然要随之有所加强与升华的。期货市场是需要在基本功扎实的背景下再提升才能在里面真正有所成就的领域。第五部曲《跳入权证与期货（心理）》，就是要让读者认识到资本市场的博大精深，学无止境。在学会举一反三的过程中，更需要一颗谦卑的心。

第一章“权证的世界”，第二章“期货的世界”，我以自己过去操盘的案例再结合赢利系统展开剖析，目的就是要让读者认识到这里的水到底有多深，它是一个比股票更考验人的领域。

我们要知道，股票上的很多技术其实都来源于期货，不是有句话说“能做好股票的人未必能做好期货，但能做好期货的人肯定能做好股票”，这里反映的就是期货领域更考验人，更需要全面的系统才能生存的思想。毕竟期货上的风险与机会是成倍放大的，对资金管理以及风险控制等都要有更高的要求。

第三章“重点出击与综合运用”，这里既有权证和期货，还有期货与股票的综合运用，可以说，是一个集各种领域于一体进行深入浅出操盘论道的一章，对一些基础相对薄弱的人而言，可能在阅读过程中会有些吃力，但对于有一定基础的读者而言，这里会找到让你感到更精彩的价值。

四、全套五本书的相同点阐述

第一本至第四本书的第二章与第三章里，在编排上，其内容章节里，都会涉及到五大环节，分别是：基础认识、操盘论道、温故知新、课后习题以及市场随笔。这五大环节是五本书中的相同点，虽然这些环节具有共性，但每本书具体的内容都会带给大家不同的惊喜与收获。特作如下简单阐述：

1. 基础认识

这个环节体现的是一种基本功，是最浅度的认识，也是必须要清楚的常识性内容。放在最前面，就好比打好地桩一样，接下来盖大楼才能平稳而起。这个环节的内容虽然不多，但里面提炼出来的思想却是不可或缺的，把基础环节认识清楚后，剩下的学习往往能达到事半功倍的效果。

2. 操盘论道

这个环节的内容是全书精粹，几乎集中了所有重要的学习内容，采取结合各种案例图的形式，深入浅出地把一些需要形成体系的内容表达与提炼出来，让读者在反复阅读学习的过程中，自我的能力能够得到不断的提高与升华。有些内容可能会让人感觉比较长，但这却是深入剖析后进行总结的一种体现，其内容都是我本人十几年来的心得精粹，我毫无保留地展现给读者，值得读者好好珍惜与把握。

3. 温故知新与课后习题

这两个环节体现的是一种巩固与自我提升的意图。我们知道，要把他人的思想精华真正掌握在自己手中，仅仅靠看书中的重点与感悟，那很快就会忘记，很难真正融合到自我体系之中。真正要掌握好，不但要靠不断的巩固与思考，而且必须有个沉淀的过程。我在上大学时对这点感受颇深，那时候，为了把学习到的一些证券技术真正掌握于心，除了实战感受外，靠的就是勤于做笔记与勤于思考。因此，在系统自我完善的过程中，这样的学习方法也是必不可少的。作为过来人，我希望这里设计的两个环节，对于那些处于学习提升阶段的读者，千万别忽视，用心且耐心完成之。只要经历了这个沉淀过程，绝对会有质变的感觉。

4. 市场随笔

“功夫在诗外”，市场随笔这一环节体现的就是这样的一种意境。透过我的市场随笔，希望能够让读者对市场有更多更深的感悟，从而与系统学习相得益彰，最终形成“无功胜有功”的境界。

很多时候，你对生活的态度，你对世界的看法，你对未来的思考，这些都将会影响到人最终对股市的判断和操作，尽管看似不那么明显，却往往是关键所在。我是个比较多感的人，因而也就不时会有一些随感，这些都真实反映和体现了我阶段性的内心世界，希望能够给读者带来“心灵鸡汤”般的感觉。投资是一件极其辛苦的事，它的艰难在于不论什么情况下，赚钱或是亏损，都需要战胜“小我”，持续做出最倾向于正确的选择并最终取得胜利。

随笔反映的是一种心态、一种心情、一种思想，多写随笔，就我的体会而言，对自我系统的完善与提升有着不可或缺的效果，因此，市场随笔，希望读者能够在其中找到共鸣，找到启迪，发现价值。

五、最后的期盼

我浮躁过，也沉淀过，失败过，也成功过，每个人或许都要在不断起伏之中才能寻找到真正的自我。很庆幸，自己在过去几轮牛熊阶段过程中活下来了。

见过不少投资者面对市场的那种盲目，也见过不少大学生对资本市场的那种无知，看着自己比他们多一些经验和感知，很迫切地想帮帮他们。体现自我价值的想法一直都有，本套丛书的诞生，就是希望能为资本市场投资理念的改善尽一点自己的绵薄之力，希望这套书能够给读者带来理念与心灵上真正的震撼与收获。

当然，有时候，我认为有价值的东西，未必他人也这样认为。就好像投资一样，当投资的标的无法一时绽放光芒的时候，往往容易被打入冷宫。无论如何，是否有价值，需要市场的检验；不管怎样，这套我的用心之作，出版面世相当一段时间后，希望还能有人谈及。如果届时还有人说，吴国平写的书真是不错，那就谢天谢地了。

最后，如果有人认为我还有点水平，能够胜任他人师傅的话，那就不妨好好去完成书中的一些作业，不是说要完成全部，最少要能够完成一部分，字数达到2000字以上则可。完成后欢迎以邮件的形式发送到我的作业反馈邮箱：wgp168@vip.163.com。不一定每封邮件都会回复，太多的话，毕竟个人精力有限，但我会尽可能地一一去回复那些用心完成作业的读者。这里能否得到回复其实就犹如很多人刚开始找工作一样，每次出击不一定就成功，但只要用心出击了，机会才可能有，否则，连基本的机会也不会有。这世界很多时候就是需要不断反复地碰壁尝试之后，才有可能真正把握住属于自己的大机会，这也是我人生历程中的一种启迪。当然，如果还有读者有书以外的想法要交流的话，也请发信到 wgp168@ vip. 163. com 上来吧。

最后的最后，我想说的是，资本市场的海洋很浩瀚，我也仅仅是其沧海一粟而已。人虽然渺小，但思想却可透过渺小的个体无限度地延展开去，“听君一席话，胜读十年书”，书本有价，操盘赢利系统无价！《吴国平操盘论道五部曲》系列丛书，希望能让你衷心喜欢！

“输得起”是赢的一切的基本，

“笑到最后”才是真正的大赢家！

吴国平

前言一

期待具有工匠精神的“F10”更多精彩

——做到极致就一定能创造奇迹

中国的股民对F10多少都不会陌生，而了解F10的股民对于港澳资讯这家公司也一定有着深刻的印象。作为国内最早提供金融信息服务的企业之一，港澳资讯对于F10的信息内容，无论是从深度还是广度，都堪称是业界的标杆。从86%的市场占有率到7x20小时的资讯更新频率，到每天上千万投资人浏览使用，港澳资讯的F10早已从普通的快捷键成为股民投资理财的关键入口。作为依靠F10获取证券信息的股民之一，我有时也会思考港澳资讯的F10为何会成为行业标准，为何一直被模仿、从未被超越。带着问题，我专访了现任港澳资讯董事长兼总裁的乔光豪先生。我将这篇访谈的内容作为再版的序言之一，希望通过这篇访谈，能让国内的股民更深刻地理解F10对于投资决策的关键作用。

吴：乔总，您作为F10的知名“产品经理”，您是如何与港澳资讯以及F10结缘的？

乔：1988年海南建省，成为中国最大经济特区，10万人才下海南，那年我硕士毕业，和其他热血青年一样，踏上海南岛这片热土。1990年11月26日，新中国成立以来第一家证券交易所上海证券交易所成立，同年12月19日正式开业。1990年12月1日深圳证券交易所开始集中交易（试营业），1991年4月11日由中国人民银行总行批准成立，并于同年7月3日正式成立。在海南，有家非常知名的金融机构与中国证券业同步发展，这就是信托业务证券化的海南港澳国际信托投资有限公司，也就是业内所称的港澳证券。1994 年初，那时我还供职于香港的一家投资公司，作为港澳证券的机构大客户，代表这家香港投资公司参加了港澳证券举办的一次大客户座谈联谊会。我还清楚地记得那次座谈联谊会的核心问题就是：港澳证券如何服务好你们这些大客户？你们这些大客户做股票交易最缺的到底是什么？在那个互联网还刚听到的年代，信息的传播大多是通过传真、声讯台、营业部前地摊小报。那时的海南因为其地理位置的偏远性，看到的《证券报》都不是当天的，而是从广州分印点印刷，再运到海南，最缺的自然就是信息！1994 年 6 月，港澳信托出资 2000 万元，成立了海南港澳资讯产业有限公司。之后港澳资讯面向全国招聘 26 名研究生，我有幸加入了港澳，我与港澳、与 F10 的结缘也由此开始。

吴：如今几乎所有证券行情软件都向资讯厂商开放了 F10 快捷键功能，但港澳资讯的市场占有率在多年来一直鲜有人可以撼动，您觉得这一现象的成因是什么？

乔：我本身是做股票出身的，在盯盘看股票行情时，打开 F10 键，最想看到哪些内容，最需要哪些内容，我们 F10 比较了解、贴近股民需求。首先，做信息，“广、快、精、准”四个字很重要，信息来源广，更新快，内容精，数据准，F10 中最新提示，就是围绕这四个字做。其次，我们定义的 F10 是上市公司基本面的精华，从最新公告、最新报道、最新异动、最新研究，到季报、半年报、年报财务数据，到股本、股东、高管，再到行业分析、关联个股等横向信息，悉数囊括在 F10 中，协助股民在复杂多变的市场中快速做出正确的决策。再次，我们紧随中国证券市场发展，从最早的 A 股 F10，到 B 股 F10、基金 F10、港股 F10、新三板 F10，不断满足股民对新投资品种的需求。最后，我们的 F10 持续升级，引领行业标准，自 1995 年港澳的 F10 产品成型至今，港澳资讯 F10“灵通 1.0”在不完善与改进的过程中已经发展成了如今的“灵通 6.0”“灵通 7.0”。在超过 20 年的发展历程中，港澳资讯一直保持着 86% 左右的市场占有率，不但成为证券资讯的第一品牌，也逐渐成为行业的标杆。“一直被模仿，从未被超越”用在港澳资讯的灵通 F10 上我觉得是再合适不过的一句话。对于一代代股民与基金经理，在变化莫测的市场操作中使用港澳资讯的 F10 已经成为一种不可替代的习惯。

吴：港澳资讯的 F10 是如何贴合股民对于信息的需求的？除了提供信息，港澳资讯的 F10 对股民还有哪些不可忽视的关键作用？

乔：我们都知道，“选、买、持、卖”是每一个股民都要面对的四个终极问题。港澳资讯的 F10 在“选、买、持、卖”四个环节，都为股民投资决策提供帮助，如何优中选优，多看 F10，是否值得买入，是持有、还是卖出，还请多看 F10。真正成熟的股民，是买入前看透想要投资股票的 F10，而不是买的股票被套了再来看 F10。

我认为多看 F10 不仅仅只是看个股资讯数据，更重要的在看的过程中学习更多证券知识、财务知识、投资理财知识以及行业政策、宏观经济等，包括最新的、最前沿的技术，如人工智能、虚拟现实、量子通讯、大数据、云计算、物联网、3D 打印等等。港澳资讯 F10 倡导的是对自己投资的股票要全面分析，理性投资，对自己的资金负责。港澳资讯 F10 已成为股民投资的智慧宝典。

吴：从 90 年代靠电话线的有线通讯时代到如今的互联网时代，港澳资讯的 F10 是如何通过改变，来顺应市场发展并满足户需求的？

乔：在过去的 20 年间，信息技术发生了翻天覆地的变化，从信息匮乏到信息爆炸，到大数据，信息传输从有线到无线，从模拟到数字，接收信息载体从 PC 电脑到智能移动终端，我们的产品紧跟信息技术变化，不断地升级，不断地完善。首先，F10 从最初的文本信息到数据库格式，到如今网页 WEB 版，F10 图文并茂，信息量更大，更直观；其次，不仅在 PC 机上能看到我们经典版 F10、WEB 版 F10，也可以在移动终端上看到手机版 F10、智能终端版 F10 及微信版 F10。我们始终紧跟信息变化，开发更加贴合股民阅读习惯的 F10 产品。

吴：在未来高智能化的环境下，港澳资讯旗下的软件产品又将作出哪些改变？它的发展趋势是什么？

乔：大数据时代已经到来，在这样的一种大环境下，港澳资讯早已成立了金融大数据研究中心，在22年数据积累基础上，通过自主研发的股票估值系统、个股诊断系统、事件驱动检测系统、行业评价系统、“多因素共振”选股系统，形成短线、中线股票池，辅助投资者进行决策，获取超额收益。针对大数据的挖掘、建模并不是我们的终点，我们认为基于量化投资的“机器人投顾”能降低投资风险，提升长期复利收益，更适合我国散户为主的A股市场。历史经验告诉我们，股市是容易凸显“羊群效应”的场所。上涨时，市场被乐观情绪包围，往往忽视风险的存在；下跌时，恐慌情绪相互传染，又会出现过度悲观。这两种情绪都是非常不利于投资者的。一方面，投资者需要调整好投资心态，以平常心来面对股市的涨跌；另一方面，也要及时合理配置资产，在投资过程中以股票组合的方式来降低风险，提高收益。对于目前的中小投资者而言，投资过程中的风险控制是最难把握的。所以，我们强调的是以风险与预期收益平衡为主导，通过构建组合来分散风险，获取中长期稳健收益，“机器人投顾”已成为未来财富管理的主流发展趋势。港澳资讯金融大数据研究中心开发的“港澳资讯点金手APP”已进入测试阶段，敬请期待！

吴：如果让乔总您用一个词语来总结港澳资讯的F10在过去20多年中的发展与变化，您的选择是什么？

乔：我认为最贴切的一个词应该是“工匠精神”。F10和金融数据服务已经如同基因一般深深扎根在港澳资讯的公司核心精神之中。在过去的二十多年中，尽管从研发规划人员乃至产品经理都有着不小的变动，但我们不难发现，从1995年的港澳资讯F10“1.0”版本到如今的灵通F10“7.0”版本，随着F10持续不断地更新与升级，我的研发团队对产品的理解变得更加深刻，产品也在变得越发贴近用户的使用习惯。我们传承着对于产品的坚定理念，“工匠精神”会在港澳资讯的F10的产品中不断延续。

前言二

采访港澳资讯董事长乔光豪感悟录

对乔总进行专访，接触并深入沟通后，我发现，一个 F10 这样的工具产品，20 多年不断完善、不断深入、不断突破，最终依然保持自我强大的市场垄断地位，这有点像“F10 里的 QQ”，正如乔总所说，“一直被模仿，从未被超越”。做企业能做到这样，是一种成功中的成功。

回顾他的历史，我们发现，他 1994 年入职港澳资讯，可以说就是港澳资讯的创始人，一路走来，不论风雨，在港澳资讯里坚守至今，伴随着这孩子茁壮成长，把人生最宝贵的青春年华都奉献给了港澳资讯。这种坚持，除了敬佩，没有其他。

可能很多股民因为平时免费使用惯了 F10，忽略了这背后其实也是要付费的，只是说，你交易的证券公司帮你把这钱付给了港澳资讯而已。好的内容是需要付费的，IP 值钱，知识财产值钱，很多增值服务是有价值的，是可以转化为生产力的。可能因为我对港澳资讯进行了实地采访，跟乔总有最直接的接触，对这里面很多知识带来的财富也就有了更深刻的认识。过去只是拉开序幕，未来才是真正大戏的开始。

在采访的时候，虽然我称呼他为 F10 的知名产品经理，其实我更愿意将他看成是 F10 的创始人之一，从一个婴儿一直带到现在 20 多岁，步入青年阶段，这个阶段，恰恰是释放自己能量的最好阶段。乔总把自己最美的年华奉献给了港澳资讯，倾注在 F10 里，到了今天，可以说，已经到了一个厚积薄发的时候。事实也是如此，港澳资讯未来要登陆 A 股市场，目前已经在借壳运作过程中，一旦上市，也就是再腾飞的时候吧。

从二级市场的运作思路来看，只要港澳资讯能借助一直以来在 F10 上的垄断地位，好好发力，积极做好增值服务，挖掘好新的利润增长点，那么在资本市场就一定会受到追捧的。

我喜欢金融文化，为何做 F10 这样的书，是因为我看到了这里面有文化的东西，有可以分享的东西，有很大的实战价值。也算自己蛮有眼光，在 2010 年就出版了第一本关于 F10 的书籍，也因此，我成了中国第一位系统写 F10 书籍的作者，也因为这样，才有机缘最终结识乔总。人生很多时候就是这样，可能你的一句话、一篇文章、一本书，会给你带来很多意想不到的收获。

因为有了接触，有了对话，相互才能更好了解对方，也奠定了未来进一步合作的基础。正因为我看到了港澳资讯未来的各种潜力，尤其是在金融文化方面能跟我产生很多可能有化学效应的结合点，而乔总也肯定看到了，所以大家一拍即合，都继续不断深化、加强 F10 领域的内容吧。这次采访，其实就是一次结合。未来，一切也才刚开始，值得期待，期待乔总的港澳资讯、期待 F10 带来更多的精彩……

我的一句座右铭就是——做到极致就一定能创造奇迹！

煜融投资董事长

私募国中岛岛主

“私募国中岛”（微信公号：smgzdao）是最亲民私募孵化和最干货供应平台。

Contents 目录

第一章 对F10的基本认识

第二章 F10的重点部分

第三章 F10之综合战役

附录 如何看待F10中不同资讯的界面

第一章
对F10的基本认识

F10是什么？凡是交易过股票的人都应知道，这不是车的代号，而是一种信息的代号。这里面的信息虽然很平凡，但却不可或缺，虽然谁都能够获得，但实战价值却因人而异。本书将要向你揭示F10中蕴涵的信息，使F10变成你遨游股海的一把利器。

面对浩瀚如烟、一望无际的股海，如何找到渡海的船，将最终决定你能够在大海中航行多远。

在股海中，如何挖掘出真正值得把握的股票？又如何充分把握真正值得操作的市场机会？这些都是最为现实的课题，也是最终决定投资者在股海航行中能否成功的关键。

那么，具体如何去挖掘和把握“黑马”股票呢？在股票投资中，我们经常接触的不是什么高深的理论或者复杂的分析，而是一些公开信息，然后透过这些信息来进行基本分析和简单判断。公开信息从何而来？没错，就是F10！只要我们打开证券交易软件，按下F10，基本信息的内容全部汇集在里面了。虽然每个证券交易软件各有各的特点，但在F10里，内容都是大同小异，因为这些内容都是公开的，是硬资料，来不得一点花哨或虚假。

因此，学会如何去看证券行情软件中的股票信息，这是“去挖掘真正值得把握的股票”的一大关键。看股票信息，其实就是分析资料的一个过程，这正如打仗前要做到知己知彼。目前的证券行情软件把股票的公开信息都很好地进行了整理与归纳，打开行情软件，在键盘上按下F10，基本信息便会快捷地展现在你眼前。有了证券行情软件中的股票基本信息，可以节省投资者不少搜集信息的时间。虽然这里的信息不可能最为全面、最为及时，但信息内容上至少也是做到了“没有九成也有八成”的状况。因此，很好地进行分析是颇为重要的。

不过，我对证券行情软件没什么特别的要求，在我看来，只是哪个更便捷、哪个习惯的问题。不论是招商证券还是南京证券抑或安信证券的行情软件，在我看来，都差不多。可能自己用惯了招商证券行情软件，所以，我就一直用它，但并非说其他证券公司的行情软件就不好用。

为了深入地去解读与发现F10中的信息，本书中，我将按照自己的思路逐一讲解，投资者可以对比自己过去的分析思路，看能否有所启发或收获。

以海信电器（600060）为例（以下统计内容从招商证券行情软件中的F10中截取，也是一般投资者在分析股票中会接触到的信息），我以自己的思路来阐述如何分析这些资料。请留意我分析过程中的步骤顺序，最为重要的是留意其中的分析解读思路。

图 1 是截取 F10 各栏目的总括图，一共是十六个栏目。

最新提示	公司概况	财务分析	股东研究	股本股改	重要事项	公司报导	行业分析
公司大事	港澳分析	经营分析	主力追踪	分红扩股	高层治理	百家争鸣	关联个股

图 1

现在，我们就开始进入 F10 的世界吧。

这里，将是一个隐藏金子的世界，就看你如何去挖掘、如何去分析了。

第一节　第一印象

第一印象很重要，不仅生活中如此，股市也如此。有时候，第一印象往往就代表了最后的感觉。

F10 信息里的“最新提示”与“公司概况”这两大栏目都是最好获取第一印象信息的场所。

一、“最新提示”栏

该栏包含了四个小分类，分别是“最新公告”“最新报道”“最新异动”与“最新运作”。记住，这里所有的信息都是最新的。因此，在进行短线操作时，你可以在最短时间内获得更多有价值的信息。（图 2）

☆最新提示☆　◇港澳资讯600060　更新日期：2009-02-27◇　灵通V4.0
★本栏包括【1.最新公告】、【2.最新报道】、【3.最新异动】、【4.最新运作】

★最新主要指标★	08-09-30	08-06-30	08-03-31	07-12-31	07-09-30
每股收益(元)	0.2800	0.1800	0.1120	0.4100	0.2400
每股净资产(元)	5.8400	5.8600	5.7900	5.6900	5.5200
净资产收益率(%)	4.84	3.07	1.93	7.25	4.36
总股本(亿股)	4.9377	4.9377	4.9377	4.9377	4.9377
实际流通A股(亿股)	2.5480	2.5480	2.5480	2.5480	2.5480
限售流通A股(亿股)	2.3897	2.3897	2.3897	2.3897	2.3897

08-09-30 每股资本公积：3.128　主营收入(万元)：1000156.30同比减 -0.03%
08-09-30 每股未分利润：1.185　净利润(万元)：13967.04同比增 17.50%
★最新公告：01-22日刊登对外投资关联交易及资产转让关联交易公告。(详见后)
★最新报道：02-27日海信电器(600060)七项措施"护航"家电下乡。(详见后)

★最新分红扩股和未来事项：	★特别提醒：
【分红】2008中期　中期利润不分配(实施)	★2008年报预约披露时间：　2009-04-28

图 2

1. 最新公告

公告怎么看？要看有没有令人耳目一新或暗藏玄机的大动作。细读公告内容是必需的，要学会咬文嚼字，毕竟中国文字博大精深。有时候，只要你认真仔细作读，就可能获取别人看不到的“战斗信号”。要知道，很多机构都是喜欢从公告中挖掘重大战机。(图 3)

2. 最新报道

本部分内容来自媒体，大多是关于该公司的最新状况或者是一些最新动向。不过很多时候都带有猜测性质，需要结合公告或该公司公布的信息进行辩证地分析。(图 4)

【1.最新公告】
2009-01-22刊登对外投资关联交易及资产转让关联交易公告
海信电器对外投资关联交易公告
鉴于海信集团财务有限公司（下称“海信财务公司”）的注册资本拟由3亿元增资到5亿元，青岛海信电器股份有限公司（下称“公司”）与青岛海信电子产业控股股份有限公司（下称“海信电子控股”）拟共同对海信财务公司进行增资，海信财务公司的原股东海信集团有限公司（下称“海信集团”）、中国光大控股有限公司（下称“光大控股”）放弃此次增资扩股权。
其中，公司以现金出资不超过1.1亿元，认购海信财务公司1亿元注册资本。增资后，公司占海信财务公司注册资本的比例为20%。本次交易构成了公司的关联交易。
本次关联交易不需要股东大会批准。本次增资需要获得中国银监会批准后方可实施。
资产转让关联交易公告
青岛海信电器股份有限公司（下称“公司”）与青岛海信电子产业控股股份有限公司（下称“海信电子控股”）于2009年1月19日在青岛签署了《资产转让协议》。公司向海信电子控股转让“标清机顶盒数字电视系统平台”，转让价格为2,326.60万元人民币。根据《上海证券交易所股票上市规则》规定，本次交易构成了公司的关联交易。
交易目的和对公司的影响：
本次公司向海信电子控股转让标清机顶盒的无形资产并停止相关业务，是基于公司的高端产品战略和技术差异化战略，有利于通过资产整合，集中公司的优势资源发展高清数字电视接收系统解决方案及系统集成产品。通过本次转让“标清机顶盒数字电视系统平台”，将会给公司带来2,326.60万元的收益。公司董事会认为，本次关联交易对上市公司是有利的。
本次转让标清机顶盒的无形资产并停止相关研发和市场拓展业务之后，公司还会承接海信集团及其子公司的OEM加工业务（OEM加工标清机顶盒产品）。这有利于充分利用本公司的生产能力。

图3

【2.最新报道】
2009-02-27海信电器(600060)七项措施"护航"家电下乡
自家电下乡开展以来,海信作为主要受益企业之一,采取多重举措,为家电下乡“全程护航”。记者日前从公司了解到,通过在销售、推广、物流、售后等多个环节实施的七项措施,公司的“下乡”产品及服务受到了经销商和用户的普遍认可。
这七项措施包括:首先,建立组织保障体系。集团总裁于淑珉亲自挂帅,各个总经理分管各产品线。海信还专门成立了家电下乡项目组,全力协调家电下乡研发、生产、物流、销售以及售后服务的各个环节工作。第二,产品研发充分考虑消费者需求,“低价不等于低质”。第三,扩大销售渠道。海信目前彩电、冰箱、空调、手机等产品在全国的销售网点已达4万个。第四,加大宣传推广力度。以墙体广告、终端包装、路演促销等适合农村环境的方式宣传国家家电下乡政策,推广家电下乡产品。第五,严把物流环节。海信目前有130多个一级物流配送中心,一级物流配送中心拥有仓库,可以直接把货送到经销商手中。另外,海信还拥有二级批发商1000多个,它们负责把货送到乡镇经销商手中。第六,售后服务的到位。针对家电下乡海信建立了家电下乡专家服务平台,用户只需拨打4006,并说明是家电下乡产品用户,便可与家电下乡产品相关专家进行交流。第七,完善内部机制。海信在各个环节都设有明确的目标和责任,保证家电下乡畅通无阻。

图4

3. 最新异动

图5是股价短期波动剧烈上榜后的公开信息，关注的重点就是买进卖出的机构动作，投资者可从中揣摩资金动向。当然，这些信息很多时候具有一定的蒙蔽性，最好还是结合技术面与基本面的分析来进行判断。不过，异动的信号至少可以告诉我们它到底受到哪种性质的资金关注，这很重要，其可以告诉我们该股票到底是短期行情还是中长期行情。（图5）

【3.最新异动】

异动时间	2008-04-29	成交量(万股)	1036.53
异动类型	振幅值达15%	成交金额(万元)	9856.40

买入金额排名前5名营业部		
营业部名称	买入金额(万元)	卖出金额(万元)
中国银河证券股份有限公司成都科华北路证券营业部	229.25	
中信建投证券有限责任公司宁波市曙光路证券营业部	144.37	
东莞证券有限责任公司东莞莞太路证券营业部	142.11	
东吴证券有限责任公司苏州大儒巷证券营业部	118.76	
联合证券有限责任公司长沙劳动西路证券营业部	115.41	
卖出金额排名前5名营业部		

图5

4. 最新运作

这类信息告诉我们公司最近的资金运作状况，并且这种运作往往具有一定的规模，是值得高度重视的内容。投资者需要关注其运作背后的动机，动机中往往隐藏着战机或风险。(图6)

【4.最新运作】

【公告日期】:2009-01-22 【类别】: 资产出售
【简介】: 青岛海信电器股份有限公司（下称“公司”）与青岛海信电子产业控股股份有限公司（下称“海信电子控股”）于2009年1月19日在青岛签署了《资产转让协议》。公司向海信电子控股转让“标清机顶盒数字电视系统平台”，转让价格为2,326.60万元人民币。本次交易构成了公司的关联交易。

【公告日期】:2009-01-22 【类别】: 对外投资
【简介】: 鉴于海信集团财务有限公司（下称“海信财务公司”）的注册资本拟由3亿元增资到5亿元，青岛海信电器股份有限公司（下称“公司”）与青岛海信电子产业控股股份有限公司（下称“海信电子控股”）拟共同对海信财务公司进行增资，海信财务公司的原股东海信集团有限公司（下称“海信集团”）、中国光大控股有限公司（下称“光大控股”）放弃此次增资扩股权。

其中，公司以现金出资不超过1.1亿元，认购海信财务公司1亿元注册资本。增资后，公司占海信财务公司注册资本的比例为20%。本次交易构成了公司的关联交易。

本次增资需要获得中国银监会批准后方可实施。

图6

二、"公司概况"栏

该栏包含了三个小分类，分别是"基本资料"、"发行上市"与"关联企业"。记住，前两者是让你知道该公司的背景，后者则是让你知道其潜在的能量。（图7）

☆公司概况☆　◇港澳资讯更新日期：2008-10-16◇　灵通V4.0
★本栏包括【1.基本资料】、【2.发行上市】、【3.关联企业】

图7

1. 基本资料

"基本资料"虽然简单，但可以让我们知道这只股票是干什么的，其中上市公司网址是进一步了解其最新动态的渠道，要懂得好好利用。

细节决定成败！

"基本资料"会让我们清楚这只股票属于什么行业、什么板块，可以从其"行业类别、经营范围、主营业务、历史沿革"中获知。

"法人代表、总经理"是公司三大关键人物中的两个，他们和董事长一起，在很大程度上直接影响上市公司的经营与发展。看一个上市公司好不好，关键就是看其领舵者的魅力与水平如何！这点在接下来的资料分析中还会有专门的阐述，且属于重点，这里谈及只不过是想强调它的重要性。

"万维网址"中提供了上市公司网址，投资者应进入该网址，进一步搜集更多的信息，更全面地去了解该上市公司，了解其文化、目前的状况、未来发展方向与目标等，这些对投资者的投资取向将产生很大的影响。

值得一提的是，有些具有相当价值的公司最新动态，在上市公司网址中往往都会及时披露，毕竟这是上市公司对外宣传的一个重要窗口；而且由于是上市公司自身的网站，其信息的可靠程度可以说是毋庸质疑的，比起部分投资者在市场中捕风捉影来的消息更为真实和可靠。

【1.基本资料】

公司名称	青岛海信电器股份有限公司		
证券简称	海信电器	证券代码	600060
曾用简称	G海信 海信电器		
相关指数	道中指数 道沪指数		
行业类别	日用电子器具制造业	相关股票	
证券类别	上海A股	上市日期	1997-04-22
法人代表	于淑珉	总 经 理	刘洪新
公司董秘	夏峰	独立董事	汪平,王吉法,徐向艺
联系电话	(0532)83889556	传 真	(0532)83889556
万维网址	www.hisense.com		
电子信箱	zqb@hisense.com		
电子信箱	zqb@hisense.com		
注册地址	青岛经济技术开发区前湾港路218号海信信息产业园		
办公地址	青岛经济技术开发区前湾港路218号海信信息产业园		
经营范围	电视机、电冰箱、电冰柜、洗衣机、热水器、微波炉、以及洗碗机、电熨斗、电吹风、电炊具等小家电产品、广播电视设备、电子计算机、通讯产品、信息技术产品、家用商用电器和电子产品的制造、销售和服务；卫星电视地面广播接收设备。		
主营业务	电视机、广播电视设备、通讯产品制造，信息技术产品、家用、商用电器、电子产品的制造、销售和服务。		
历史沿革	公司由青岛海信集团发起,经青体改发[96]129号文批准，由集团公司将其下属的电视事业部，在进行非经营性资产剥离后，以电视二厂、电视三厂、配套件厂、注塑厂、基板厂及相关资产等折资入股，采取社会募集方式设立。96年12月6日，正式定名为“青岛海信集团公司”。		

图 8

一旦发现上市公司有值得进一步深入研究的价值，那么，在其公司网址上搜集与分析更多的信息则是取得更大研究成果的捷径。

“注册地址、办公地址”不仅可以直观地告诉我们上市公司身在何处，让我们得以感受其办公的环境，或多或少会增加对上市公司的感性了解。一旦我们想要对其进行实地考察，这就是最好的考察地点之一，如公司的经营场所、生产场地等。

更为重要的是，当市场出现炒作地域板块迹象的时候，其地址则很好地暴露出其地域属性，其价值也就很明显了。每个地区的上市公司往往都有不一样的区域特色，这个环节也是进行投资前研判不可或缺的部分，不可轻视。

2. 发行上市

“发行上市”有助于投资者更好地了解公司上市时的情况，主承销商实力强弱从另一方面反映了上市公司的实力。(图9)

【2.发行上市】

网上发行日期	1997-03-24	上市日期	1997-04-22
发行方式	比例配售	每股面值(元)	1.000
发行量(万股)	7000.00	每股发行价(元)	6.280
发行费用(万元)	1400.00	发行总市值(万元)	43960.00
募集资金净额(万元)	42560.00	上市首日开盘价(元)	15.50
上市首日收盘价(元)	17.48	上市首日换手率	-
上网定价中签率	-	二级市场配售中签率	-
发行当年净利润预测(万元)	-	发行当年实际净利润(万元)	13729.8383
每股摊薄市盈率	14.9500	每股加权市盈率	-
主承销商	中信证券有限责任公司		

图9

心中有底不会慌！只有了解过去，才能更好地把握未来。“上市日期”非常明确地告诉我们其在证券市场诞生的日子，离现在是近还是远，是新股、次新股还是老股，一目了然。

“发行量”的具体数字，一定要跟目前的实际流通数字进行对比，有了对比，才能发现其流通盘有没有扩容，扩容幅度是多少；如没有扩容，则联系实际情况，看有没有扩容的机会，如有，是否会对股价带来刺激。此外，如果有扩容，则要研究其过去扩容的时间与方式，以及对过去和现在的股价的影响。

“主承销商、上市推荐人”反映了其过去上市过程中有无实力机构参与。如果是新股或者次新股，不排除还会对短期走势带来比较大的影响；如果是老股，则影响较微弱。

“每股摊薄市盈率”可以让我们比较粗略地了解到该上市公司的价值处于什么样的水平。一般情况下，每股摊薄市盈率越低就意味着公司越具备投资价值。

3. 关联企业

“关联企业”往往是隐藏金矿的地方，很多时候，题材性炒作的挖掘都从这里开始。(图 10)

通过关联企业，可以试着去发现大股东背后的实力。

了解这一栏，可以让我们更清楚其股权关系，明白其大股东是谁，参股企业和控股子公司有哪些，等等，每一点情况都可能隐藏着金矿。

当你明白了其大股东是谁，不妨进一步研究大股东的背景与实力，最重要的是注意其大股东未来有可能实施的动作是否会影响上市公司。有时候，一家并不起眼的上市公司背后的大股东实力可能远超乎你的想象，这样的上市公司无疑是值得深入研究的。

了解了参股企业和控股子公司有哪些，你不妨对每家参股企业和控股子公司进行分析。有时候，这些企业或公司可能非常具有成长空间，而且这个行业有可能本身并非上市公司的主营，只不过目前处于发展期，还没有庞大到引起上市公司业绩巨大波动的地步，但因其具有成长性，未来价值不可估量。

市场盛行题材炒作，如创业板题材、网络题材等，在参股企业或控股子

【3.关联企业】

关联方名称	关联关系	所占权益（万元）	比例（%）	是否控制
青岛赛维家电服务产业有限公司	参股公司			否
青岛海信通信有限公司	参股公司		5.00	否
海信集团有限公司	控股股东	23896.78	48.40	是
广东海信多媒体有限公司	控股子公司	3000.00		是
青岛海信传媒网络技术有限公司	控股子公司	1590.00	88.33	是
贵阳海信电子有限公司	控股子公司	5109.90		是
辽宁海信电子有限公司	控股子公司	4085.00		是
淄博海信电子有限公司	控股子公司	3296.50		是
海信南非发展有限公司	控股子公司	0.24		是
海信欧洲研发中心荷兰有限公司	控股子公司	56.00		是
北京海信数码科技有限公司	控股子公司	750.00		是
青岛海信信芯科技有限公司	控股子公司	1593.50		是
青岛海信智能商用设备有限公司	其它兄弟关联方			否
青岛海信宽带多媒体技术股份有限公司	其它兄弟关联方			否
青岛海信物业经营有限公司	其它兄弟关联方			否
广东科龙配件有限公司	其它兄弟关联方			否
青岛海信电子技术服务有限公司	其它兄弟关联方			否

图 10

公司里，一旦你能先行一步发现利好题材，就有可能在未来题材炒作中占据先机。

“关联企业”一栏值得重点挖掘，但却往往被很多投资者所忽略，或者挖掘得不够深入。

第二节　开始了解 —— 股东研究

取得第一印象后，接下来就是要进一步地接触和了解，这其实跟谈恋爱的步骤是一样的。

怎么进一步了解呢？当然，不能光靠感觉，更要有数据支撑，看看“他”是否真的有料。就像找对象，不能仅仅有光鲜的外表，还要有更多的内涵。

进行股东研究就是了解其内涵的开始！

“股东研究”栏包含三个小分类，分别是“股东变化”、“基金持股”与“股东简介”。记住，股东实力是非常关键的，不论是最大股东还是其他大股东，它们往往会决定上市公司的未来。（图 11）

☆股东研究☆　◇港澳资讯600060　更新日期：2008-10-31◇　灵通V4.0
★本栏包括【1.股东变化】、【2.基金持股】、【3.股东简介】

图 11

1. 股东变化

有变化才有机会，新进的流通股东就是研究的重点。（图 12、图 13、图 14）

有对比才有发现。股东变化，要拿出最近两期的来进行对比，特别是对比“十大流通股东”的情况，如对比图 12 至图 14 海信电器的十大流通股东，我们可以发现十大流通股东发生了一些微妙的变化。

当然，有些时候主力资金会虚晃一枪，刻意制造一些假象。因此，必须具体问题具体分析，结合基本面来把握。不管如何，这里的变动是很值得研究的，毕竟大多数情况下，主力资金是很难掩盖其具体动作的。

【1.股东变化】

截至日期：2008-09-30　十大流通股东情况　　股东总户数：67867

股东名称	持股数(万股)	占流通股比(%)	股东性质	增减情况(万股)
青岛海信电子产业控股股份有限公司	987.03	3.87 A股	公司	新进
赖泳村	404.23	1.59 A股	个人	新进
华夏银行股份有限公司——东吴行业轮动股票型证券投资基金	292.86	1.15 A股	基金	未变
李艳丽	239.63	0.94 A股	个人	50.57
中国太平洋人寿保险股份有限公司——分红——团体分红	220.00	0.86 A股	保险公司	新进
南京凯米科技有限公司	171.08	0.67 A股	公司	24.37
王彩霞	110.89	0.44 A股	个人	新进
王怀林	93.91	0.37 A股	个人	-5.28
北京汇金凯瑞投资咨询有限公司	85.80	0.34 A股	公司	新进
张克蓝	81.51	0.32 A股	个人	新进

合计持有2686.94万流通A股，分别占总股本的5.45%，流通A股10.55%

图 12

截至日期：2008-06-30　十大股东情况　　股东总户数：64914

股东名称	持股数(万股)	占总股本比(%)	股本性质	增减情况(万股)
海信集团有限公司	23896.78	48.40	国有法人股	未变
东海证券有限责任公司	531.22	1.08	流通A股	7.03
华夏银行股份有限公司——东吴行业轮动股票型证券投资基金	292.86	0.59	流通A股	新进
广发——交行——广发集合资产管理计划(3号)	236.00	0.48	流通A股	未变
中国工商银行——华安中小盘成长股票型证券投资基金	200.00	0.41	流通A股	-90.00
李艳丽	189.06	0.38	流通A股	新进
上海浦东发展银行——长信金利趋势股票型证券投资基金	175.83	0.36	流通A股	-475.00
南京凯米科技有限公司	146.71	0.30	流通A股	新进
邵秀兰	134.73	0.27	流通A股	-217.73
刘希林	134.20	0.27	流通A股	2.00

图 13

截至日期：2008-06-30　十大流通股东情况　　股东总户数：64914

股东名称	持股数（万股）	占流通股比（%）	股东性质	增减情况（万股）
东海证券有限责任公司	531.22	2.08 A股	证券公司	7.03
华夏银行股份有限公司——东吴行业轮动股票型证券投资基金	292.86	1.15 A股	基金	新进
广发——交行——广发集合资产管理计划(3号)	236.00	0.93 A股	证券公司	未变
中国工商银行——华安中小盘成长股票型证券投资基金	200.00	0.78 A股	基金	-90.00
李艳丽	189.06	0.74 A股	个人	新进
上海浦东发展银行——长信金利趋势股票型证券投资基金	175.83	0.69 A股	基金	-475.00
南京凯米科技有限公司	146.71	0.58 A股	公司	新进
邵秀兰	134.73	0.53 A股	个人	-217.73
刘希林	134.20	0.53 A股	个人	2.00
王怀林	99.19	0.39 A股	个人	新进
合计持有2139.80万流通A股，分别占总股本的4.34%，流通A股8.40%				

图 14

有两点我们可以重点关注。第一，第一大股东的持股比例，可以让我们了解到其是否绝对控股，是否存在进一步动作的可能。

如果第一大股东不具有绝对控股权，则需要对比第一大股东跟第二大股东的持股差距，如果这种差距较为微妙，那么完全有可能在适当的时候出现争夺控股权的“战争”。而对于投资者而言，这种战争孕育着巨大的投资机会。

第二，如果第一大股东持股比例不大，投资者不能忽视的是，也要研究第一大股东是否有进一步增持，从而奠定绝对控股地位的可能性。这也是发现机会的方式之一。

2. 基金持股

该栏其实就是上一环节的进一步分类，其实单看上面的资料也可以看出来，有这个小分类主要是为了方便查阅。基金持股虽然重要，但心思还是要放在十大流通股东的变化上，要知道，除了基金是大鳄外，还有其他大鳄！（图 15）

【2.基金持股】
【基金持股情况】 截至日期：2008-09-30

基金名称	持股数量（万股）	持有市值（万元）
华夏银行股份有限公司－东吴行业轮动股票型证券投资基金	292.86	未披露

图 15

3. 股东简介

股东简介，就是最大股东的简单介绍。不过，这里的信息太过简单，更多内容不妨登录其网站查询。（图 16）

【3.股东简介】
【主要股东简介】

股东名称	海信集团有限公司		
注册地址	青岛市东海西路17号		
注册资本(万元)	80617.22	法人代表	周厚健
经营范围	国有资产委托营运：电视机、影碟机、音响、广播电视设备、空调器、电子计算机、电话、通讯产品、网络产品、电子产品的制造、销售及服务；软件开发、网络服务；技术开发咨询；自营进出口业务；对外经济技术合作业务；产权交易自营、经纪、信息服务；中国保监会批准的财产保险；（有效期至2008 年6月6日）工业旅游。（以上范围需经许可经营的，须凭许可证经营）		
历史介绍	公司成立于1979年。直属青岛市国资委		

图 16

第三节　深入了解 —— 主力追踪

“开始了解”之后就是“深入了解”了。做事要讲究循序渐进，欲速则不达，谈恋爱如此，研究也是如此。

“深入了解”的目的，就是进一步提升对该公司的了解，让自己多一分把握。

资本市场很残酷，既然你准备投资股市，那么，投资前多做点准备工作是必不可少的。

“主力追踪”包含四个小分类，分别是“机构持股汇总”、“股东户数”、“机构持股明细”与“异动上榜”。(图 17)

☆主力追踪☆　◇港澳资讯600060　更新日期：2008-10-31◇　灵通V4.0
★本栏包括【1.机构持股汇总】【2.股东户数】【3.机构持股明细】【4.异动上榜】

图 17

【1.机构持股汇总】　　单位（万股）

报告日期	2008-09-30	2008-06-30	2008-03-31	2007-12-31
基金持股	292.86	668.69	1060.93	1161.20
占流通A比	1.15	2.62	4.16	4.56
持有家数及	共计1	共计3	共计3　增持　1	共计9　增持　1
进出情况：		新进1　减持　2	减持　1	新进6　减持　2
券商持股		767.22	760.19	478.20
占流通A比		3.01	2.98	1.88
保险持股	220.00		862.09	862.09
占流通A比	0.86		3.38	3.38

注：以上数据取自基金持股和公司十大流通股，季度数据未包含基金持股明细
最近一期数据可能因为基金投资组合或公司定期报告未披露完毕，导致汇总数据不够完整。

图 18

1. 机构持股汇总

在这里，你可以发现机构进出的一些最新动向，但请不要太过迷信机构，记住，物极必反，太多或太少机构都在这里出现究竟是好事或坏事还不一定。（图 18）

关于“机构持股汇总”栏，首先是要研究最近两期的机构具体动向，看机构是否有明显增仓的动作。其次，要看机构数量有没有大幅增加，大幅增加则表明开始受到越来越多主流资金的关注，不排除未来有进一步的抢筹动作。

当然，这里仅仅是指一般情况下，更多的是物极必反，在国内机构比较喜欢波段操作的背景下更是如此。有时候，阶段性多机构往往就是接下来阶段性少机构的前奏。记住，机构可以少，但却不可以没有，否则能量在爆发时就会大打折扣，这点尤其重要。

“机构持股汇总”其实只是一个数据汇总，没有太多方向性的参考，仅仅是为了更好地了解公司的情况而已，更多方向性的判断需要结合其他内容方能作出。

2. 股东户数

“股东户数”可以让我们比较直观地感受持股人的资金分配情况，到底是大资金多还是小资金多。（图 19）

股东户数是个很有意思的研究指标，其变化往往能揭示一些微妙的信号，同时其在特定环境下又遵循物极必反的自然规律。在具体阐述之时首先要明白股东户数的含义，“股东户数 × 户均持股 = 流通股数量”。其中，“流通股数量”一般都是固定的，变化的是“股东户数”与“户均持股”。我们要研究的也是这两个变量跟不变量之间的微妙关系。

当“股东户数”呈现逐步萎缩的态势，同时“户均持股”出现持续放大的状况，那么，这往往意味着其筹码开始呈现逐步集中的趋势，这是一种展示机会的积极信号。相反，如“股东户数”逐步扩大，而“户均持股”则同步萎缩的话，那么，这就往往意味着其筹码开始呈现逐步扩散的趋势，这是一种展示风险的消极信号。

【2.股东户数】

截止日期	股东户数	户均持股	较上期变化	筹码集中度
2008-09-30	67867	3754	无明显变化	较集中
2008-06-30	64914	3925	无明显变化	较集中
2008-03-31	62862	4053	无明显变化	较集中
2007-12-31	68084	3742	趋向分散	较集中
2007-09-30	54694	4658	趋向集中	较集中
2007-06-30	62134	4100	趋向集中	较集中
2007-03-31	77560	3285	趋向集中	较集中
2006-12-31	89172	2857	无明显变化	较分散
2006-09-30	93705	2719	无明显变化	较分散
2006-06-30	96496	2640	趋向集中	较分散
2006-03-31	100800	2022	无明显变化	较分散
2005-12-31	100244	2033	无明显变化	较分散
2005-09-30	105111	1939	无明显变化	非常分散
2005-06-30	109107	1868	无明显变化	非常分散
2005-03-31	110669	1841		非常分散

图 19

第一，高度庄股。当然，任何市场达到一定的程度后，都有可能诱发物极必反的状况，在这里也是如此。当“股东户数”萎缩到相当程度，“户均持股”放大到相当规模的时候，这样的股票就已经形成“高度庄股”的境界，其股价也往往达到了相当的高度，很可能是处于“曲高无人应”的状况。那么，其最终可能选择稀释持股户数与持股数量，这往往就带来相当大的不确定性，风险也随之来临，这种风险往往具有相当大的杀伤力，这就是物极必反的效果。就如过去“德隆”系股票成为庄股后崩溃的结局那样，让我们领略到现实中物极必反的残酷本质。

第二，高度散股。另外，与“高度庄股”相对应的则是“高度散股”。“高度散股”筹码高度分散，几乎都是由散户把持的股票，一般情况下是没有太多机会的，但正如“高度庄股”带来的物极必反的效果那样，“高度散股”也同样如此。只不过我们一定要清楚，投资机会的前提是要建立在没有太大基本面风险的状况下，比如不会退市与破产等。在这里，更多体现的是机会，而不是风险。

3. 机构持股明细

“机构持股明细”多少可以让人明白机构最新的态度。（图 20）

【3.机构持股明细】

截至日期：2008-09-30

股东名称	持股数（万股）	占流通股比（%）	股东性质	增减情况（万股）
中国太平洋人寿保险股份有限公司—分红—团体分红	220.00	0.86	保险公司	220.00
华夏银行股份有限公司—东吴行业轮动股票型证券投资基金	292.86	1.15	基金	未变

图 20

要注意持股数量较少的基金实力。

基金持股数据，不仅包括前十大流通股里的基金身影，连潜伏在流通股中的所有基金身影都暴露了出来。分析这些数据可以让我们明白哪些机构对这个品种有兴趣。当然，兴趣的大小是从持股数量上反映的，我们研究的重点也是前几位持股数量比较大的基金的实力与风格。需要指出的是，后面那些看似不很起眼的基金持股状况，则可以提供给我们一个思路，那就是未来这些基金完全具备大幅增持的可能性，目前不过是象征性的动作而已，尤其是那些实力比较雄厚的基金如果出现在后面的话，更是应引起充分的重视。看似不起眼的基金背后很可能隐藏着惊人的未来举动。因此，这里也是值得好好留意的重点区域之一。

4. 异动上榜

“异动上榜”可以让我们从一个侧面更好地去了解一些资金的动向，尤其是阶段性疯狂的时候，资金的运作思路，都可以从里面找出一些蛛丝马迹。（图 21、图 22）

【4.异动上榜】
【7%涨跌上榜情况列示】
【2008-04-29】4月29日振幅值达15%
涨跌幅%:0.00 成交量(万股):1036.53 成交金额(万元):9856.40
买入金额最大的前5名:

营业部名称	买入金额(元)	卖出金额(元)
中国银河证券股份有限公司成都科华北路证券营业部	2292524.96	
中信建投证券有限责任公司宁波市曙光路证券营业部	1443682.02	
东莞证券有限责任公司东莞莞太路证券营业部	1421145.26	
东吴证券有限责任公司苏州大儒巷证券营业部	1187600.40	
联合证券有限责任公司长沙劳动西路证券营业部	1154135.66	

图 21

卖出金额最大的前5名:

营业部名称	买入金额(元)	卖出金额(元)
华泰证券股份有限公司常州北大街证券营业部		5319615.29
中信建投证券有限责任公司天津市解放南路证券营业部		2954613.45
国泰君安证券股份有限公司昆明人民中路证券营业部		2899409.08
泰阳证券有限责任公司北京阜外大街证券营业部		2831248.55
海通证券股份有限公司绍兴劳动路营业部		2185188.00

图 22

第四节　继续深入

人就是这样，对一个人越是有好感，那么，就越喜欢更全面地去了解他，直至最终拥有他。“深入了解”后“继续深入”，需要时间，更需要精力，不过这一切的一切都是值得的，毕竟这是一份爱，在爱的面前，一切都将变得极其渺小。股市交易的选择，也是如此，要想真正爱出成果，那么，多点了解、多点深入，慢慢来，才会结出真正的果实。

一、“重要事项栏”

“重要事项栏”包括三个小分类，分别是“资本运作”、“风险提示”和“其他事项”。记住，潜在风险才是最恐怖的，让自己对潜在风险有个底，这样，才有利于把握机会，对这点需要有清晰的认识。（图23）

☆重要事项☆　　◇港澳资讯600060　　更新日期：2009-02-03◇　　灵通V4.0
★本栏目内容：【1.资本运作】、【2.风险提示】、【3.其他事项】

图23

1. 资本运作

运作的方式有很多，这里只是其中一部分，但不管如何繁杂的运作，我们仔细揣摩其背后的动机，才是最重要的。（图24）

【1.资本运作】
【资产出售】

公告日期	2009-01-22	是否关联交易	是	交易金额(万元)	2326.60
说 明	青岛海信电器股份有限公司（下称“公司”）与青岛海信电子产业控股股份有限公司（下称“海信电子控股”）于2009年1月19日在青岛签署了《资产转让协议》。公司向海信电子控股转让“标清机顶盒数字电视系统平台”，转让价格为2,326.60万元人民币。本次交易构成了公司的关联交易。				

【对外投资】

公告日期	2009-01-22	是否关联交易	是	交易金额(万元)	11000.00
说 明	鉴于海信集团财务有限公司（下称“海信财务公司”）的注册资本拟由3亿元增资到5亿元，青岛海信电器股份有限公司（下称“公司”）与青岛海信电子产业控股股份有限公司（下称“海信电子控股”）拟共同对海信财务公司进行增资，海信财务公司的原股东海信集团有限公司（下称“海信集团”）、中国光大控股有限公司（下称“光大控股”）放弃此次增资扩股权。 其中，公司以现金出资不超过1.1亿元，认购海信财务公司1亿元注册资本。增资后，公司占海信财务公司注册资本的比例为20%。本次交易构成了公司的关联交易。 本次增资需要获得中国银监会批准后方可实施。				

图 24

2. 风险提示

这里仅是从资金状况的风险来作为提示，虽然不全面，但这点却非常重要。很多企业最终倒下去，多少都跟资金状况突然出现重大危机有关。(图 25)

【2.风险提示】

截止日期	2004-12-31				
序号	资金占用方	占用方式	与本公司关系	期末余额（万元）	占应收账款(%)
1	青岛海信进出口有限公司	应收账款	同属集团公司	6188.8	19 %
2	海信集团北京营销中心	其他应收款	同属集团公司	16.07	0.0%
3	青岛海信集团公司天津经销中心	其他应收款	同属集团公司	92.02	0.3%
4	青岛海信营销有限公司	应收账款	同属集团公司	162.09	0.5%
5	海信集团上海营销中心	其他应收款	同属集团公司	9.00	0.0%
6	青岛海信集团公司天津经销中心	应收账款	同属集团公司	832.57	2.5%

图 25

3. 其他事项

在软件里，这个小分类存在，但大部分个股却没有什么具体内容，因此，这只是一个摆设的分类而已。这也告诉我们，软件不是万能的，真正要靠的是自身的思考分析判断，软件只是一个辅助工具而已。

二、“行业分析”栏

这里包括两个小分类，分别是“行业地位”与“行业研究”。记住，行行都可以出状元，很多时候，目前的地位将决定其未来还能够走多远。（图 26）

☆行业分析☆　◇港澳资讯600060　更新日期：2008-11-06◇　灵通V4.0
★本栏包括【1.行业地位】、【2.行业研究】

图 26

1. 行业地位

有对比才有发现，图27“行业地位”栏目中的对比数据，会让你更明白该公司目前的基础，当然，这里仅仅是参考数据，具体如何，其实更需要你从真实的市场中去观察。图28“二级市场表现”栏中的数据对比，则对具体的技术层面更有帮助。

【1.行业地位】
【截至日期】：2008-09-30

代码	简称	总股本(亿股)	实际流通A股	总资产(亿元)	排名	主营收入(亿元)	排名	净利润增长率(%)	排名
000016	深康佳A	12.04	6.00	92.80	3	90.27	4	237.59	1
000100	TCL集团	25.86	25.13	241.42	2	289.80	1	146.93	2
002241	歌尔声学	1.20	0.30	13.41	10	7.84	8	72.55	3
002045	广州国光	2.04	1.31	16.09	9	6.90	11	36.06	4
002052	同洲电子	2.94	1.58	20.69	8	14.17	7	26.01	5
600060	海信电器	4.94	2.55	62.27	4	100.02	3	17.50	6
600637	广电信息	7.09	4.09	50.37	5	26.19	6	9.40	7
000909	数源科技	1.96	1.02	23.76	7	7.23	10		8
000801	四川湖山	1.32	0.68	5.88	11	7.47	9		9
000517	*ST成功	2.33	1.11	1.77	12	0.02	13		10
600870	*ST厦华	3.71	2.40	24.27	6	29.14	5		11
600839	四川长虹	18.98	14.06	280.29	1	214.66	2		12
600234	ST天龙	1.45	1.01	0.91	13	0.62	12		13
与行业指标对比									
海信电器		4.94	2.55	62.27	4	100.02	3	17.50	6
行业平均		6.60	4.71	64.15		61.10		4.34	
该股相对平均值%		-25.24	-45.91	-2.93		63.68		303.37	

图27

【二级市场表现】截至日期：2008-11-06

统计区间	累计涨跌幅(%)	振幅(%)	同期大盘累计涨跌幅(%)	行业平均涨跌幅(%)
1周	0.56	3.33	-0.17	2.03
1个月	-13.67	17.65	-23.24	-19.09
3个月	-24.58	27.50	-35.26	-42.60
6个月	-43.50	52.65	-52.84	-62.22
年初至今	-58.93	72.92	-66.54	-71.60
1年	-49.72	89.26	-68.20	-67.04

图 28

2. 行业研究

一个行业的未来前景将决定该行业下公司的空间。身处高成长性行业的公司无疑是最具有机会的。当然，判断周期性行业中公司的成长空间，关键是要看清楚行业周期的规律。(图 29)

【2.行业研究】

主　题	电视机加快走向轻薄时代	文章日期	2008-07-19
内　容	据新华社电 当电视机在大尺寸的趋势之路上快速发展之时，制造更轻、更薄的电视机成为全球电视机厂商不断寻求突破的又一个热点。随着更轻、更薄的纪录不断被刷新，电视机正在走向“轻薄”时代。 今年以来，国内外电视机厂商纷纷加快推出超薄电视的步伐。日立数字映像（中国）有限公司近日推出了在中国市场上最薄的平板电视———日立Ｗｏｏｏ超薄电视系列。该系列三款液晶电视，厚度仅为３．５厘米。据悉，该公司还将在明年向中国市场推出５０英寸的超薄等离子电视。ＪＶＣ近日也宣布，将在近期推出两款ＬＣＤ高清电视，最薄处为３．９厘米。 与此同时，国产彩电厂商也在轻薄化上加大投入力量。据悉，海信本月初宣布自主研发的４２英寸ＬＥＤ液晶电视批量上市。其产品整机厚度５．５厘米，仅有普通液晶电视的一半。 上述产品体现了时下彩电日渐流行的“轻”和“薄”的发展方向。尤其需要注意的是，这一趋势发展之快令人印象深刻。去年下半年才上市的夏普ＧＸ３系列超薄液晶电视，几乎是当时市场上最薄的电视，但其最薄处也达到８．１厘米，可见电视“瘦身”速度之快。 从产品设计上看，彩电产品走向轻薄化，不仅减轻了产品重量，而且使产品更加美观，同时在功能上通过科学设计，可以使其功能更加丰富。以日立Ｗｏｏｏ系列中的３２英寸液晶电视为例，其重量仅为１０．９千克，与以往普通平板电视相比，重量仅为后者的二分之一。由于削减了电视机厚度，其外部包装材料较以往同尺寸电视减少了约１２％。 需要清醒认识的是，电视轻薄化的背后，是设计、科研水平的直接体现。专家指出，要把大屏幕液晶电视再减薄，需要克服的技术门槛很高，比如需要有效解决散热、音响效果等问题，它对企业的设计能力、工艺水平等都提出很高的要求。从目前来看，国产彩电的轻薄化设计及制造水平与世界最优秀的产品还有一定差距，对于国产彩电企业来说，充分重视全球彩电“轻薄化”的新趋势、加快提升开发实力是当务之急。		

图29

第五节　回归现实

不断深入的过程其实就是感情不断升华的过程，感情升华的结果，往往是步入婚姻殿堂。只是，在这之前，总是会经历理想与现实的转换。深入到一定阶段，“回归现实”也就成了自然而然的事情了。

股票也是如此，现实如何，始终是要好好面对与研究的。

回归现实的第一步，要从“股本股改”栏目开始。本栏目包含以下几个小分类：（图 30）

☆股本股改☆　　◇港澳资讯600060　　更新日期：2008-10-31◇　　灵通V4.0
★本栏包括【1.股本结构】、【2.股本变化】、【3.限售股份】、【4.股改情况】

图 30

1. 股本结构

“股本结构”重点研究总股本与流通股的关系。（图 31）

【1.股本结构】
【股本结构列示】

单位(万股)	2008-09-30	2007-12-31	2006-12-31	2005-12-31
总股本	49376.78	49376.78	49376.78	49376.78
发起人国家股	-	-	-	28992.78
流通A股	49376.78	49376.78	49376.78	20384.00
实际流通A股	25480.00	25480.00	25480.00	20384.00
限售的流通股	23896.78	23896.78	23896.78	-

图 31

总股本在某种程度上来说，就是上市公司的“全部家底”，其股价 × 总股本可以理解为其“总价值”。当然，这里的“总价值”会随着行情的演变而不断演变，跟现实的总价值并不完全一致。但判断一家上市公司是否具有巨大价值的一个方法就是，看其现实中的总价值与虚拟中的总价值的差距。如果现实中的总价值远大于虚拟中的总价值，那很可能是价值严重低估，相反，则可能是相对高估。

虽然总股本的大小是相对的，但从总股本的数量，我们能够判断出这家上市公司的整体规模。1 个亿左右的往往都是小型企业，5 个亿左右的则是中型企业为主，10 个亿以上的则是大型企业为主。

不同规模的企业在一定程度上决定其未来的成长速度。中小型企业由于基数比较小，因此一旦抓住机会，其扩张的速度往往较为惊人，也就比较容易出现比较夸张的跳跃式增长速度，如今年业绩 0.1 元，明年为 0.5 元，后年为 1 元。股票的价格往往都是突出市盈率，因此，最终其股价反映也会是比较剧烈的，大黑马也就如此诞生了。

当然，从另外一个角度看，由于中小企业本身底子还不雄厚，一旦遇到危机，风险承受能力也势必会比大型企业弱很多。具体反映到股价上，波动风险也是比较夸张的。不管如何，风险与机会是对等的，只不过在中小型企业中，有时候研究得当，我们能够把握住远远超越市场一般收益的机会，这也就是研究价值的具体体现。

流通 A 股是上市公司可以在二级市场交易的股份，其规模的大小在相当程度上影响未来的具体动向。一般情况下，流通规模在 5000 万元到 1 个亿左右的称为小盘股，1 个亿到 3 个亿左右的称为中盘股，3 个亿以上的则称为大盘股。当然，这种称谓是仁者见仁、智者见智的，带有一定的主观性，但整体差距不会太大。

中小盘股往往是一般规模资金所钟情的品种，也是目前不少私募基金的首选范围，毕竟有什么样的实力就决定做什么样的事情。中小盘的品种比较适合目前私募基金的胃口，波动总体往往会呈现大起大落，较为疯狂的状况。大盘股则基本上是国家队的天下，风格稳健，稳健中带激情。因此，当我们发现流通盘大小的时候，就对股票的风格有了大致的了解。

流通 A 股与总股本呈现三种关系：一是流通 A 股所占总股本比例很小；二是流通 A 股所占总股本比例很大；三是流通 A 股所占总股本比例适中。比例很小则其杠杆效应会比较大，可以用不多的资金让流通 A 股市值迅速膨胀，从而让总股本的总市值以 1 倍以上的杠杆效应放大，从而产生比较大的虚拟增值。相反，比例很大则杠杆效应会比较小，最终产生的虚拟增值也就没有太大倍数效应。

当然，这些都不是研究的关键，只是研究的基础，关键是流通A股如果处于一般规模，而其总股本也并非过于庞大，如海信电器，那么，其本身就有可能出现股本在未来急速发展的过程中急剧扩张，这往往也就是未来巨大机会之所在。为何万科股价如此之牛，本质就是上市公司在自身急剧发展过程中很好地运用了股本不断扩张的方法，从而造就了目前大牛股的地位！

做股票看的就是上市公司的未来，要研究发现上市公司未来的潜力有多大，很大程度上就是要研究其目前所处的状况。通过流通股与总股本的微妙关系，首先可以预测其未来是否具有股本扩张的潜力。其次，也可以让我们比较清晰地了解大股东目前的控股地位。对于那些流通股东持股数量有可能威胁到非流通大股东地位的上市公司，有时候，也是一种比较不错的潜在机会。当然，前提是这家上市公司未来的发展确实值得期待。

2. 股本变化

"股本变化"可以让我们更好地了解这只股票的过去。送股、配股、转增股，这些都是股本扩张过程中经常可以见到的。送股与转增股对炒作股价往往会带来较为积极的影响，毕竟送股与转增股后其股价除权后的价格能够更容易被投资者接受，也有利于资金去运作。万科一路以来的股价历程，就是很好的写照。（图32）

【2.股本变化】

【历次变更状况】

日期	总股本	流通A股	实际流通A股	变更原因
2006-06-12	49376.78	49376.78	25480.00	股权分置
2001-03-02	49376.78	20384.00	20384.00	配股
1999-06-04	41449.15	12740.00	12740.00	送转股
1998-07-27	29606.53	9100.00	9100.00	配股
1997-10-22	27000.00	7000.00	7000.00	内部职工股上市
1997-04-22	27000.00	6300.00	6300.00	新股上市
1997-03-24	27000.00	6300.00	-	新股发行

图32

3. 限售股份

股权分置改革带来的限售股份，具有很强的中国特色，过去大牛市能够产生，很大程度上也跟它有关。对于这里的内容，什么时候解禁，什么价格以上可以减持，这些都会对其未来股价运行产生或大或小的影响。什么价格以上可以减持，这是关注的重点，它可以告诉我们该上市公司如果真要减持，其二级市场的价格必然要达到什么水平。上市公司如何达到这样的目的都会或多或少影响到股价未来的动向。(图 33)

【3.限售股份】

序号	股东名称	限售股份（万股）	上市日	新增可上市股份（万股）	限售条件
1	海信集团有限公司	23896.78	2009-06-12	23896.78	所持有海信电器的非流通股在获得流通权后的36个月内不通过上海证券交易所挂牌交易出售持有的海信电器有限售条件的流通股股份，但海信集团在获得流通权后增持的海信电器股份不受上述承诺的限制。承诺人如有违反承诺的卖出交易，卖出所获得资金划入上市公司账户，归全体股东所有。在前项禁售承诺期期满后24个月内，海信集团通过上海证券交易所挂牌交易出售股票的价格不低于8.91元/股。在本改革方案实施后，当公司进行利润分配或资本公积金转增股本等导致股份或股东权益发生变化时，最低减持价格将根据相关公式进行调整(2007年6月13日，公司实施了2006年利润分配方案，即每10股派现1元，该价格已由8.91元调整为8.82元；2008年

图 33

4. 股改情况

“股改情况”是已经过去的历史，更多的只是提供给你一个回顾。（图34）

【4. 股改情况】
【股权分置改革】

1）方案简介：
对价方案:每10股获得2.5股
实施前总股本(万股)： 49376.78 实施后总股本(万股)： 49376.78
实施前流通A股(万股)： 20384.00 实施后流通A股(万股)： 25480.00
限售流通股(万股)： 23896.78

保荐机构1:中国银河证券股份有限公司

2）股改进程提示：
方案公布日： 2006-04-17 股东大会股权登记日： 2006-05-17
董事会征集投票起止日
股东大会网络投票起止日：2006-05-25 至 2006-05-29
股东大会现场召开日： 2006-05-29 股东沟通期停牌起始日： 2006-04-17
股东沟通期复牌日： 2006-05-10 股东大会停牌起始日： 2006-05-18
股改实施上市日： 2006-06-12

3）参加表决前十大流通股东表决情况：

股东名称	持股数量（万股）	表决情况
常州海弘电子有限公司	130.95	赞成
中国工商银行——申万巴黎盛利精选证券投资基金	100.67	赞成
青岛立业电器有限公司	88.37	赞成
即墨市恒泰机械配件厂	110.97	赞成
青岛海立钢制品有限公司	155.51	赞成
中国工商银行——银河银泰理财分红证券投资基金	121.00	赞成
苏州泽海电子塑胶有限公司	176.55	赞成
云南云电财金管理有限公司	173.62	赞成
全国社保基金——零五组合	120.00	赞成
中国平安人寿保险股份有限公司——分红——团险分红	739.67	赞成

图34

第六节　接触家长

“回归现实”这关都能通过的话，那么，接下来就不可避免要见家长了。这是非常敏感的，但却是不可或缺的一个环节。

正所谓“虎父无犬子”，什么样的家长也多少可以告诉我们，你所爱的人大概会是如何。当然，我们更应从中看到所爱之人的未来潜力。

在股票研究过程中，公司高层就是股票的家长。

“高层治理”栏包括三个小分类，分别是“高管列表”、“高管兼职”与“高管简介”。记住，高管就等于是船长，船如何航行与能够航行多远，最终都要看船长的策略与智慧。（图 35）

☆高层治理☆　◇港澳资讯600060　更新日期：2008-10-31◇　灵通V4.0
★本栏包括【1.高管列表】、【2.高管兼职】、【3.高管简介】

图 35

1. 高管列表

不论做什么，人都是第一位的，有什么样的人就决定了什么样的企业。（图 36）

人，不论是哪个行业，真正好的企业，你会发现，其企业的领军人物都是相当具有魅力的。为何？因为任何事情成功的关键就在于人，领军人物在一个企业中发挥着至关重要的作用。

在上市公司里，领军人物是董事会成员，也就是董事长与其他董事了。当然，作为负责公司运营的总经理这个角色也是相当关键的，不过一般总经理也是董事会成员，因此，我们研究上市公司高管就要好好研究董事会成员，重中之重就是董事长与总经理。董事长扮演的往往是一家企业的灵魂人物，总经理则往往扮演一家企业具体执行的最关键人物。

【1.高管列表】

姓名	性别	公司职务	学历	年薪(万元)	持股数(万股)
于淑珉	女	董事长,董事	本科		1.82
刘洪新	男	总经理,董事		78.50	
林澜	男	董事	博士		
周厚健	男	董事	大学		1.82
肖建林	男	董事	硕士		
徐向艺	男	独立董事	博士	5.00	
汪平	男	独立董事	博士	5.00	
王吉法	男	独立董事	博士	5.00	
贾少谦	男	监事会主席	本科	1.00	
张祝彦	女	监事	大学	8.70	
刘峰	男	监事	本科	1.00	
夏峰	男	董秘,证券事务代表	硕士	7.60	
刘鑫	男	财务负责人		8.70	
战嘉瑾	男	副总经理			
张继任	男	副总经理		53.50	
王俊昌	男	副总经理		47.60	
弥良源	男	党委副书记			
合计				221.60	3.64

图36

当然，在上市公司里，红花还需绿叶来衬托，因此，对于上市公司其余较为重要的人物也是需要进行大概了解的。如果要更深入了解一家上市公司里的人，不妨在对高层进行一番了解后，深入到上市公司的最基层去寻找更多的信息，那里接触到的人真实而且具有普遍性。基层可以从更细微的角度来反映上市公司。

不论是从大处，还是细微之处，在人这方面，都值得我们好好花一番工夫来研究。

2. 高管兼职

了解高层兼职，是让我们从侧面进一步了解高层动态，可以对高层形成更为具体的综合形象。当然，如果有必要，不妨全方位寻找更多资料，如果有机会则最好进行面对面交流。正所谓，闻名不如见面，真正具有实力且魅力非凡的人，有机会亲自接触的话，你多少都能够感知到他那独特魅力的。高层思路决定上市公司未来动向，因此，对高层多点了解的重要性不言而喻。(图 37)

【2.高管兼职】
【截止日期】2007-12-31

高管姓名	任职单位名称	任职职务	任期情况	是否领取报酬
张大飞	海信集团有限公司	副总裁	2007-1-31	是
林澜	海信集团有限公司	副总裁	2006-6-30	是
林澜	海信科龙电器股份有限公司	董事	2006-6-26-2009-6-25	否
周厚健	海信集团有限公司	董事长	2000-3-17	是
于淑珉	海信科龙电器股份有限公司	董事	2006-6-26-2009-6-25	否
于淑珉	海信集团有限公司	总裁	2001-7-20	是

图 37

3. **高管简介**

这里其实是对前面内容的一种补充，让人更方便查阅而已。另外，高层人物的资料一般都有很多，我们要善于学会抓住最重要的来研究，要明白“擒贼先擒王”的道理。(图 38)

【3.高管简介】

姓名	于淑珉	性别	女	学历	本科
职位名称	董事长	任职起始日	2000-05-30	年薪	-
持股数	18200				
简历	女，1951年出生，大学本科学历，1998年毕业于中科院管理干部学院。1995年2月至1997年3月任青岛市电子仪表工业总公司党委副书记，1997年3月至1998年4月任海信集团公司党委副书记、副总裁，1998年4月至1999年11月任海信集团公司副总裁兼青岛海信电器股份有限公司总经理，1999年11月至2001年7月任海信集团公司执行总裁、青岛海信电器股份有限公司董事长，2001年7月至今任海信集团有限公司副董事长、总裁、青岛海信电器股份有限公司董事长。				

姓名	刘洪新	性别	男	学历	
职位名称	总经理	任职起始日	2006-02-10	年薪	785000.00
持股数	-				
简历	男，1967年出生，历任青岛电视机厂无线电分厂团总支书记、青岛海信电器股份有限公司西安分公司总经理、郑州分公司总经理、贵阳海信电子有限公司总经理，青岛海信电器股份有限公司副总经理、销售公司总经理 贵阳海信电子有限公司总经理，2006年1月起任青岛海信电器股份有限公司总经理。				

图 38

第七节 了解家底 —— 经营分析

感情上面，一说到“了解家底”，无疑就是一种现实的表现，只不过，现在不就是现实的世界吗？很多人不都是戴着有色眼镜去看别人的吗？金钱和样貌往往都是评判一个人的标准。

在研究上市公司的过程中，我们也不能够脱俗，毕竟家底是否够吸引人，在很大程度上也决定着其未来是否有足够能量去做一些事情或创造更美好的未来！

没什么好回避的，既然是要研究，那就好好去“了解家底”吧。需要注意的是，目前的家底是静态的，我们更应从动态角度去研究。研究透了，或许牛股也就身藏其中。

了解上市公司家底的基本渠道是“经营分析”栏。

“经营分析”栏包括三个小分类，分别是“主营构成”、“经营投资”与“关联企业经营状况”。三小类中，主营业务的状况是最重要的。道理很简单，连自己主攻的方向都做不好，试问其他能好到哪里去，除非它运气太好了。（图 39）

☆经营分析☆　◇港澳资讯600060　更新日期：2008-08-27◇　灵通V4.0
★本栏包括【1.主营构成】、【2.经营投资】、【3.关联企业经营状况】

图 39

1. 主营构成

“主营构成”可以让我们真正明白上市公司到底是做什么的。（图 40）

【1.主营构成】
【2008年中期概况】

项目名称	营业收入(万元)	营业利润(万元)	毛利率(%)	占主营业务收入比例(%)
电视(产品)	554656.8	98340.9	17.73	89.80
其他(产品)	9435.3	2204.5	23.36	1.53
合计(产品)	564092.1	100545.4	17.82	91.33
国内(地区)	445947.9	-	-	72.20
海外(地区)	118144.2	-	-	19.13
合计(地区)	564092.1	-	-	91.33

【2007年度概况】

项目名称	营业收入(万元)	营业利润(万元)	毛利率(%)	占主营业务收入比例(%)
电视机(产品)	1122240.6	217757.1	19.40	75.63
冰箱(产品)	132254.8	12409.5	9.38	8.91
其他(产品)	16103.7	1717.7	10.67	1.09
合计(产品)	1270599.1	231884.2	18.25	85.63
国内(地区)	1052342.4	-	-	70.92
海外(地区)	218256.7	-	-	14.71

图 40

2. 经营投资

这是上市公司半年报与年报的简要内容，放在这里的只是软件里内容的一小部分，更多的需要自己去好好阅读。很多上市公司的题材或未来走向，都或多或少从中可以解读出来。如果要更全面了解，不妨在网上寻找详细版。不过，在软件里的内容，一般情况下已经基本够用。（图 41）

【2.经营投资】

经营情况评述：
【2008年半年报】
(一)报告期内整体经营情况的讨论与分析
报告期内，全球经济增长放缓，国内实施宏观经济调控和从紧的信贷政策，原材料和能源价格上涨，劳动力和资金成本上升，人民币升值使出口受阻，给企业经营带来较大的压力和风险。全球彩电产品的消费主流正从传统显像管电视向平板电视加速过渡，外资品牌继续大幅降价，市场竞争激烈。在此情况下，公司始终秉承年初制定的经营方针，通过技术产品差异化战略，在业内继续保持领先的市场地位。报告期内，公司实现电视收入 55.47 亿元，同比增长 22.74%；实现营业利润 9348 万元、同比增长 30.39%；净利润 8897 万元，剔除同期冰箱业务利润（因冰箱业务股权已经转让，报告期内没有冰箱业务）和非经常性损益后，净利润同比增幅达 46.51%。
2007年 9 月，中国彩电行业第一条液晶模组生产线在海信建成投产；2008 年4 月，海信电视液晶模组一期工程的生产良品率达到了 99%；同时，液晶模组二期建设率先启动，进一步提升了公司对成本的控制能力。在掌握液晶模组的研究、开发、工艺和生产等核心技术的基础上，公司率先推出了完全自主研发的 LED 背光超薄液晶电视产品，不仅具有“节能、环保和绚彩”三大突出功能，而且这是国内彩电企业首次在新型平板电视关键技术研发上与国际巨头站在同一起点上。
鉴于全球平板电视的需求量不断加大，在公司对出口业务战略调整的基础上，公司加快了对新兴市场的开辟力度，同时欧美等发达国家重点市场的出口继续保持增长，使得海外市场收入同比增长180.28%。
报告期内，外资品牌在中国平板电视市场发起了强势的市场运作，继续大幅降价，面对外资品牌的残酷打压，公司通过平板核心技术和上游模组产业链的突破，依靠领先的新品上市速度，提升品牌美誉度，与外资品牌进行市场竞争，根据中怡康统计数据，海信平板电视占有率（液晶与等离子总和）仍然保持第一的领先地位。面对国内严峻的宏观经济形势，公司积极调整经营思路和策略，坚持高端战略，坚持技术领先和产品差异化，加强精细化管理，严格控制成本费用，确保公司健康运行。

图 41

3. 关联企业经营状况

“关联企业经营状况”可以让你从中解读到一些关联企业相关题材的未来走向。(图 42)

【3.关联企业经营状况】
【截止日期】2007-12-31

关联企业名称	营业收入(万元)	净利润(万元)	总资产(万元)
广东海信多媒体有限公司		217.00	13950.89
辽宁海信电子有限公司		-692.40	5234.39
淄博海信电子有限公司		161.94	8669.89
贵阳海信电子有限公司		1220.14	48355.70

图 42

第八节 综合比较

一、财务分析栏

“接触家长”后，接下来要做的一项重要工作，就是对上市公司的财务状况进行综合分析和比较。

“财务分析栏”包括四个小分类，分别是“财务指标”、“异动分析”、“环比分析”与“财务预警”。（图43）

☆财务分析☆ ◇港澳资讯600060 更新日期：2008-10-31◇ 灵通V4.0
★本栏包括【1.财务指标】、【2.异动分析】、【3.环比分析】、【4.财务预警】

图43

1. 财务指标（图44）

在“历年简要财务指标”中，我们需要重点关注“每股收益”、“每股净资产”、“主营业务收入”与“净利润”。每个数据都有比较清晰的对比，如2007年半年报数据对比2006年半年报的数据等，有对比才能有发现。

“每股收益”中要对比过去的变化状况，是增长了还是减少了，这有助于发现上市公司是否处于成长期。

“每股净资产”客观反映了公司基本价值，一般情况下，净资产越高投资风险就越小，机会也相对越大。

“主营业务收入”反映了上市公司本身的实际经营状况，如果一年下来其主营业务收入还不过是几千万元左右，那么，这样的企业是相当不稳定的，这相当于一般做得比较好的个体户的主营业务收入，作为上市公司，这

【1.财务指标】
【历年简要财务指标】

每股指标(单位)	2008-09-30	2008-06-30	2008-03-31	2007-12-31
每股收益(元)	0.2800	0.1800	0.1120	0.4100
每股收益扣除(元)	0.1800	0.1300	0.1090	0.2300
每股净资产(元)	5.8400	5.8600	5.7900	5.6900
调整后每股净资产(元)	-	-	-	-
净资产收益率(%)	4.8400	3.0700	1.9300	7.2500
每股资本公积金(元)	3.1279	3.1319	3.1313	3.1453
每股未分配利润(元)	1.1849	1.2022	1.1341	1.0220
主营业务收入(万元)	1000156.30	617642.46	368483.21	1483863.62
主营业务利润(万元)	-	-	-	-
投资收益(万元)	51.86	47.36	1.60	4941.61
净利润(万元)	13967.04	8897.67	5534.11	20383.49

每股指标(单位)	2007-09-30	2007-06-30	2007-03-31	2006-12-31
每股收益(元)	0.2400	0.1590	0.1010	0.2600
每股收益扣除(元)	0.1300	0.1070	0.0780	0.2200
每股净资产(元)	5.5200	5.4400	5.4900	5.3900
调整后每股净资产(元)	-	-	-	-
净资产收益率(%)	4.3600	2.9200	1.8500	4.9100
每股资本公积金(元)	3.1492	3.1480	3.1694	3.1504
每股未分配利润(元)	0.9145	0.8326	0.8655	0.7897
主营业务收入(万元)	1000421.34	585784.94	297883.09	1377524.00
主营业务利润(万元)	-	-	-	-
投资收益(万元)	330.02	128.84	9.18	35.16
净利润(万元)	11886.34	7844.59	5009.98	13055.38

图 44

是不应该的。因此，一般情况下，类似这种主营业务收入过少的公司，最好采取观望的态度。当然，如果是属于高成长性的中小企业公司，则需要具体问题具体分析，但不管如何，太少都应多加谨慎。

“净利润”跟“主营业务收入”是紧密相连的，成正比关系。因此，这里的数据如果过小也不是什么好事，如果一年下来连 8000 万元左右的利润都达不到，这样的上市公司，也是很值得怀疑的。有些上市公司持续几年都是少得可怜的几百万净利润，那就真的是有点可笑了，在一定程度上比不少个体户都差。因此，类似这样的上市公司是需要高度警惕的。我们要寻找的是净利润至少能达到8000万元左右的上市公司，这样首先是稳健，其次，一旦公司发展上台阶，成长空间也大。当然，事物没有绝对，这里仅仅是从“净利润”这个角度来看而已。

【利润构成与盈利能力】

财务指标(单位)	2008-09-30	2007-12-31	2006-12-31	2005-12-31
主营业务收入(万元)	1000156.30	1483863.62	1377524.00	1016343.23
主营业务利润(万元)	-	-	-	161639.11
经营费用(万元)	127297.11	173298.67	142945.35	130680.53
管理费用(万元)	23586.97	29058.62	26306.54	17695.96
财务费用(万元)	3748.10	5232.07	3261.05	324.73
三项费用增长率(%)	7.75	20.33	16.01	51.57
营业利润(万元)	13966.78	21751.87	16799.25	15620.50
投资收益(万元)	51.86	4941.61	35.16	-1316.47
补贴收入(万元)	-	-	-	984.43
营业外收支净额(万元)	5938.33	7310.90	2577.68	245.82
利润总额(万元)	19905.11	29062.77	19376.93	15534.28
所得税(万元)	5651.80	7840.67	4728.65	3502.13
净利润(万元)	13967.04	20383.49	13055.38	10240.07
销售毛利率(%)	17.22	16.05	14.32	16.12
主营业务利润率(%)	-	-	-	15.90
净资产收益率(%)	4.84	7.25	4.91	4.13

图45

看数据要透过现在看未来！

“利润构成与盈利能力”里的数据是细化数据，可以让我们更清晰地认识上市公司的实质。其中，我们需要重点关注的是“销售毛利率”与“净资产收益率”。

“管理费用”是指企业为组织和管理生产经营活动所发生的各种费用。这里的数据能够在一定程度上反映上市公司的管理状况。管理混乱，这个数据占据利润的比例会比较高；管理得当，这个数据占据利润的比例则会比较低。好的上市公司一般是会下工夫尽可能保持合理状态。

“销售毛利率”即毛利占销售收入的百分比，其中毛利是销售收入与销售成本的差。销售毛利率是企业销售净利率的最初基础，没有足够大的毛利率便不能盈利。一般情况下，这个数据指标越高，则可能意味着其在所处行业处于相对垄断或者龙头地位，这样的上市公司是具有相当的研究价值的。

“净资产收益率”是公司税后利润除以净资产得到的百分比率，用以衡量公司运用自有资本的效率。净资产收益率可衡量公司对股东投入资本的利用效率。它弥补了每股税后利润指标的不足。例如，在公司对原有股东送红股后，每股盈利将会下降，从而在投资者中造成错觉，以为公司的获利能力下降了。而事实上，公司的获利能力并没有发生变化，用净资产收益率来分析公司获利能力就比较适宜。

净资产收益率是衡量一个公司盈利能力的最有效的指标之一。投资大师巴菲特正是利用这一指标辅以其他指标来寻找价值被严重低估的股票进行投资，每每都获得不菲的长期收益。我们在关注这个数据时，关键是要看其长期的成长性，在保持相对稳定的持续增长前提下，净资产收益率越高，公司未来股价持续走牛的概率就越大。

【经营与发展能力】

财务指标(单位)	2008-09-30	2007-12-31	2006-12-31	2005-12-31
存货周转率(%)	4.73	6.60	6.18	4.42
应收账款周转率(%)	13.58	24.36	31.05	27.09
总资产周转率(%)	1.60	2.52	2.50	2.05
主营业务收入增长率(%)	-0.03	7.72	35.54	35.51
营业利润增长率(%)	35.99	29.48	7.55	62.70
税后利润增长率(%)	17.50	56.13	27.49	75.27
净资产增长率(%)	5.72	5.71	7.25	2.99
总资产增长率(%)	-4.05	14.52	-1.10	26.72

图46

【资产与负债】

每股指标(单位)	2008-09-30	2007-12-31	2006-12-31	2005-12-31
资产总额(万元)	622721.18	628081.11	548426.54	554510.09
负债总额(万元)	320699.24	333676.71	256444.73	292852.34
流动负债(万元)	314400.88	328339.96	229101.87	270384.63
长期负债(万元)	-	-	-	22333.91
货币资金(万元)	45449.69	62194.86	76457.52	68814.00
应收帐款(万元)	72429.16	74915.28	46905.74	41822.37
其他应收款(万元)	3344.98	2767.86	3839.71	1435.33
坏帐准备(万元)	-	-	-	-
股东权益(万元)	288357.23	281175.23	265981.35	248011.12
资产负债率(%)	51.4996	53.1263	46.7600	52.8128
股东权益比率(%)	46.3059	44.7673	48.4989	44.7261
流动比率(%)	1.6063	1.5543	1.7818	1.5886
速动比率(%)	1.1444	0.9304	1.0290	0.8148

【现金流量】

财务指标(单位)	2008-09-30	2007-12-31	2006-12-31	2005-12-31
销售商品收到的现金(万元)	711539.90	863855.83	883536.69	687410.57
经营活动现金净流量(万元)	-3518.34	17379.68	18889.41	-1107.54
现金净流量(万元)	-16745.18	-14262.65	2947.35	-5059.00
经营活动现金净流量增长率(%)	-57.26	-7.99	-1767.67	-112.82
销售商品收到现金与主营收入比(%)	71.1429	58.2167	64.1395	67.6357
经营活动现金流量与净利润比(%)	-	81.8942	128.9531	-10.8158
现金净流量与				

图 47

多看和多对比指标总是好的。在“经营与发展能力”这一项中里，我们不妨每个指标都好好看看，注意对比，尤其是类似净资产增长率、营业利润增长率等指标，更是重中之重。经过这些数据对比，可以让我们对该公司的整体经营与发展状况，有个细分数据层面的认识，有助于进一步研究分析。

资产与负债以及现金流量，可以给进一步研究分析提供更全面的数据支持。透过这些数据，至少可以让我们明白该公司资产负债的情况如何，是否太大，会不会对企业带来较大潜在的风险；此外，还要分析现金流量是否健康，会不会给企业短期经营带来影响等。

2. 异动分析

这些异动的财务数据统计，节省了我们自己去寻找分析的时间，从图中可以很直观地发现各种财务数据异动状况，寻找自己目前特别关注的财务数据变化。有时候，巨大机会或者风险可能就隐藏在这些变化之中。(图 48)

【2.异动分析】
【异动财务指标】

财务指标(单位)	2008-09-30	2007-09-30	变动幅度(%)
应收票据(万元)	227942.31	148557.89	53.44
短期借款(万元)	-	5000.00	-100..00
一年内到期的长期负债(万元)	-	25000.00	-100..00

图 48

3. 环比分析

有对比才有进步。(图 49)

【3.环比分析】
【单季度财务分析】

2007年				
	主营收入（万元）	占年度比重（%）	净利润（万元）	占年度比重（%）
第一季度	297883.09	20.07	5009.98	24.58
第二季度	287901.85	19.40	2834.61	13.91
第三季度	414636.40	27.94	4041.74	19.83
第四季度	483442.28	32.58	8497.15	41.69

2006年				
	主营收入（万元）	占年度比重（%）	净利润（万元）	占年度比重（%）
第一季度	325837.82	23.65	4090.38	31.33
第二季度	304255.35	22.09	2330.15	17.85
第三季度	346553.58	25.16	3171.48	24.29
第四季度	400877.26	29.10	3463.36	26.53

图 49

4. **财务预警**

在这里，有些具体数据如果是正在研究的，就不妨好好分析。一般情况下，可以直接看结论，看警度是什么，“轻警”或“无警”都是可以让人放心的等级，如是其他，则要小心注意。（图 50）

【4.财务预警】

【Z值预警】

截至日期：2008-09-30

指标名称	指标值	Z值	警度
净营运资金/资产总计	0.3061	2.4330	中警
留存收益/资产总计	0.1357		
息税前利润/资产总计	0.0379		
股东权益合计/负债合计	0.8991		
主营业务收入/资产总计	1.6061		

【财务风险综合指数预警】

名称	2004	2003	2002	2001
经营预警				
经营性现金盈利率	-0.84	-0.84	-0.24	-0.43
总资产现金回收率	20.90	266.84	32.05	18.25
净利润率	-0.57	-0.65	-0.65	-1.30
应收帐款	-0.50	-0.07	-0.11	0.42
经营预警综合指数	5.81	79.66	9.39	5.17

图 50

二、“公司报导”栏

这个栏目，往往是挖掘短线战机的最好地方。有时候，一则公司报导的最新内容，就有可能给予该公司巨大的短线爆发力。这里可以作为经常光顾的地方，多留意，机会才有可能降临。当然，前提是本身已对该公司的基本面有比较充分的认识。多留意公司报导可以更好地把握住短线战机。（图 51）

编者注：“公司报导”的正确用法应为“公司报道”，但为了尊重广大股民的软件使用习惯，本书暂采用“公司报导”这一提法。

☆公司报导☆　◇港澳资讯600060　更新日期：2009-02-27◇　灵通V4.0
【2009-02-27】
海信电器(600060)七项措施"护航"家电下乡

自家电下乡开展以来，海信作为主要受益企业之一，采取多重举措，为家电下乡"全程护航"。记者日前从公司了解到，通过在销售、推广、物流、售后等多个环节实施的七项措施，公司的"下乡"产品及服务受到了经销商和用户的普遍认可。

这七项措施包括：首先，建立组织保障体系。集团总裁于淑珉亲自挂帅，各个总经理分管各产品线。海信还专门成立了家电下乡项目组，全力协调家电下乡研发、生产、物流、销售以及售后服务的各个环节工作。第二，产品研发充分考虑消费者需求，"低价不等于低质"。第三，扩大销售渠道。海信目前彩电、冰箱、空调、手机等产品在全国的销售网点已达4万个。第四，加大宣传推广力度。以墙体广告、终端包装、路演促销等适合农村环境的方式宣传国家家电下乡政策，推广家电下乡产品。第五，严把物流环节。海信目前有130多个一级物流配送中心，一级物流配送中心拥有仓库，可以直接把货送到经销商手中。另外，海信还拥有二级批发商1000多个，他们负责把货送到乡镇经销商手中。第六，售后服务的到位。针对家电下乡海信建立了家电下乡专家服务平台，用户只需拨打4006，并说明是家电下乡产品用户，便可与家电下乡产品相关专家进行交流。第七，完善内部机制。海信在各个环节都设有明确的目标和责任，保证家电下乡畅通无阻。

图51

三、"百家争鸣"栏

这个栏目，一般都是最新的机构分析报告的简要整理内容，可以让我们从专业机构的眼光去了解，看看它目前所处的地位，或者是了解该上市公司一些具体细节。多了解机构态度，再结合自己的研究，可能会得出更好的结论。不过，这里的很多研究成果具有启发性，但实战中则要辩证分析。（图52）

☆百家争鸣☆　◇港澳资讯600060　更新日期：2008-12-26◇　灵通V4.0
【2008-12-25】
异动原因：

青岛市经委、科技局近日联合主办2008年下半年新产品鉴定会，海信27款新产品和6项新技术一次性通过了专家组的鉴定。鉴定组专家称，随着海信这些平板新产品全面投放市场，将对2009年的平板电视市场产生巨大反响。据专家预测，2009年平板市场将进入成熟发展阶段。同时在国家加大家电下乡力度的背景下，电器股整体走强。

投资亮点：

1. 数字电视概念：公司是中国最大的数字电视、网络终端设备提供商之一，公司已制造出被全球所公认的顶级高清格式的全系列数字高清彩电，代表了目前高清显示格式的顶级水平。在数字化、网络化产品方面，公司成功开拓青岛、北京、无锡车载液晶电视等项目，中标大连数字电视工程项目，并成为CCTV高清频道战略合作伙伴中的唯一中国彩电企业。8月30日海信国内第一家正式对外发布了成熟的CRT和平板的地面数字电视一体机，它们按照最新国家标准的要求研制开发，是中国首批符合新国标的数字电视终端产品。

2. 与微软结盟题材：公司是国内第一家涉足IT的家电企业，最近提出了重振IT的龙虎计划，将重点与Intel以及微软建立稳固的战略合作伙伴关系。

风险提示：

和国际巨头相比，公司在整体规模和技术积累等方面仍有较大差距。

相关板块：

电器板块

【出处】顶点财经　【作者】

图52

四、“港澳分析”栏

这里包含三个小分类，分别是“投资评级统计”、“港澳投资圈点”与“综合数据分析”。这个栏目本质跟“百家争鸣”一样，只不过是突出“港澳分析”这一家，让它自成一栏。这里的一家之言会详尽很多，可以多参考。在这里要善于从一些信息或数据中找出其蕴涵的爆发点。(图 53)

☆港澳分析☆　◇港澳资讯600060　更新日期：2009-02-26◇　灵通V4.0
★本栏包括【1.投资评级统计】、【2.港澳投资圈点】、【3.综合数据分析】

图 53

1. 投资评级统计

总体看，这里没太大意义，只是给一般散户看的，评级只是结论，我们需要更多的内容来研究，从中才能发现真正的机会。结论不重要，重要的是研究内容。(图 54)

【1.投资评级统计】
统计日期：2009-02-26

	综合评级		评级分布				
时间段	综合评级	综合评级指数	买入	增持	中性	减持	卖出
1月内	2	增持	1	5	1		
1月前	2	增持	1	1	1		
2月前	1.9	增持	1	9			
3月前	1.72	增持	8	16	1		
6月前	1.94	增持	9	20	7		

评级说明：
评级系数：1.0=买入　2.0=增持　3.0=中性　4.0=减持　5.0=卖出
综合评级指数：1.00~1.09买入；　1.10~2.09增持；2.10~3.09中性；3.10~4.09减持；4.10~5.00卖出。
(注：本评级统计只作参考之用，不可作为买卖依据)

图 54

2. 港澳投资圈点

这里则显得比较有意义，至少是把其亮点与负面因素做了简要罗列，虽然不一定全面，但至少省却了一些工夫。在短线操作上，有时候看这里就可以知道是什么题材炒作了。(图 55)

【2.港澳投资圈点】
港澳资讯提供：
海信电器（600060）
投资亮点：
1．市场占有率高：公司已经连续四年稳居中国平板市场销售量榜首，国内电视销售额占有率连续三年位居第一，是我国彩电品牌领军企业。
2，数字电视：公司研发出我国数字电视音频标准芯片，是国内最大的数字电视、网络终端设备提供商之一，是重要的高清电视的生产商。

负面因素：
1．竞争：公司产业属于家电行业，家电行业经过20多年的发展，产品竞争相当激烈，是一个完全竞争的市场，公司的众多产品需与国内国外行业领先者竞争。
2、成本上涨：液晶板等生产材料上涨对公司利润造成影响。

综合评价：公司是平板电视的龙头企业，公司注重产品的科技含量的提升，投入大量资金重点发展高清数字电视，争夺高附加值、高利润产品领域。操作上可逢低参与，具有一定的投资价值。

图 55

3. 综合数据分析

这里的内容显得比较多、比较细，深入研究一个公司的时候，这里是非常好的参考内容，可以作为重点关注的小分类。这里也有数据作为支撑的研究成果，至少可以让你更有底。(图 56)(图 57)(图 58)

【3.综合数据分析】

【数据分析1：微观基本面情况】
公司近一年来发生的重大行为：

发生日期	行为性质	涉及金额(万元)	是否关联交易
2009-01-22	资产出售	2326.60	是
2009-01-22	对外投资	11000.00	是
2008-09-24	收购兼并	4055.53	是
2007-12-26	对外担保	25000.00	
2007-09-26	资产出售	13304.68	是
2007-09-20	对外投资	70000.00	
2007-08-10	收购兼并	1211.95	是
2007-04-20	对外担保	8000.00	

图 56

【数据分析2：财务状况】

以下信息排名取自 2008年年报

在目前可比的1634家非金融类上市公司，13家消费电子行业中，主营业务收入为1000156万元，位居上市公司第109位，位居行业内第3位

年份	主营业务收入(万元)	增长率(%)
2007年	1483863.62	7.72
2006年	1377524.00	35.54
2005年	1016343.23	35.51

净利润为13967万元，位居上市公司第382位，位居行业内第3位

年份	净利润(万元)	增长率(%)
2007年	20383.49	56.13
2006年	13055.38	27.49
2005年	10240.07	75.27

主营业务利润率为0.00%，位居上市公司第928位，位居行业内第8位

年份	主营业务利润率(%)	增长率(%)
2007年	0.00	-9999999.00
2006年	0.00	-100.00
2005年	15.90	13.12

图57

营业利润占利润总额的比率为70.17%，位居上市公司第1436位，位居行业内第11位

投资收益占利润总额的比率为0.26%，位居上市公司第841位，位居行业内第9位

货币资金占流动资产的比率为9.00%，位居上市公司第1384位，位居行业内第12位

经营活动产生的现金净流量为-3518.34万元，位居上市公司第1277位，位居行业内第9位

【数据分析3：主力情况】
从持有人情况来看，2008年三季报显示，前十名流通股东中：
共有2家机构持有512.86万股该公司的股票
较上期增加-923.05万股,机构有减持迹象。

从股东户数来分析，2008年三季报显示：股东总户数为67867家,户均持股3754股
较上期而言无明显变化,筹码较集中
一年中涨跌异动时的上榜情况：

营业部名称	出现次数
联合证券有限责任公司长沙劳动西路证券营业部	1
华泰证券股份有限公司常州北大街证券营业部	1
海通证券股份有限公司绍兴劳动路营业部	1

图 58

第九节　潜在能量——分红扩股

家底是现有价值的外在表现，至于内在有多少能量，则需要进一步地获取资料。

我们既看家底，更要看其潜在能量有多大，有时候，有些人看似没有多少家底，但其实蕴涵的能量极其庞大。这就是不露富。

很多上市公司也如此，究竟是不是藏富呢，这里多少可以找到一些答案，如果是"富中再藏富"的话，那你就真是找到一只大牛股了。

"分红扩股"这栏没有具体分什么小栏目，但其里面内容还是挺丰富的，从中可以找到一些过去的痕迹，从而揣测出上市公司是否藏富了。当然，这里的数据不是很全面，但其结论式的数据很有参考意义。

【最新分红扩股简况】

是否有潜在送转股能力	是	是否有潜在派现能力	是
是否有潜在配股资格	否	已连续几期未分红	1
配股次数	2	增发次数	-

图 59

★融资回报★

【基本列示】

☆初发新股☆			
发行新股募资总额(万元)			43960.00
☆再融资☆			
配股次数	2	募资总额(万元)	125230.45
增发次数	-	募资总额(万元)	-
发转债次数	-	募资总额(万元)	-
再融资募资总额(万元)			125230.45
☆派现☆			
派现次数	4	派现总额(万元)	20985.13
☆扩股☆			
送转股次数	1	股本扩张倍数	3.56

图 60

【统计比较】

总融资额(万元)	169190.45
总派现额(万元)	20985.13
总派现额与总融资额之比	0.12
上市公司排名	1093
股本扩张倍数	3.56
上市公司排名	470

图 61

第十节　全面感知——关联个股

“关联个股”包括四个小分类，分别是“同大股东个股”、“同行业个股”、“股本相近个股”与“同概念个股”。

1. 同大股东个股

这是一个非常有意思的小分类，比如我们发现机构进来，要去研究这家机构的投资思路，这里的信息就弥足珍贵。如图62，把海信的一大流通股东“东海证券有限责任公司”所投资的品种都统计出来了，透过这个信息，我们很容易就能感知该机构的投资风格。这样，我们也就清楚机构对该公司的看法，因为不同的投资风格肯定会选择不一样的公司。(图62)

【1.同大股东个股】

东海证券有限责任公司

000546	光华控股	000823	超声电子	000903	云内动力
000926	福星股份	000976	春晖股份	600160	巨化股份
600243	青海华鼎	600300	维维股份	600360	华微电子
600507	长力股份	600883	博闻科技		

东吴行业轮动股票型证券投资基金

002009	天奇股份	002204	华锐铸钢	002234	民和股份
600243	青海华鼎	600277	亿利能源		

华安中小盘成长股票型证券投资基金

000039	中集集团	000060	中金岭南	000157	中联重科
000338	潍柴动力	000422	湖北宜化	000667	名流置业
000800	一汽轿车	000823	超声电子	000887	中鼎股份
000898	鞍钢股份	600026	中海发展	600066	宇通客车
600219	南山铝业	600261	浙江阳光	600269	赣粤高速
600280	南京中商	600282	南钢股份	600308	华泰股份
600325	华发股份	600383	金地集团	600406	国电南瑞
600561	江西长运	600563	法拉电子	600580	卧龙电气
600660	福耀玻璃	600725	云维股份	600849	上海医药
600875	东方电气				

图62

2. 同行业个股

这个小分类非常具有实战价值，因为它把跟海信同一领域的上市公司都统计出来了。一旦该领域的多数上市公司出现集体躁动，那么，其他该领域还没跟随启动的品种，无疑就具备非常好的战机。举个例子，如该领域的TCL集团与四川长虹等都涨停，而海信还没启动的话，它短期补涨的概率很大。接下来就看谁先发现先买进。如此一来，短期就可能获得不错的跟随上涨获利空间。（图63）

【2.同行业个股】

000016	深康佳A	000100	TCL集团	000517	S*ST成功
000801	四川湖山	000909	数源科技	002045	广州国光
002052	同洲电子	002241	歌尔声学	200016	深康佳B
600060	海信电器	600234	ST天龙	600637	广电信息
600839	四川长虹	600870	*ST厦华		

图 63

3. 股本相近个股

“股本相近个股”提供横向对比信息，同股本情况下，其他品种不同行业的价格如何，让你对市场有更全面的认识。（图64）

【3.股本相近个股】

股票代码	股票名称	总股本(万股)	实际流通A股(万股)
000061	农产品	45206.34	26382.47
000066	长城电脑	55018.98	28700.45
000099	中信海直	51360.00	27402.79
000155	川化股份	47000.00	21860.00
000410	沈阳机床	54547.09	30294.40
000418	小天鹅A	54765.58	21138.73
000505	珠江控股	42674.54	23876.58
000528	柳工	47245.62	28645.27
000529	S*ST美雅	39651.59	21605.81
000538	云南白药	48405.11	24483.65
000561	S*ST长岭	39701.26	24208.77
000584	舒卡股份	40888.29	21004.59
000612	焦作万方	48017.61	28801.65
000637	茂化实华	45206.55	20554.13

图 64

4. **同概念个股**

此栏目跟前面的“同行业个股”类似，只不过这里的范围进一步放大。从实战角度出发，这里的意义比不上“同行业个股”，只是起到对相关概念题材多点了解的作用。(图 65)

【4.同概念个股】

【IT板块】

000611	时代科技	000621	*ST比特	000636	风华高科
000693	S*ST聚友	000700	模塑科技	000701	厦门信达
000727	华东科技	000733	振华科技	000736	SST重实
000748	长城信息	000757	*ST方向	000787	*ST创智
000806	银河科技	000890	法尔胜	000981	S*ST兰光
000988	华工科技	000997	新大陆	002017	东信和平
002027	七喜控股	002052	同洲电子	002063	远光软件
002065	东华合创	002073	青岛软控	600050	中国联通
600057	*ST夏新	600060	海信电器	600077	国能集团
600083	ST博信	600100	同方股份	600105	永鼎股份
600110	中科英华	600122	宏图高科	600130	波导股份
600171	上海贝岭	600183	生益科技	600185	海星科技
600197	伊力特	600198	ST大唐	600203	福日电子
600206	有研硅股	600237	铜峰电子	600498	烽火通信
600520	三佳科技	600522	中天科技	600536	中国软件
600551	科大创新	600560	金自天正	600563	法拉电子
600570	恒生电子	600571	信雅达	600584	长电科技
600588	用友软件	600601	方正科技	600602	广电电子
600608	*ST沪科	600621	上海金陵	600624	复旦复华
600637	广电信息	600640	中卫国脉	600646	ST国嘉
600651	飞乐音响	600652	爱使股份	600654	飞乐股份
600657	ST天桥	600658	兆维科技	600661	交大南洋
600677	航天通信	600680	上海普天	600687	华盛达
600694	大商股份	600700	*ST数码	600701	工大高新
600711	ST雄震	600728	SST新太	600730	中国高科
600732	上海新梅	600799	*ST龙科	600817	ST宏盛
600845	宝信软件	600850	华东电脑	600857	工大首创
600883	博闻科技	600899	*ST信联	000001	深发展A

图 65

小 Tips：

看透 F10 总结：升级了才有感觉

看透 F10 的过程就好比是恋爱到结婚的过程，虽然繁琐，但却必要（如果你想要幸福的话）。

按部就班，循序渐进，全面了解，其实并不是一件坏事，尤其是打算做长期投资时，更是如此。

很多资料，你看多了，熟悉了，自己就会生出一种感觉，那是一种直觉。如果你曾经为看透 F10 而废寝忘食过，恭喜你，你升级了。读书有“由厚到薄”的过程，看透 F10 同样如此。

当你结过婚，有过幸福的感觉后，你再去看那些正在谈恋爱的人，你就知道他们的未来大概会如何了。有时候，你一看就大概知道最终的结局是什么，这就是升级后的感觉。

升级后，你看 F10 其实并不需要太过繁琐，你会自动去寻找你认为有价值的最关键的信息，找到后，你也就大概明白该公司的未来了。

当然，如果是长期投资的话，就算你已升级看透了，全部环节再走一遍也是需要的，温故而知新。再说，人常常会百密一疏，多看些，疏忽就会少一些。

第二章　F10的重点部分

第一节　F10之“高层治理”

一、基础认识

（1）清楚“以人为本”的原则，明白领导群体以及领军人物的重要性。

任何公司，任何行业，能够找到适合该公司、该行业的人来从事工作，非常重要。“以人为本”是公司发展进步的原则。

一个公司里的人就是一个团队，团队的战斗力如何，很大程度上取决于领导群体，没有好的领导群体，团队是无法作战的，公司更是难有大作为。

一个好的公司必然有一个好的团队，好的团队必然有好的领导群体，好的领导群体里必然有个卓越的领军人物。

（2）选择上市公司就是选择上市公司的领军人物。

上市公司里，你很容易发现，那些具有卓越领军人物的上市公司，一般都会具有鲜明的特点，公司的发展也会体现领军人物的个性。从一定程度上来说，选择上市公司其实就是选择上市公司的领军人物。

就如很多风险投资公司的做法一样，在决策是否投资一个公司时，不仅要看该公司的项目前景如何，更多的是看公司的领军人物是否具有前景！

股东研究	股本股改	风险因素	公司报道	行业分析	退
主力追踪	分红扩股	高层治理	业内点评	关联个股	

“F10”设置这个栏目，就是要方便投资者了解公司的领导群体，在这个群体里面的领军人物，就是公司的灵魂，他的作用非常关键。

图66

【2.高管列表】

姓名	性别	公司职务	学历	年薪(万元)	持股数(万股)
王石	男	董事长	本科	248.10	681.72
郁亮	男	总经理,董事	硕士	206.70	410.62
谭华杰	男	董秘	本科	-	-
李家晖	男	独立董事	博士	26.00	-
徐林倩丽	女	独立董事	博士	26.00	-
齐大庆	男	独立董事	博士	20.00	-
李小加	男	独立董事	博士	20.00	-
宋林	男	副董事长,董事	本科	16.00	-
丁福源	男	监事会主席,监事	大专	143.20	201.84
孙建一	男	董事	大学	18.00	69.22
肖莉	女	董事,副总经理	硕士	129.40	144.68
王印	男	董事	硕士	16.00	-
蒋伟	男	董事	硕士	16.00	-
张力	男	监事		87.00	103.62
方明	男	监事	博士	16.00	-
王文金	男	财务负责人,副总经理	硕士	125.60	134.36
刘爱明	男	副总经理	硕士	148.20	165.10
丁长峰	男	副总经理	硕士	138.60	148.77
莫军	男	副总经理	硕士	129.30	154.90
徐洪舸	男	副总经理	大学	148.90	165.10
张纪文	男	副总经理		139.60	154.90
解冻	男	副总经理	本科	136.60	148.77
合计				1955.20	2683.59

王石是万科地产的标志性人物，作为领军人物，我们只要清楚王石的风格，其实也就大概能估摸出公司的未来了。王石在业内的形象向来都是值得称道的，有先见之明，做事稳中求进，这对万科地产绝对是好事

图 67

【4.高管简介】

姓名	王石	性别	男	学历	本科
职位名称	董事长	任职起始日	2000-09-16	年薪	2481000
持股数	6817201				
简历	男，1951年出生。1968年参军，1973年转业。转业后就职于郑州铁路水电段。1978年毕业于兰州铁道学院给排水专业，本科学历。毕业后，先后供职于广州铁路局、广东省外经贸委、深圳市特区发展公司。1984年组建万科前身深圳现代科教仪器展销中心，任总经理。1988年起任股份化改组之万科董事长兼总经理，1999年起不再兼任万科总经理。现任万科企业股份有限公司董事长。				

姓名	郁亮	性别	男	学历	硕士
职位名称	总经理,董事	任职起始日	2001-02-16	年薪	2067000
持股数	4106245				
简历	男，1965年出生。1988年毕业于北京大学国际经济学系，获学士学位；后于1997年获北京大学经济学硕士学位。曾供职于深圳外贸集团。1990年加入万科企业股份有限公司。1993年任深圳市万科财务顾问有限公司总经理；1996年任万科企业股份有限公司副总经理；1999年任公司常务副总经理兼财务负责人，2001年起任公司总经理。1994年起任万科企业股份有限公司董事至今。现任万科企业股份有限公司总经理				

在这一栏里，我们能更清晰地认识到领导群众的经历与状况，这些信息有时候会对我们分析公司带来很大启发。王石与郁亮，一个董事长，一个总经理，配合默契，形象良好，公司前景值得期待

图 68

二、操盘论道

1. 注意“领军人物”与“任职起始日”

（1）领军人物越突出、越优秀，对公司在资本市场上的长期表现就会产生越大影响。

在“F10”里，点击“高层治理”（图66），就进入“领导群体”的资料库了。在资料库里，你很容易就可以找到关键人物的信息，如（图67），董事长一栏是“王石”，王石是中国最大地产公司的董事长，此时，如果是对财经新闻以及地产信息比较留意的话，你应很清楚“王石”是怎么样的人。

这样就避免了陌生感，而且有了“王石”在公众中树立的形象，你至少会觉得这公司更有亲切感。不论是机构还是一般投资者，在了解了这些信息后，至少对万科会感觉更有底，一旦市场有机会，也就更敢于去投资。这就是领军人物魅力带给公司在资本市场上的巨大影响力。

（2）避免公司的“人”都没搞清楚就操盘，首先看“人”，其次看“公司”，没有灵魂的公司是最可怕的。

我们要坚决避免对公司的领军人物都没搞清楚就盲目投资，当然，除非你只是超短线的投机行为。

作为操盘手，面对上市公司，先不管其公司到底是否够优秀，领军人物是否够优秀是最优先考察的事项。只要人优秀、有魄力，该公司就绝对不容易倒，公司未来也绝对值得期待。请记住，公司是靠人来经营的，没有了关键重要的“人”，那公司就仅仅是个壳而已，没有灵魂的公司是最可怕的！

（3）别忽略“任职起始日”，它可以让你对比过去，也可以让你清楚当下，更可以让你明白投资策略。

如图68，看清楚圈中部分，这是在“高层治理”栏目对人方面必须要清楚的问题，那就是“任职起始日”。别小看这个问题，如果你不清楚“任职起始日”，就等于不清楚管理层过去对公司的影响到底有多大。

必须清楚任职起始日，而且从那天开始后公司在二级市场的表现，你要跟在任职之前的表现做个对比，市场的表现就是高层能力最好的证明。

由于有时候不少公司会重组，管理层也会面临更替，一旦你看好的“人”出现在管理层里，对于该公司，很可能是转机的开始，二级市场上的投资机会便也开始崭露头角。

清楚“任职起始日”，你才能够充分清楚这“人”在这公司是“元老”还是“新锐”，对操盘手而言，才清楚是要采取稳健投资的策略还是积极推进的策略。

如果是“元老”，在公司经营上肯定是已经进入正轨，公司整体呈现出稳步上升的格局。如果要投资，策略当然是稳健为主；相反，如果是“新锐”，对公司经营则可能意味着大刀阔斧的改革，此时的公司是有机会突飞猛进的。如果要投资，则要考虑是否采取积极推进的策略与之配合。

2. 不比不知道

（1）万科的年线图就是一个生动的案例，告诉你领军人物之关键！

如图 69，这是万科上市以来到 2008 年年底的年线图，你很容易发现：复权价格从 1996 年到 2008 年，最低到最高足足膨胀了 150 倍。

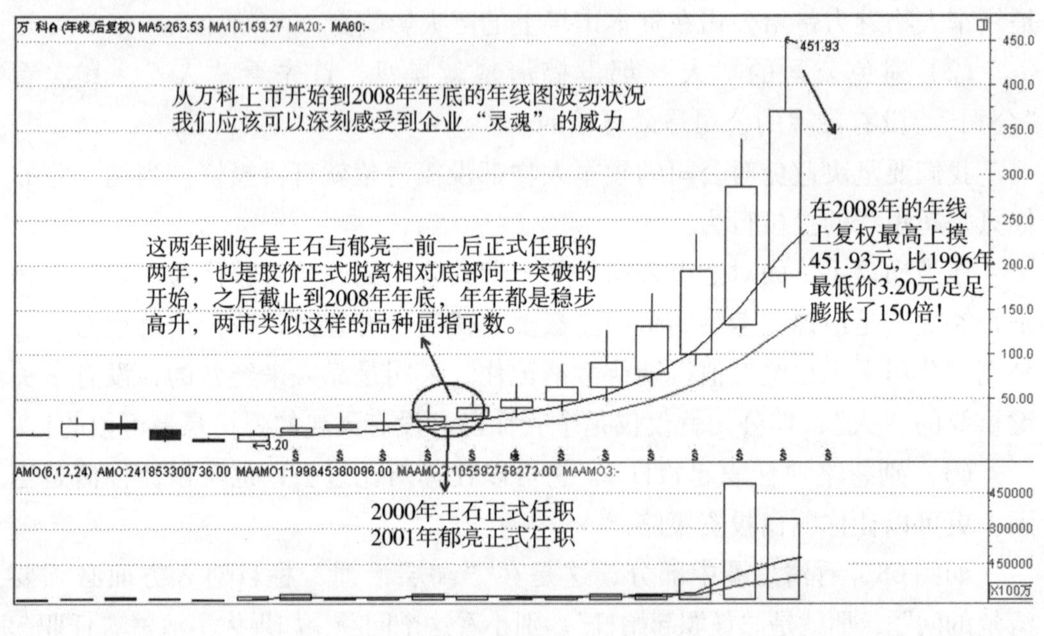

图 69

再仔细点，就可以发现，二级市场上万科真正突破向上并开始加速向上的走势，发生在2000年与2001年王石与郁亮陆续正式任职的时间段。

那两年也等于是一个分界区，那两年之前波动呈现区间震荡不温不火，但那两年之后，就如坐上火箭一般，突飞猛进，直上云霄，差别是非常明显的！

具体操盘上，如果要想在长期波动过程中抓住大牛股，第一关键点就是要看清楚公司的领军人物，是否具备“大牛”的特征！万科在领军人物正式开始任职前后二级市场的表现，就是一个非常突出且鲜明的例子。

（2）不比不知道，一比吓一跳，记住：看公司务必先看人！

如图70，这是上证指数从开始到2008年年底的年线图，对比图69，你很容易就发现其中的区别，上证指数很曲折，时上时下，大起大落，至于万科，初期几年的区间震荡后就是一路向上，且越上越快。

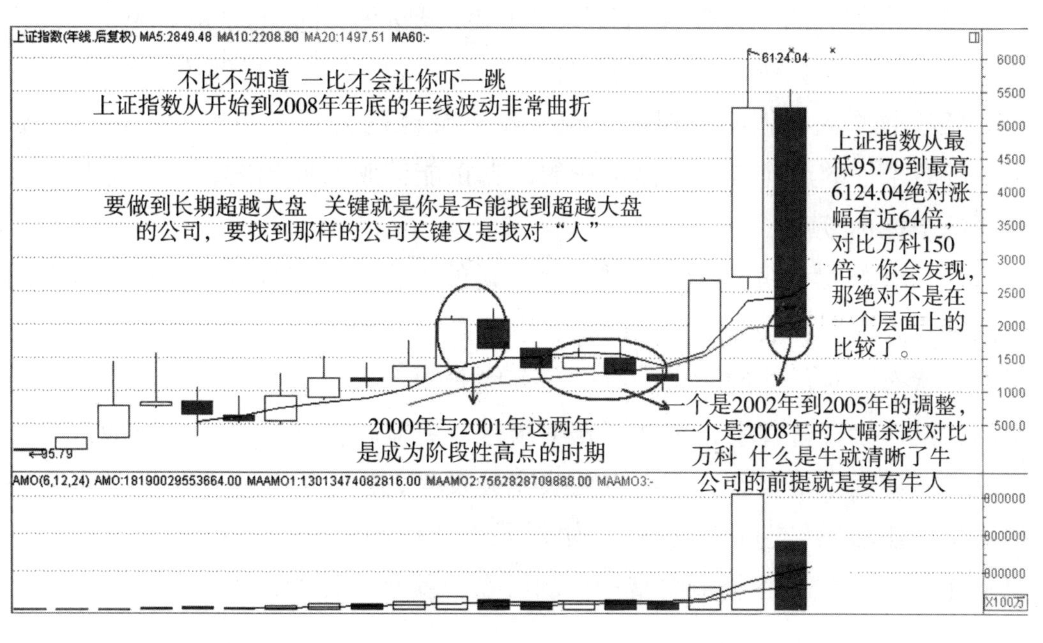

图70

此时，你可以想象，如果谁能够从万科上市之初就一路持有，那么不仅是大幅跑赢市场，更是无惊无险一路疯狂。这样的投资，谁不羡慕？只是，除了原有的非流通股东被迫一直持有到解禁外，二级市场上能做到的有几人？

透过这样的对比，我只是要强调，万科如此令人惊叹的二级市场表现，主要是有其公司的基本面作支撑，公司的基本面如此优秀，关键是掌舵者起到了灵魂作用。不比不知道，一比吓一跳，透过“高层治理”的操盘论道，最根本的就是要告诉读者：看公司务必先看人！虽然看似简单，但也蕴涵不少道理。在具体操盘过程中，一旦过了“人”这一关，策略自然就清晰了。

三、温故知新

（1）一个公司的领军人物很重要，他不仅关系着公司大的发展方向，同时也会对二级市场构成相当大的影响。选择公司的过程就是选择人的过程，所以投资者务必要做到看公司必先看人。

（2）掌舵者的“任职起始日”很重要，要清楚目前的掌舵者是“元老”还是“新锐”，这将极大影响到具体操盘的阶段性策略是稳健还是激进。

（3）领军人物就如公司的灵魂，没有灵魂的公司是可怕的。进一步思考，没有个性的灵魂其实也是可悲的，真正能够脱颖而出的公司不都是具有鲜明的个性标签吗？

（4）具体操盘过程中，虽然选择公司的过程就是选择人，但正如月有阴晴圆缺，人也有悲欢离合，人的状态也势必会有起有落。就算再牛的人，也必然有状态相对低迷的时候，所以，有优秀领军人物的公司，肯定也是有周期的，具体投资过程中，别在疯狂中跟进，更应在低迷中坚持。正如万科初期的发展过程中很艰难，王石也无法充分发亮，但在这过程中，还是有人坚定支持“王石”，支持“万科”，如刘元生这位因最开始支持“王石”并一直坚守“万科”最终创造财富神话的股东，就是最好的例子。

四、课后习题

（1）万科从上市开始到2008年底，最低到最高涨了多少倍？同样时间，上证指数最低到最高涨了多少倍？

（2）“任职起始日”为何重要？怎么影响到具体操盘策略？

（3）真正好的公司治理会达到什么样的状态？真正好的投资者需要什么样的素质？

（4）怎么去选择真正有价值的公司，什么时候该考虑投资？

附：2007 年《成都商报》报道

“散户之王”刘元生　坚守万科 18 年 赚 620 倍

持股公司：1 家 市值：249239.69 万元

刘元生，万科 A 的第二大流通股东。今年第三季报显示，他持有万科 A8252.97 万股，以该季度最后一个交易日万科 A30.2 元/股收盘，以此计算，他持有的股票市值超过 24.92 亿元。他因如此高的身价笑傲 A 股散户大榜。

刘元生何许人也？坊间传闻，刘元生是香港商人，并在早年就与万科董事长王石交往甚密。但他正式投资万科还是在 1988 年万科准备向社会发行股票之时。1991 年万科上市后，他一直坚定持有万科，并通过二级市场大量增持。统计显示，他最初累计投资万科股票的资金约 400 万港元，时至今日，他的收益达 620 多倍！

“他很低调，现在都很少来参加董事会了。”万科董秘办的工作人员介绍，刘元生经常待在国外，虽然持有万科 1.2% 的股票，但很多时候他都是授权他人参与董事会表决，在一些重要会议上他也很少直接出面。

五、市场随笔

1. 总结操盘手　谈三点要求

当市场的波动未必一下子就如自己所预计的那样，而且还出现跟预期波动相反的状态，此时是最难受的，也是为什么最多人最后难以忍受放弃原来的坚守，转而采取跟随市场的策略。这里，作为操盘手，对自己需要谈三点要求：

第一，如果市场出现跟预期相反的状态，你一定要给自己设一个底线，就是一旦突破该点，那么，就要坚决执行认输策略（一般投资者最大的特点就是没有底线，市场稍微盘中激烈波动一下，就很容易受影响而改变计划）。

第二，市场剧烈波动，只要没有触及底线，就严格执行原计划，耐住寂寞是必需的。

第三，一旦冲破底线执行认输策略后，别着急马上跟随市场走，先总结好这次失败的教训，冷静一段时间，然后心态归零再进入市场。

上面三点看上去最容易但却最难的就是第一条，人都有侥幸心理，更有不服输的心态，因此，每当市场走势破了设好的底线后，也未必就一定严格执行，总是希望再等等一切就会恢复正常。确实，有些情况是在突破底线后再稍微等待后就回到原来预期的轨道上去了，但同样有种情况，当底线突破后，就真的开始转势了。如果没有严格按计划执行的话，往往都是演变成难以控制的惨痛结果。我经历过，所以深有体会。为何说一个成熟的操盘手都是需要一个过程的呢，也就在这里了，不经历风雨怎能见彩虹！经历过挫折的操盘手，只要其能够再次爬起来，那就是一种大进步，一种成长起来的体现！

因此，具体操盘的过程中，其实经历一些失败并不可怕，可怕的是你不能够再次爬起来，自己被可怕本身击倒了。上面三点，要真正做好，其实不容易，但这却是一个成熟操盘手必备的素质，因此，要成为好的操盘手，就从现在开始好好修炼自己吧。在此，强烈建议进入期货市场去洗礼，那里的台风绝对是十二级的，只要最终能够胜利出来，那就至少说明你已及格了。

2. 从“盲从”谈起

很多投资者都具有一种“盲从”心理，在我眼中，这是构成整个市场博弈环节的重要一环。虽然这里面蕴涵着不小的风险，很多投资者之所以输往往就是输在这里，但如果没有这一点，也很难构成市场赢家与输家的精彩博弈。

“盲从”本质上也是市场主力在博弈过程中，充分利用了一般投资者的心理弱点。这是很难避免的，只要是人，都一定具有“盲从”的心理特征。当然，这也包含不少具有影响市场的大资金运作者。很简单，过去美国纳斯达克疯狂炒作网络科技股时，巨大的财富效应出现后，有几个投资者包括机构投资者能不为之心动而参与进去呢？

资本市场注定是胜者为王的市场，如何更好地理解市场中存在的心理弱点，将会在相当大程度上给予我们具体操作上的启迪。如何避免“盲目的从众”心理？这首先要很好地理解市场的本质，如果你连市场的残酷性都没充分认识到，只是片面看到其蕴涵的巨大财富机会，你连第一步也还没做到。因此，要想真正避免“盲从”心理，第一堂课就是要充分认识到市场的残酷本质！

大学时代，我在市场上曾经遭受过几乎致命的打击，本质原因就是对市场的认识不足，犯错误的时候，并没有意识到错误有可能带来的巨大损失，对市场的风险仅仅是停留在“套了不要紧，迟早会涨回去”的层次。也正是如此，才最终尝到十几元的股票最终跌到两三元的滋味。这还算是幸运的，有些品种几十元滑落下来，最终退市，几乎一文不值，这滋味虽然我没有尝到，但我想，有些投资者应该怎么也不会想到，这个市场竟然有那么大的风险。没错，过去我之所以遭受那么大的创伤本质上就是自己对市场的一种幼稚看法，希望现在不少刚进来或者已经进来一定时间的投资者，对此可以少走一些弯路。这可不是天上掉馅饼的市场，巨大机会的后面是巨大的风险，这是在任何时候都需要记住的一点！

第二节 F10之“股东研究”

一、基础认识

（1）明白“主力”是什么，以及它存在的形式。

每个股票都有所谓的“主力”，什么是“主力”？有人说是庄家，有人说是大机构，更有人说是大资金，不一而足。但有一点是大家都比较清晰的，那就是“主力”是能够影响到市场波动的力量。

“主力”其实就是能够影响到市场波动力量的集合。具体到个股，“主力”存在的表现形式往往就是那些大机构、超级大户等。

（2）别小看“股东研究”，主力运作的蛛丝马迹都可以在此寻找到，让你更容易把握属于自己的机会。

在F10里，“股东研究”这一栏，就是具体研究“主力”存在的表现形式之动向，研究的目的就是为了更好地感知“主力”意图，从而更好去把握具体的机会，做到心中有数。

别小看这里，有时候非常关键，你也别以为公开信息中的内容时间滞后没有太大意义，事实上恰恰相反，很多“主力”运作的蛛丝马迹、长期思路，往往都可以在里面寻找到。懂得分析懂得研究，你会更容易把握属于你的机会。

（3）清楚各种报表信息滞后的最迟时间，要具体问题具体分析。

“股东研究”中，你可以看到季报、半年报以及年报里面关于股东的最新变动情况。当然，这里具有一定的滞后性，季报一般不迟于1个月；半年报一般不迟于2个月；年报则一般不迟于4个月。

结合不同的公告信息和具体市场状态，同样可以揣摩到“主力”的一些意图，千万别以为滞后就没有什么意义。

对于“主力”资金而言，一个波段的周期往往都不会低于半年，因此，很多信息其实具有相当大的参考意义，就看你会不会具体问题具体分析。

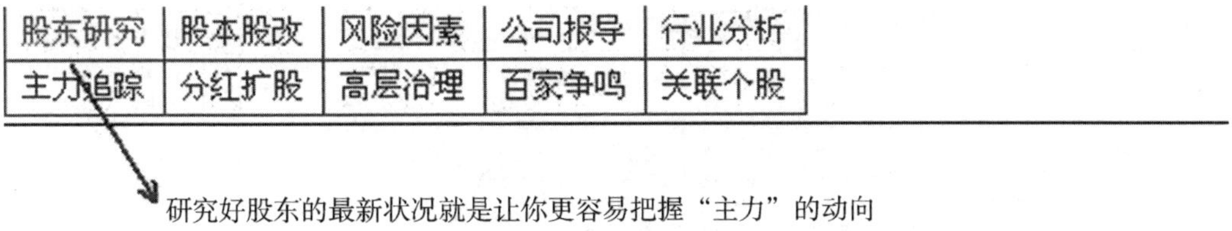

股东研究	股本股改	风险因素	公司报导	行业分析
主力追踪	分红扩股	高层治理	百家争鸣	关联个股

研究好股东的最新状况就是让你更容易把握“主力”的动向

图 71

二、操盘论道

1. 在“股东研究”中感受主力

（1）“主力”更多是一个“集体”，构成要合理，太多或太少都不是好事。

所谓“主力”，其存在的形式更多的是一个“集体”，而不是“个体”，孤军奋战是异常艰苦的，而集体作战相对就容易很多。

所以，你会发现，一家上市公司，如果有很多的机构或大户看好并参与，至少会有一些阶段性行情。相反，那些相对缺乏机构或大户资金关照的品种，波动则会显得低迷很多。

当然，也并非机构大户资金越多该品种就越好，物极必反，很多时候由于各自在具体波动过程中，各自的步伐冲突会很大，从而导致自相残杀，最终行情难以走得令人期待，反倒可能最后“无疾而终”。

作为操盘手，关注“主力”的构成是很重要的，你要清楚上市公司目前的“主力”构成是否合理，自己能否采取跟随策略或出击策略，这都是需要思考的。当然，最关键的，还是上市公司的基本面，只要基本面能够支撑公司“本身的价值”，那么，大可不管一切，潜伏进去耐心等待上涨便是。

（2）“股东研究”中必须注意三点：“股东总户数”、“新进”和“流通

A 股占比”。

如图 72，一是“股东总户数”，经过对比你就知道筹码是集中还是分散了，可以从侧面告诉你目前主力资金的动向。

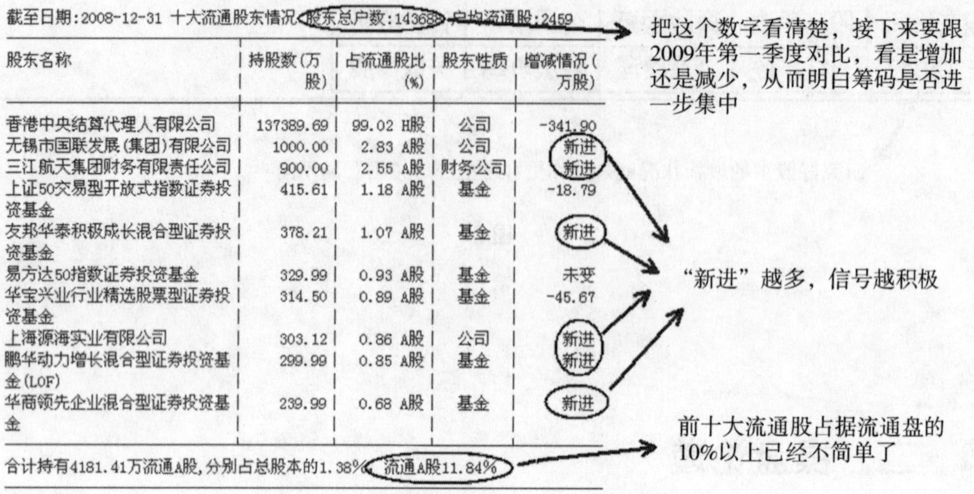

截至日期:2008-12-31 十大流通股东情况 股东总户数:14368 户均流通股:2459

股东名称	持股数(万股)	占流通股比(%)	股东性质	增减情况(万股)
香港中央结算代理人有限公司	137389.69	99.02 H股	公司	-341.90
无锡市国联发展(集团)有限公司	1000.00	2.83 A股	公司	新进
三江航天集团财务有限责任公司	900.00	2.55 A股	财务公司	新进
上证50交易型开放式指数证券投资基金	415.61	1.18 A股	基金	-18.79
友邦华泰积极成长混合型证券投资基金	378.21	1.07 A股	基金	新进
易方达50指数证券投资基金	329.99	0.93 A股	基金	未变
华宝兴业行业精选股票型证券投资基金	314.50	0.89 A股	基金	-45.67
上海源海实业有限公司	303.12	0.86 A股	公司	新进
鹏华动力增长混合型证券投资基金(LOF)	299.99	0.85 A股	基金	新进
华商领先企业混合型证券投资基金	239.99	0.68 A股	基金	新进

合计持有4181.41万流通A股,分别占总股本的1.38%、流通A股11.84%

把这个数字看清楚，接下来要跟2009年第一季度对比，看是增加还是减少，从而明白筹码是否进一步集中

“新进”越多，信号越积极

前十大流通股占据流通盘的10%以上已经不简单了

图 72

二是“新进”，所谓“新进”就是新进来的“主力”。其实就是在最新报表中刚刚露脸的机构或大户，这可以告诉你这些资金都是在上一期报表到最新报表期间介入进来的。你可以透过这个信号，揣摩他们的介入成本，结合他们的持仓程度，从而判断他们介入的真正意图。很多时候，一只个股大爆发的征兆就是从“新进”开始的。

三是“流通 A 股占比”，就是十大流通股东占据其流通盘的比重，这可以让你清楚知道前十大流通股东的分量有多重。一般来说，比重越高，说明机构的投入就越大，未来行情就越值得期待，当然，别过高，过高就物极必反了。另外，就是一定要减去上市公司本身持有流通股的占比，那不代表运作资金的筹码，所以要减去。

（3）对比报表，可以让你更好地感知“主力”的思维。

如图 73，从江西铜业 2009 年 1 季度报表以及 2008 年年底报表的对比来看，在 2009 年 1 季度里，“股东总户数”减少了，筹码在集中；“新进”涌现了相当多的新面孔，突然冒出，“来者不善，善者不来”；“流通 A 股占比”也有了比较明显的提升，进一步说明进来的“主力”分量不轻。

截至日期：2009-03-31　十大流通股东情况　股东总户数：135678

股东名称	持股数(万股)	占流通股比(%)	股东性质	增减情况(万股)
香港中央结算代理人有限公司	137202.47	98.89 H股	公司	-187.22
三江航天集团财务有限责任公司	900.00	2.55 A股	财务公司	未变
博时价值增长证券投资基金	679.97	1.92 A股	基金	新进
泰达荷银市值优选股票型证券投资基金	650.00	1.84 A股	基金	新进
无锡市国联发展(集团)有限公司	600.00	1.70 A股	公司	-400.00
泰达荷银效率优选混合型证券投资基金	499.99	1.42 A股	基金	新进
博时新兴成长股票型证券投资基金	499.99	1.42 A股	基金	-50.00
中国太平洋人寿保险股份有限公司—普通保险产品	399.99	1.13 A股	保险公司	新进
泰达荷银行业精选证券投资基金	389.66	1.10 A股	基金	新进
博时价值增长贰号证券投资基金	337.92	0.96 A股	基金	新进

合计持有4957.52万流通A股，分别占总股本的1.64%，流通A股14.03%

股东人数比2008年年底减少，充分说明筹码在进一步集中

新进机构，随便拿一个来看都是来者不善

明显比2008年年报比例提升，前十位流通股东达到近15%，已相当不错

图 73

因此，从 2009 年 1 季度的资料来看，该股未来机会是在增大而不是在减少，如果二级市场形态等配合良好，无疑会给具体操作带来更为确定的信心。在这里，你能够找到更多支撑上涨或下跌的理由，最重要的是，你能够从中感知“主力”的运作思维，这对操盘是非常有益处的。

2. “股东研究”与波动

（1）分析“股东研究”必须结合具体波动，才能让你对下一步策略更为清晰。

要深入感知“主力”思维，在分析“股东研究”的过程中必须结合该股的具体波动，这样才能做到具体问题具体分析。

而从股价波动的状况，你也可以清晰地估算出一些“新进”资金的持仓成本，整个形态结合“主力”最新动向给予的中期方向也将更明确，最重要的是，会让你对下一步你该怎么做，是走还是留更为清晰。

（2）“股东研究”内容结合市场股价波动的研判思路。

由于季报的公布时间会有一定滞后性，很多人担心有机构会打时间差，在季报公布前与季报统计截至 3 月 31 日之间进行套现出局。确实，这是机构有时候惯用的伎俩，为何要具体结合市场股价波动状况来进行研判，其实就是为了更好地去判断一些主力的“思维”，从而更清楚地看清本质而已。

如图 74，结合“股东研究”资料，我们可以分析出以下三点信息：

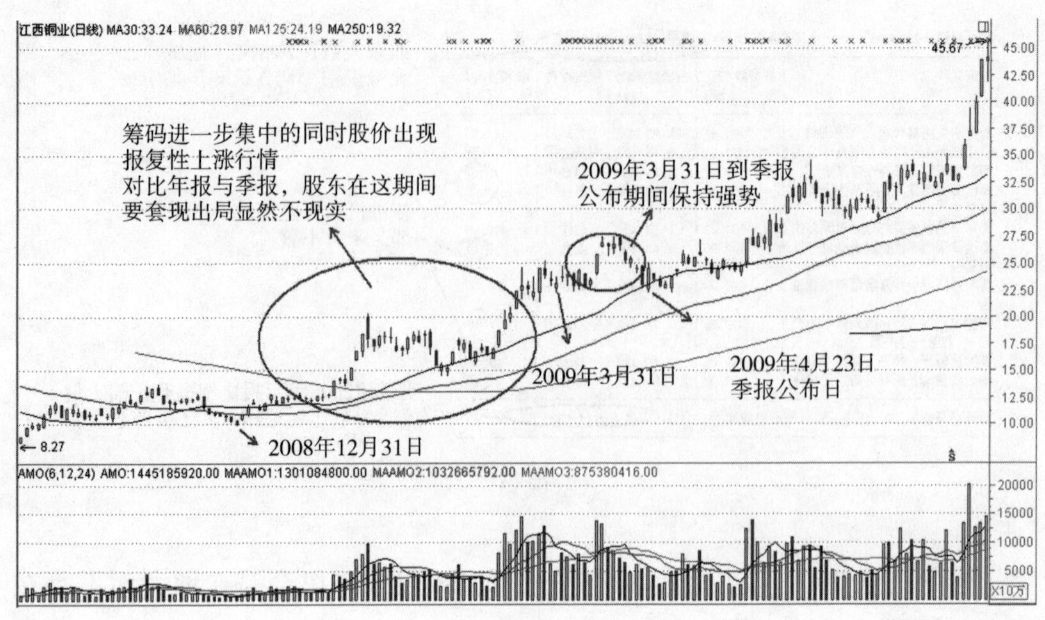

图 74

一是 2009 年 3 月 31 日到季度报表公布期间江西铜业是保持着相对强势，期间还有一波脉冲上涨行情，很显然，“主力”运作的痕迹比较明显，至少在这期间疯狂套现概率很小。相反，在这期间部分“主力”可能依然积极吸纳着筹码。

二是从 2008 年年底到 2009 年 3 月 31 日，在 2009 年第一季度期间，股价明显出现了恢复性上涨，结合筹码进一步集中的信息，我们也就能够理解恢复性上涨背后的一大原因，那就是不少“主力”资金在积极吸纳筹码所致，而从成交量较为集中和上涨比较明显的区域我们可以感知，“新进”主力的筹码平均成本应在 15～20 元之间靠中的位置。

三是“新进”主力的筹码平均成本在 15～20 元之间靠中位置，结合 3 月 31 日到季报公布日的波动区域中轴是在 25 元一线。显然，对于“新进”资金而言，套利空间并不大，出局概率也很小。再结合“一”主力可能继续吸纳筹码的状况，该区域的波动价格在 22～25 元之间，我们就进一步得出不少新进“主力”的筹码成本必然进一步抬高，很有可能就落在了 20 元一线附近。这无疑预示着该股未来必然还有一番作为才能让其中主力获利出局。

3. 以中国石化为例深入理解

（1）研究中国石化在一定程度上就等于研究大盘。

为了更好地深入理解“股东研究”，在此再举一个例子，那就是大盘权重品种中国石化。研究中国石化其实在一定程度上也就是等于研究大盘，它的中期波动将在很大程度上反映了大盘的波动，因此，很有研究的必要性。

（2）“新进”环节在大盘权重股中，不必深入，知道就好。

如图 75，凡是大盘权重品种，针对十大流通股的“新进”这个环节大可忽略，知道即可，不深入研究。道理很简单，能进入权重品种的十大流通机构，实力肯定不俗，这点根本不用太多怀疑。在这里，过多纠缠在“新进”这个环节没有太大必要，除非是巴菲特基金等具有市场极大号召力的实力机构进驻，否则更多都是知道就好。

截至日期:2008-12-31 十大流通股东情况 股东总户数:1160809

股东名称	持股数(万股)	占流通股比(%)	股东性质	增减情况(万股)
香港（中央结算）代理人有限公司	1668768.20	99.45 H股	公司	-943.70
中国石油化工集团公司	867024.40	67.56 A股	公司	433512.20
国泰君安证券股份有限公司	37790.60	2.94 A股	证券公司	-336.40
融通新蓝筹证券投资基金	7646.20	0.60 A股	基金	新进
博时主题行业股票证券投资基金	7500.00	0.58 A股	基金	-714.20
上证50交易型开放式指数证券投资基金	5834.60	0.45 A股	基金	-324.40
光大保德信量化核心证券投资基金	5105.60	0.40 A股	基金	3506.10
全国社保基金一零二组合	5061.70	0.39 A股	社保基金	新进
易方达50指数证券投资基金	5033.40	0.39 A股	基金	-2050.00
上投摩根中国优势证券投资基金	4982.70	0.39 A股	基金	4856.63

合计持有945979.20万流通A股，分别占总股本的10.91%，流通A股73.71%

大盘权重股看这两个数据已经够了，能进入这里的十大流通股东实力肯定不俗，此外，有类似巴菲特基金之类的资金介入时重点关注

图 75

（3）从三点去剖析中国石化。

第一点：筹码是否趋于集中很重要。

“股东总户数”与“流通 A 股占比”这两个环节倒是具有深入研究的必要性，如图 76，对比可知，第一季度“股东总户数”比年报明显缩水，说明筹码在进一步集中。

第二点：“流通 A 股占比”变动不大的影响可以忽略。

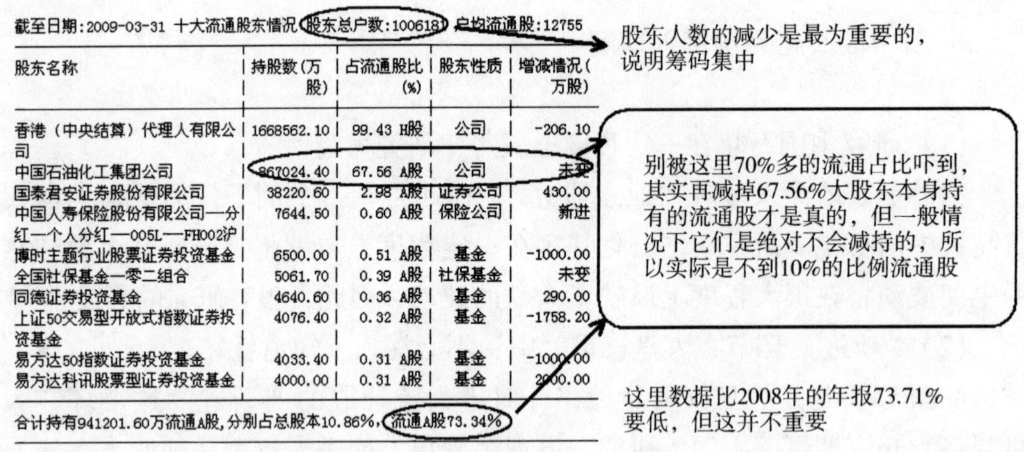

截至日期:2009-03-31 十大流通股东情况 股东总户数:100618 户均流通股:12755

股东名称	持股数(万股)	占流通股比(%)	股东性质	增减情况(万股)
香港（中央结算）代理人有限公司	1668562.10	99.43 H股	公司	-206.10
中国石油化工集团公司	867024.40	67.56 A股	公司	未变
国泰君安证券股份有限公司	38220.60	2.98 A股	证券公司	430.00
中国人寿保险股份有限公司—分红—个人分红—005L—FH002沪	7644.50	0.60 A股	保险公司	新进
博时主题行业股票证券投资基金	6500.00	0.51 A股	基金	-1000.00
全国社保基金一零二组合	5061.70	0.39 A股	社保基金	未变
同德证券投资基金	4640.60	0.36 A股	基金	290.00
上证50交易型开放式指数证券投资基金	4076.40	0.32 A股	基金	-1758.20
易方达50指数证券投资基金	4033.40	0.31 A股	基金	-1000.00
易方达科讯股票型证券投资基金	4000.00	0.31 A股	基金	2000.00

合计持有941201.60万流通A股,分别占总股本10.86%,流通A股73.34%

图 76

第一季度“流通 A 股占比”比年报有所轻微下降，说明十大流通股的筹码出现一定的松动，仅此而已，但并不意味着全部筹码的分散，仅仅是针对十大流通股东而已，幅度也很微小，对中国石化并不会构成什么负面影响，对此基本上可以忽略不计。

第三点：“流通 A 股占比”的研究必须减去上市公司持有流通股所占比例。

有人可能觉得很奇怪，那就是“流通 A 股占比”的比例怎么如此之大，是否是机构高控。其实不然，仔细看，你就会发现 67.56% 是属于上市公司本身的，那是必须要减去的数据，一般情况下上市公司尤其是这种大国企是不可能轻易减持的，那些筹码完全可以看成是锁仓不动的筹码。除去那一大块，就可以发现，十大流通股东机构所占的比例其实还不到 10%，仍有进一步增持的空间。

4. “股东研究”要结合具体形态及主力底线来看

（1）“股东研究”结合具体形态会让你更有信心。

当“股东研究”已经让你明白筹码在进一步集中时，结合具体的股价波动状况，如图 77 圈中部分是第一季度的运行轨迹，与之前的探底走势一结合，你很容易发现，这完全就是一个双底形态，第一季度结束后刚好处于颈线位，而且大的形态已经呈现突破向上之势。此时，你应该明白，继续做多的胜算依然很大。下图最后阶段大幅拉升的状况就是最好的证明！

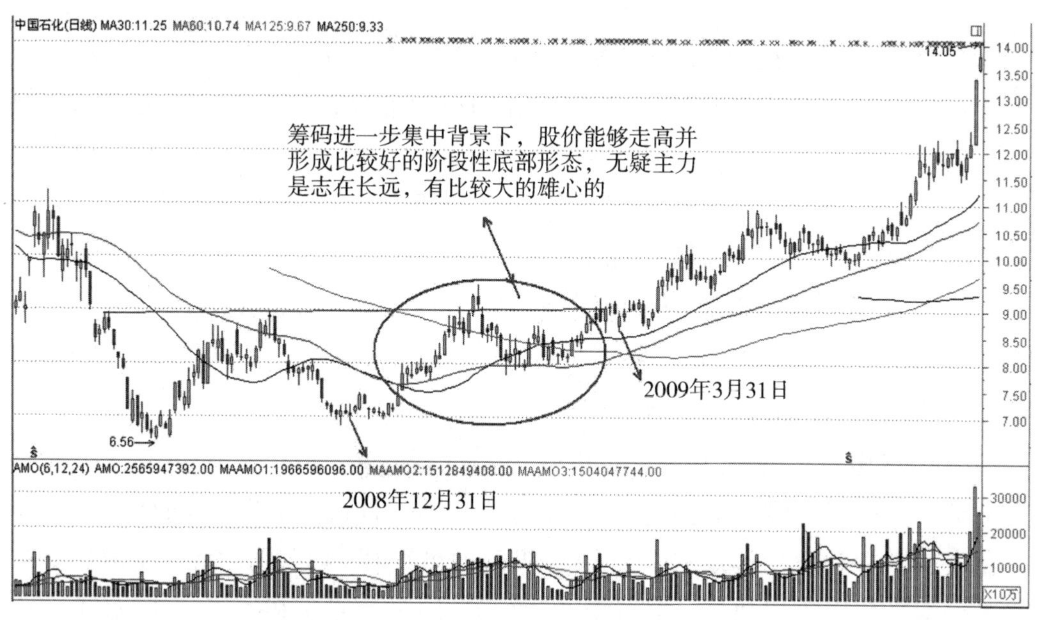

图 77

（2）找到“主力”的增仓成本区域，明白“主力”底线，揣测该股未来的空间。

“主力”资金在（图 77）圈中部分进行增仓行为，本身截止到 3 月 31 日都没有大幅脱离其增仓成本区域，这也多少暗示了在接下来的波动过程中，势必至少还有一个拉高出局的过程。最重要的是，结合形态，其最终的空间应不会太小，“主力”志存高远。

作为操盘手，务必要清楚一只个股本身运作资金的持股成本区域在什么地方，这非常关键。知道了“主力”的成本，那也就至少知道了“主力”的底线。同时，你也可以从“主力”的成本区域进一步揣摩其未来想达到的空间，这对具体操盘的益处是不言而喻的。

三、温故知新

（1）“主力”其实就是能够影响到市场波动力量的集合，“主力”存在的形式更多的是集体，而不是个体，太多或太少“主力”的品种都不是好事。

（2）“股东研究”中必须注意三点：“股动总户数”、“新进”以及“流通A股占比”。“股东总户数”说的是筹码集中情况，“新进”以及“流通A股占比”则更多是谈十大流通股东。

（3）“股东研究”结合市场具体波动会更好，从市场具体波动过程中，你可以通过形态以及增仓筹码成本区域等更好地去把握机会或回避风险。

（4）针对大盘权重股的具体研究，“新进”与“流通A股占比”各自的特殊情况是要学会运用的，“新进”可以忽略，实际“流通A股占比”则必须减去公司本身的流通股占比。

（5）这里更多的是从机会的角度去“操盘论道”，至于风险方面，思路其实是一样的，关注的要点等也是相同的。不一样的是，最终的结果方向相反而已。举一就要学会反三，看得到机会也就要懂得回避风险。在市场，牛市运行中，我们注重机会；熊市运行中，我们则注重风险。作为操盘手，内心对市场的大格局要有清晰的认识，看到机会的同时也要清楚未来风险的产生。

四、课后练习题

（1）“主力”是什么，其存在的表现形式是什么？

（2）“股东研究”中必须注意的三点是什么，各自的特点如何？

（3）你能透过“股东研究”的学习，结合当下市场环境，找出未来有大机会的品种或大风险的品种各三只吗？

（4）大盘权重品种在“股东研究”的过程中跟一般的品种有什么区别？

（5）如何从“股东研究”中去感知主力的思维？

（6）学习完“股东研究”后你的体会是什么？

五、市场随笔

1.“动静结合”乃赢家之道

某人持有某只股票。某日，一个大涨，使得其种品种的价格迅速脱离成本区；第二天震荡巩固过程中，这个人有点不耐烦，此时，这人突然发现了只新品种，直觉告诉他可能马上就要大涨；这时候，回头看看那震荡巩固没有太多波澜却已获利的品种，这个人没有多加思索就转而换成新品种。理由很简单，这个获利套现，刚好又有新的机会，何乐不为。

这样做无可厚非，如果选择的新品种真的马上大涨的话，那么，这决策非常英明。只是，每一次这样都能成功吗？答案显然是否定的。

试想一下，经常这样做的人，是不是面临失败的概率会增大呢？失败的概率增大，收益是否就会逐渐缩小甚至最终什么也没有得到甚至亏损呢。如果经常如此操作，失败概率会很大，如果只是偶尔这样做，那失败的概率则会大大减小。

这就有点像去赌场，如果天天去泡赌场，不管赚多少，从概率的角度来说，最终你都会面临输回去的境地。但是，如果你只是偶尔玩一下，或者一年就那么一次，那么，至少输赢的概率都是50%，你还是有机会赢的。

当然，如果懂得运用一些分析手段以及保持良好的心态，出击成功后懂得吃大波段的话，那么，最终综合起来，还是有超过50%以上赢的概率。

所以，当我们出击的品种大涨后，最好的方式并不是急着套现换新品种，而是耐心等待它给你更多的回报。如果每次都是急着换新品种，迟早都会碰到一些让我们输的新品种，操作越多，错的概率就越大。相反，如果耐心等待，不急于操作，这个出击成功的品种带给你的回报完全有可能大大超出预期，从而奠定更为坚实的赢利基础，步入良性循环状态。

只要该品种仍有上涨的潜力，那就耐心等待吧，很多时候，稍微再多等待一下，更激动人心的上涨行情就可能在那里等着我们了。

不过，现实中，依然还有很多的人热衷频繁地操作。为何？其实本质上就是短视，经受不住一些活跃品种的诱惑，没有太多耐心去等待本身品种的进一步上涨。也有部分是喜欢那“动”起来的感觉，好像没“动”起来就没在资本市场一样，是赢是输反倒其次了。

这里，有个比较综合的方法，那就是“动静结合”。把你的大仓位，至少80%留下来做不动吃大波段，另外20%，可以保持“动”的策略。这样，有至少80%仓位做“后勤保障”，20%是输是赢问题也就不大了，但同时也可以让你“动”起来，保持对市场的感觉。

记住，频繁做“短”如同天天去赌场，要想最终赢着出来，概率较小；做“中长”则如偶尔去赌场玩玩，要想最终赢着出来，只要你心态好，功夫够深，机会还是相当大的。

2. 机会属于谁

在资本市场里，机会能看准，但却不能把握到，这是一种遗憾；有时候，也是一种无奈。

遗憾的是虽然看准机会但行动没有配合好，无奈的是虽然看准机会但无法去行动。

为何会行动没有配合好？不够果断，该买进没买进；心态不稳定，该坚持没坚持。

为何会无法去行动？已经潜伏在其他品种脱不开身，机会天天有不能每个都把握；刚好外出不在盘面上等等，人算不如天算。

我们不能奢求太多的机会，但只要你懂得把握好某一次重要的机会。有时候，一次就够了，这一次的机会就可以为你长期的运作奠定赢的坚实基础。

有些机会没有把握到，也没必要患得患失，这正说明那机会可能不属于你，是你的就是你的，不是你的强求也没用。

把握机会前，问问自己，是否真的做足了准备工夫，是否真的用心去博弈，是否真的使出了全力？如果都是的话，也就没有遗憾，问心无愧了；如果不是，就需要好好反省一番了。很多人，机会没有把握好，很多时候不是机会不照顾他们，而是自己不懂得珍惜。

你相信命运吗？我是相信的，有些东西确实是当今科学无法解释的。不过，千万别迷信，这里并非让你去算命来把握自己的未来，而是告诉你，命运很多时候是冥冥之中注定的，是怎么样就怎么样，但这注定的命运不论是好是坏，都是需要你去参与、去争取与把握的。坐着等待命运的到来，那是不可能的。

在资本市场上的命运如何？这是需要你去参与、去争取与把握的，而不是坐着就会有机会降临在你头上的。

没有付出就没有收获，一分耕耘一分收获，天下没有免费的午餐，任何机会或成就都需要自己全身心地参与和付出。

这个世界有人说不公平。不公平的其实不是这世界，而是你看待这世界的眼光，你说对吗？反正，我是这样认为的。

第三节　F10之"主力追踪"

一、基础认识

（1）"主力追踪"的分量不轻。

既然是"主力追踪"，那么，关于"主力"动态的很多信息就基本都涵盖在此。研究股票的波动，很多时候就是研究"主力"的思维、揣摩它们的动向，所以，你应该清楚这个环节在整个F10体系里分量有多重。这里的信息就是为了让你能够更好地理解"主力"的思维，从而更好地去把握"主力"的动向。

（2）熟悉的一眼带过，找到适合自己并且有价值的信息才是真。

在这里涉及的面较为广泛，"机构持股汇总"、"股东户数"、"持股明细"以及"异动上榜"共四个小项目，不一定要面面俱到，把每个都照顾到。对于一些已经了解和自己较为熟悉的信息可以采取一眼带过的方式。研究并把握好F10，很重要的一点就是看你能否找到适合自己并且有价值的信息。

（3）没有一刀切的分析方法，只有具体问题具体分析，必须结合形态去感知一切。

仅仅是研究这里的信息，显然很难知道"主力"思维的全貌，必须跟具体波动的形态结合起来。坚持具体问题具体分析，不依靠一刀切的分析方法，这是操盘手必须清晰的一点。

市场博弈是非常激烈的，通过这里，你不仅能够感受到一些主力的操盘手法，更能感觉到主力之间博弈的激烈程度。最终赢家只有一个，或者是多方、或者是空方，你必须透过这里的信息与形态来感知最终的赢家会倾向于何方，从而先人一步地去把握市场机会或回避市场风险。

股东研究	股本股改	风险因素	公司报导	行业分析
主力追踪	分红扩股	高层治理	百家争鸣	关联个股

"主力"，谁掌握了其动向，谁就等于把握了先机，对"主力追踪"的研究会有利于你把握主力的思维

图 78

二、操盘论道

1. 如何把握"主力机构汇总"与"股东户数"

（1）"主流机构汇总"有很大的参考价值，但千万别迷信。

"机构持股汇总"里基金是一个最重要的角色，但不是绝对唯一。其他机构的能量也是不可或缺的。一只品种能够走牛，基金并非是唯一决定力量。上面的所谓机构基本上都是公募机构，很多私募包括个人大户（类机构）等并没有包含进去。这更多的是对主流机构的一种汇总解读，有很大的参考价值，但千万别迷信。

（2）"主流机构汇总"参考价值的具体把握方法。

参考价值如图 79，我们可以很清楚地知道基金对江西铜业持股比例的变

【机构持股汇总】　　单位（万股）

报告日期	2009-03-31	2008-12-31	2008-09-30	2008-06-30
基金持股 占流通A比 持股家数及 进出情况	3127.53 8.85 共计7　新进7	3569.54 10.10 共计26　新进22 减持3	1352.30 4.79 共计4　增持2	2312.89 8.19 共计22　新进19 减持2
QFII持股 占流通A比				267.48 0.95
券商持股 占流通A比				194.61 0.69
保险持股 占流通A比	399.99 1.13			
财务持股 占流通A比	900.00 2.55	900.00 2.55		

注：以上数据取自基金持股和公司十大流通股，季度数据未包含基金持股明细
最近一期数据可能因为基金投资组合或公司定期报告未披露完毕，导致汇总数据不够完整。

减少幅度不大需要深入研究

大幅增加是积极信号

基金、QFII、券商、保险与财务，能想到的主流机构都涵盖在内，记住，虽然基金是研究重点，但看持股是要看全部机构的持股总和的状况

另外，这里机构持股的比例高低不等于筹码集中程度的高低，这两点是必须要区分开的

同时，务必要记住，个人大户其实也是很重要的"机构"，尤其是在中小盘股中，他们的地位有时候非常关键

图 79

动情况，基金从2008年的第三季度不到5%，到2008年年底一下子突破10%的比例，大幅增长异常惊人，这样的状况，能不爆发一波行情吗？

如图80，透过此图，我们更要清楚的是，如果市场一直在下跌，我们要判断具体什么时候才是真正的阶段性底部。除了其他分析手段外，这里也是一个非常值得去充分把握的一个方法。

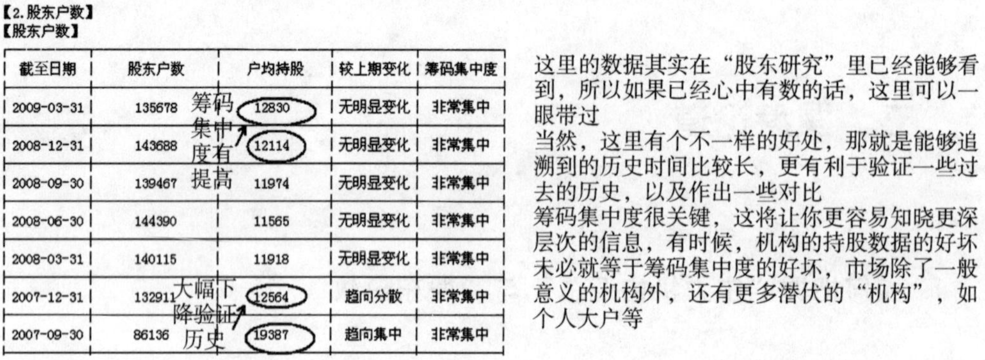

【2.股东户数】
【股东户数】

截至日期	股东户数	户均持股	较上期变化	筹码集中度
2009-03-31	135678	12830	无明显变化	非常集中
2008-12-31	143688	12114	无明显变化	非常集中
2008-09-30	139467	11974	无明显变化	非常集中
2008-06-30	144390	11565	无明显变化	非常集中
2008-03-31	140115	11918	无明显变化	非常集中
2007-12-31	132911	12564	趋向分散	非常集中
2007-09-30	86136	19387	趋向集中	非常集中

筹码集中度有提高

大幅下降验证历史

这里的数据其实在“股东研究”里已经能够看到，所以如果已经心中有数的话，这里可以一眼带过

当然，这里有个不一样的好处，那就是能够追溯到的历史时间比较长，更有利于验证一些过去的历史，以及作出一些对比

筹码集中度很关键，这将让你更容易知晓更深层次的信息，有时候，机构的持股数据的好坏未必就等于筹码集中度的好坏，市场除了一般意义的机构外，还有更多潜伏的“机构”，如个人大户等

图80

没错，就从机构的最新动向去揣摩市场的未来。至少，有了这个信息，我们在判断阶段性底部时会更加胸有成竹。当然，我们要举一反三，在判断阶段性顶部的过程中，把这里的数据倒过来看就可以了。

另外，这里要特别强调的是，如果在基金环节看不出太多端倪，我们就必须放大去看，也就是综合所有机构持股状况来对比。如图79，当2008年年底与2009年第一季度对比基金减少幅度不大时，你把下面的机构数据都加起来一看，其实2009年第一季度增加了1.13%的保险资金占比，实际上机构汇总的比例依然是非常接近的。这说明这只股票仍可能蕴涵相当的机会。有些时候，我们不能只是看表象。这就是在此环节也必须把握的“综合汇总判断”的方法。

（3）“主流机构汇总”千万别迷信。

市场存在着不少非主流机构重点品种，但却一样能走强。它们是什么力量造成的？不就是私募或个人大户所造就的吗？所以，“主力”千万别片面认为就是上面所汇总的。潜伏的主力力量其实并不弱，只是无法从这里获悉而已。

因此，我们要辩证地看待这个小环节，如果有具体数据，而且充分，可以利用；如果没有，机构参与程度很低，也别太小看或武断地作出结论。我们应从更多的角度去解读、去判断，这样才能最终形成一个比较正确的结论。

（4）“股东户数”更能反映“主力”的运作动态。

当“主流机构汇总”让你对“主力”的思路并不是很容易就作出比较明确的判断时，或者当你想要更多确定的数据来支撑时，不妨把眼光放到“股东户数”上，如图81。

“股东户数”趋于分散或集中更能反映“主力”的运作动态。道理不复杂，不管是主流机构还是非主流机构，只要你看好并想搜集更多的筹码，必然就会造成市场流通筹码趋于集中的状况；相反，则是趋于分散的状况。这是非常真实且有杀伤力的数据指标。

作为操盘手，看待“股东户数”的变动比看待“机构持股汇总”更重要。千万别被“机构持股汇总”所迷惑，毕竟有些品种基本上是没有什么主流机构参与但筹码又相对趋于集中的。有时候，这样的品种爆发性可能更大。

（5）对比图80，思路会更加清晰，从而可以学会从蛛丝马迹中去感知“主力”的思路。

在图81中，“股东户数”和“户均持股”数据里，江西铜业2009年第一季度比2008年年底的筹码集中趋势有所抬高，图80中因基金减少持仓，但总的持仓，汇总差不多带来的困惑迎刃而解。很显然，“主力”资金虽然有调整，但筹码呈现进一步集中的趋势，这充分说明“主力”资金的运作思路还是保持较为激进的策略，没有退缩，还有所进攻，志存高远。

2009-03-31	135678	12830	无明显变化	非常集中
2008-12-31	143688	12114	无明显变化	非常集中
2008-09-30	139467	11974	无明显变化	非常集中
2008-06-30	144390	11565	无明显变化	非常集中
2008-03-31	140115	11918	无明显变化	非常集中
2007-12-31	132911	12564	趋向分散	非常集中
2007-09-30	86136	19387	趋向集中	非常集中

这里的数据其实在“股东研究”里已经能够见知晓，所以如果心中有数的话，那这是可以作为一眼带过的地方

当然，这里有个不一样的好处，那就是能够追溯到的历史时间比较长，更有利于验证一些过去的历史，以及作出一些对比

乱码集中度很关键，这里将更容易让你知晓更深层次的信息，毕竟，有时候，机构的持股数据的好坏未必就等于乱码集中度的好坏，你要知道，市场除了一般意义的机构外，还有更多潜伏的“机构”，如个人大户等

图81

这无疑对判断江西铜业未来走势有非常大的积极意义。可以说，来到这里，思路就变得更为清晰，至少可以感知到主力坚定做多的思路阶段性问题不大。作为操盘手，如果你能从一些蛛丝马迹去感知到“主力”的运作思路，其实你离成功就不是特别远了。

（6）追溯历史长，可以让我们更好地研究过去。

这里的不少数据其实在“股东研究”中就有所体现。如果有人已经在“股东研究”中对这些数据了然于胸的话，这里是完全可以忽略的。记住，我们把握好“F10”就是要找到适合自己且有价值的信息，而不是盲目地什么都去找，那样最终会让我们自己感到很混乱。思路务必要清晰。

当然，这里有个好处就是，能够追溯的历史比较长。比如2007年第四季度6000多点见顶，这里就有数据可以看到，把江西铜业的“户均持股”从07年第三季度到2007年年底的数据一对比，你会发现，“户均持股”一下从19387到12564，那绝对是暴跌的状况。那时，如果能够看清这里的数据，对中期绵绵下跌的判断就会更了然于胸了。

2. 主力机构的派系、气势以及风格

（1）用“物极必反”的眼光去看待“主力”。

在一只个股里如果“主力”太多，如果大家步调不一致，很多时候波动就会显得很反复，很僵持，最终必须有“主力”主动退出，才能变得顺畅起来。任何事物都是要从两方面去看待，对待“主力”也是如此。

（2）两个“学会”：学会总结机构的派系与学会感知机构的气势。

面对“机构持股明细”里的信息，其实我们在很多地方都可以看到，如果你已经了然于胸，一目带过就是。

只是，在这里需要特别注意的是，在研究这些机构的过程中，你要懂得总结，基金虽然很多，但其实很多基金品种都隶属于一个体系。虽然它们产品不同，但步伐往往都较为一致，至少利益上不存在冲突，肯定不会自相残杀。

因此，观察图82，当你发现那么多基金其实是两个“系”里的基金品种，这两大系已经把持了相当的筹码。这至少说明机构不是太杂，而是比较少而精，而且这两大系都派各自重兵进驻。这时你感觉不到志在必得的气势吗？作为操盘手，透过具体机构股东的持股状况，你要学会感觉到其中的气势，这将有利于你在具体操盘过程中果断决策。

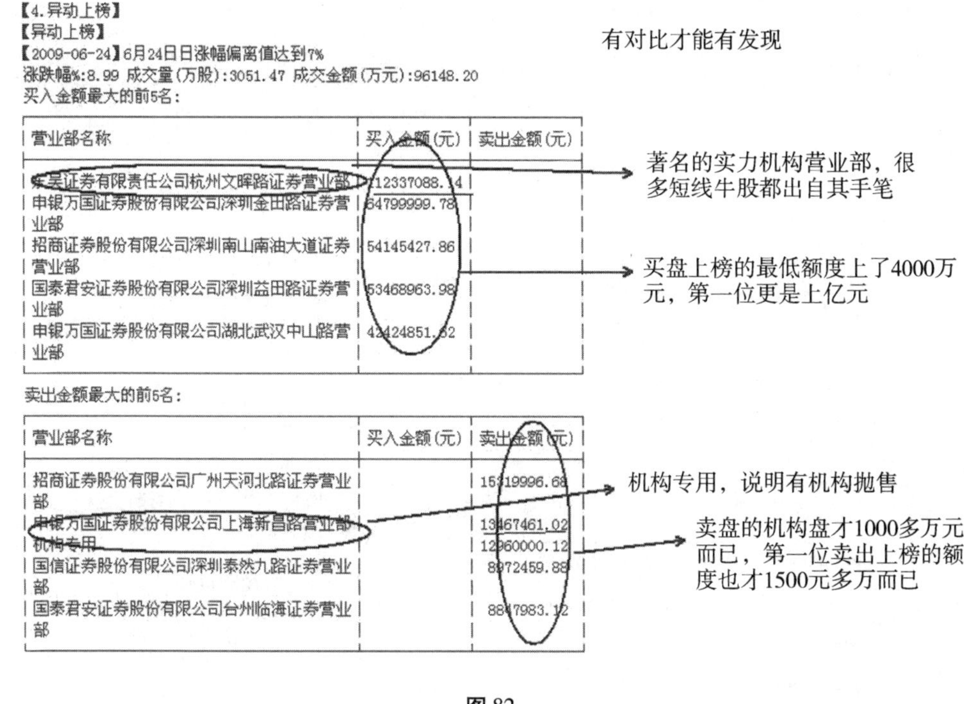
【4.异动上榜】
【异动上榜】
【2009-06-24】6月24日日涨幅偏离值达到7%
涨跌幅%:8.99 成交量(万股):3051.47 成交金额(万元):96148.20
买入金额最大的前5名：

营业部名称	买入金额(元)	卖出金额(元)
东吴证券有限责任公司杭州文晖路证券营业部	112337088.14	
申银万国证券股份有限公司深圳金田路证券营业部	64799999.78	
招商证券股份有限公司深圳南山南油大道证券营业部	54145427.86	
国泰君安证券股份有限公司深圳益田路证券营业部	53468963.98	
申银万国证券股份有限公司湖北武汉中山路营业部	42424851.52	

卖出金额最大的前5名：

营业部名称	买入金额(元)	卖出金额(元)
招商证券股份有限公司广州天河北路证券营业部		15319996.68
申银万国证券股份有限公司上海新昌路营业部		13467461.02
机构专用		12960000.12
国信证券股份有限公司深圳泰然九路证券营业部		8972459.88
国泰君安证券股份有限公司台州临海证券营业部		8847983.12

图 82

（3）来者不善，透过机构性格去看运作。

能够成“系”的机构，都是大机构。大机构敢于重兵进驻，善者不来，来者不善。

所以，一旦发现有大机构进驻，你除了要感受到其气势外，同时也要去研究其大本营，到底是什么样实力的机构，以及其过去的运作风格，这将有利于你对该股未来波动的把握。

人都是有性格的，机构是由人把持的，因此也必然是有性格，所以当你了解机构的性格之后，就可以很好地去揣摩它未来运作的方式，从而大大有利于你的具体博弈策略。

3. “异动上榜”的奥秘

（1）“异动上榜”可遇不可求，一旦遇见就要找到一些蛛丝马迹。

“异动上榜”这个小栏目在对“主力”研究的过程中，是不容忽视的。很多时候，如果不是特别疯狂，大多数个股是很难上榜的，所以就算想透过这里来研究也没有办法。因此，这里的研究可遇不可求，但一旦遇到，必须要好好研究一番，从而找到一些蛛丝马迹。

（2）着重利用两点去感知，“造假”概率很低。

如图 83：

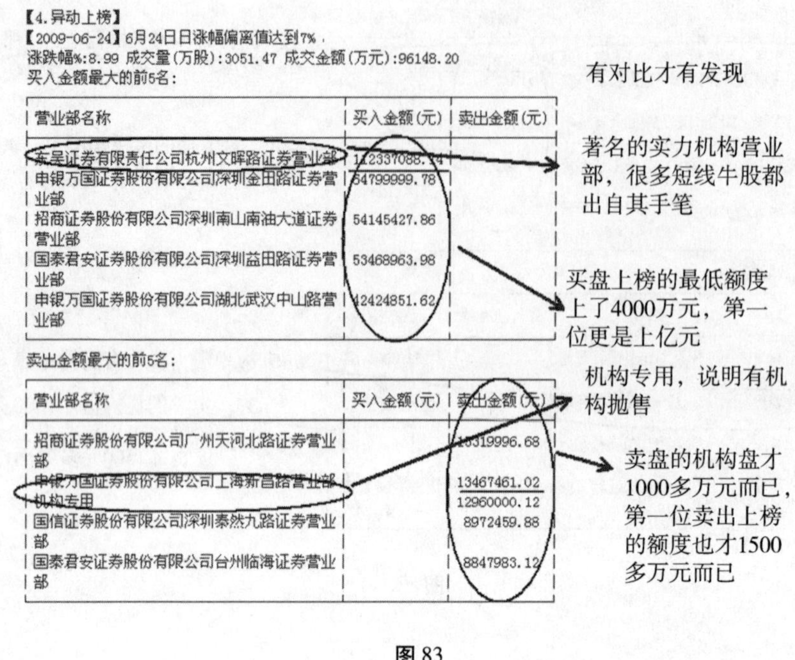

【4.异动上榜】
【2009-06-24】6月24日日涨幅偏离值达到7%，
涨跌幅%:8.99 成交量(万股):3051.47 成交金额(万元):96148.20
买入金额最大的前5名：

营业部名称	买入金额(元)	卖出金额(元)
东吴证券有限责任公司杭州文晖路证券营业部	112337088.24	
申银万国证券股份有限公司深圳金田路证券营业部	54799999.78	
招商证券股份有限公司深圳南山南油大道证券营业部	54145427.86	
国泰君安证券股份有限公司深圳益田路证券营业部	53468963.98	
申银万国证券股份有限公司湖北武汉中山路营业部	42424851.62	

卖出金额最大的前5名：

营业部名称	买入金额(元)	卖出金额(元)
招商证券股份有限公司广州天河北路证券营业部		15319996.68
申银万国证券股份有限公司上海新昌路营业部		13467461.02
机构专用		12960000.12
国信证券股份有限公司深圳泰然九路证券营业部		8972459.88
国泰君安证券股份有限公司台州临海证券营业部		8847983.12

图 83

一是看清机构。要去看看有哪些实力机构进驻或撤离了，这可以告诉我们到底是什么类型的人在做。

二是对比数额。要去对比到底买卖上榜的绝对数额与个别数额哪个占据绝对优势。通过对比或者可以告诉你市场的“主力”站在哪一边。

当你较为清晰地感知到这两样数据之后，你就能够透过主力机构的性格以及投入的兵力，感知其背后的意图。是“进”还是“退”，是“短”还是“长”，你都能够发现一些蛛丝马迹。这也是作为操盘手必须具备的一种感知能力。

当然，我们不能排除这些数据有“造假”的可能。所谓“造假”不是说数据有误，而是一些主力利用一些席位来作出一个假信号。不过，一般情况下，这样的概率不大，除非结合其他信号综合起来“造假”。那就要警惕了。

（3）结合形态、结合自身场内场外以及主力、非主力，综合作出操盘策略。

如图 84，结合形态一直是我所强调的，这里也不例外。透过图形我们很容易就清楚该次涨停发生的时机与阶段，结合具体状况，可以做进一步观察，等待最好的战机。

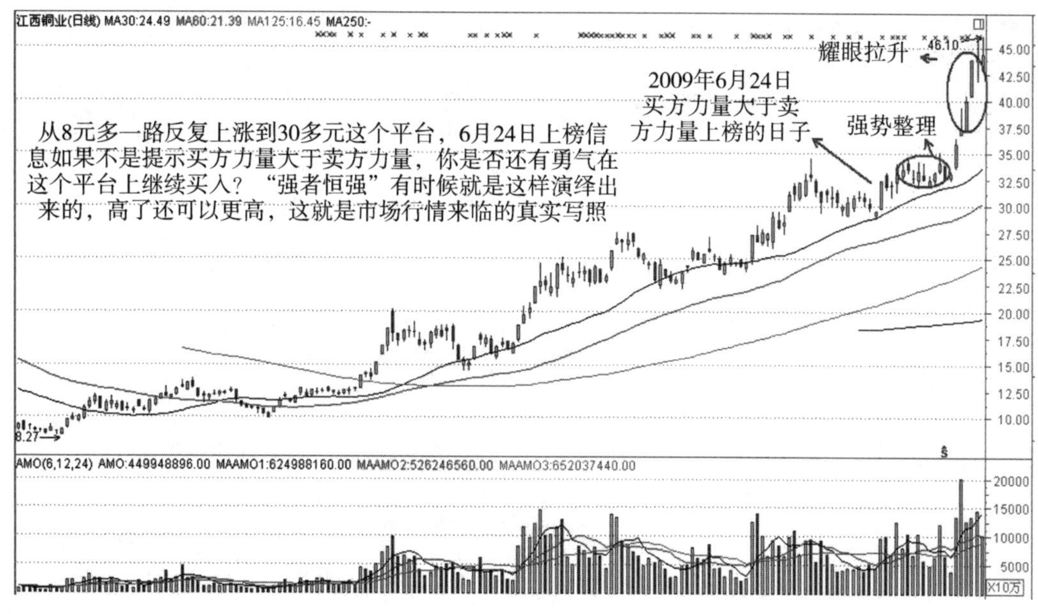

图 84

涨停后主力并不急于求成，反而是稳扎稳打的构筑了一个强势震荡平台，直到第 14 个交易日（包括涨停交易日）后才再次向上发起猛烈攻击，从而出现耀眼的拉升阶段。

对于场外资金，在这个过程中，要做的就是等待进一步猛烈上攻带来的确认信号，前面的数据已经告诉你有实力机构进驻，想象空间已经打开，拉涨只是时间问题，这就必须耐心等待。当然，激进点的也完全可以采取在震荡过程中潜伏，只是那时主动权就不在我们手上了。

对于场内资金，面对如此状况，有一点是必须清晰认识到的，那就是该品种还可能有较大空间，大波段策略可以继续执行。只要不破位，强势震荡过程中不理它就是。作为操盘手，要清楚自己所处资金的位置以及自己在该品种里扮演的角色，资金到底是场内还是场外，角色到底是主力机构还是非主力机构，结合具体情况制定出相应的策略。

（4）强者恒强，要清楚背后的原因，千万别做赌徒。

如图 85，把图的视野再放大，就会发现原来江西铜业已经从 8 元多一路反复震荡上扬到 30 多元，此位置发生了"6・24"涨停上榜事件，然后强势整理再耀眼拉升。扪心自问，如果你是场外资金，当刚出现"6・24"涨停，并且你已经很清楚从最低价格区域到"6・24"涨停其已上涨近 4 倍，你敢于在那之后跟随进去吗？

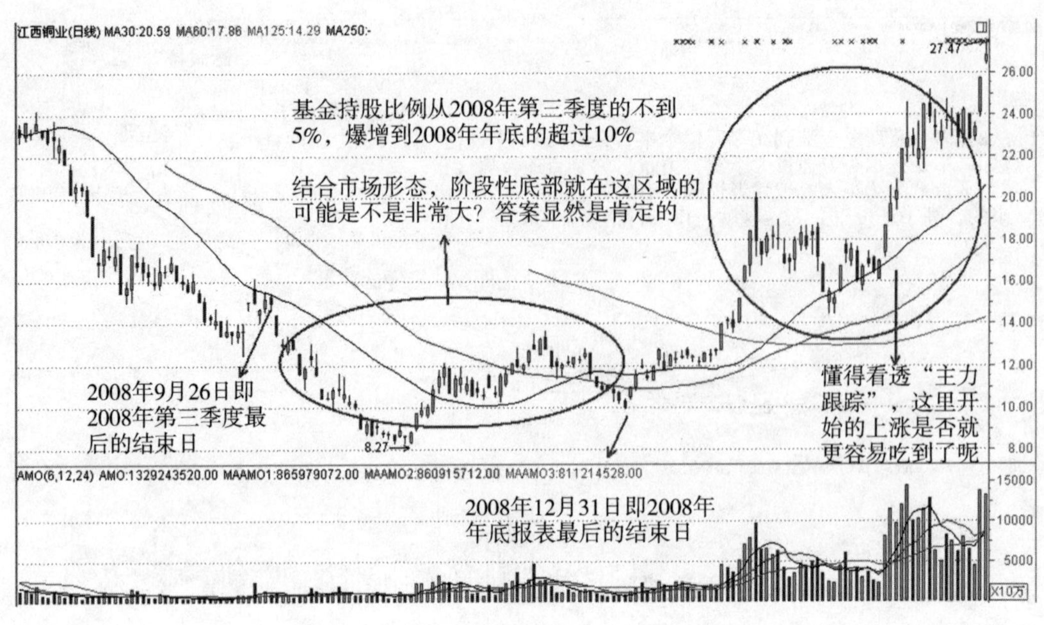

图 85

强者恒强就是这样演绎出来的！当你还在疑惑时，可能股价已经又上升到新高度，这就是行情来临时的真实写照。只是，想想你之所以能做到敢于买进，是因为研究后胸有成竹，还是仅仅因为你觉得还能涨这种类似赌徒的方式。作为操盘手，赌徒式买进或卖出是非常危险的。

4. “主力”的背后和“主力”的三个类型

（1）在简单的结果前面看出不简单，感知到的东西才是最重要的。

很多时候，市场演绎的结果看起来很简单，但在此过程中，市场却充满着曲折。很多人有时候结果达到了，往往会忽略过程，或者根本不理解过程。此时，你要清楚，你仅仅是运气好把握住了结果而已，下一次，你是否还能那么幸运，要打个问号。

看不透过程和没有真正感知的人，最终结果可能就是赢那么一两次，要成为长久的大赢家，非常不现实。

所以，在简单结果前面，透过曲折你可以感知到什么，这才是最重要的，作为操盘手更是如此！

（2）回顾曲折背后的全过程，剖析“主力”运动的背后。

如图 88，结果很简单：站上 22 元大关，筹码进一步集中，但机构筹码出现大换手。在这过程中，很明显，有个曲折的过程在其中，具体如何，那就必须结合图86与图87进行感知了。表象的背后总有原因，关键是你能否感知到，“异动上榜”的信息以及盘中的具体形态，两者结合，将会给我们一个较为清晰的答案。

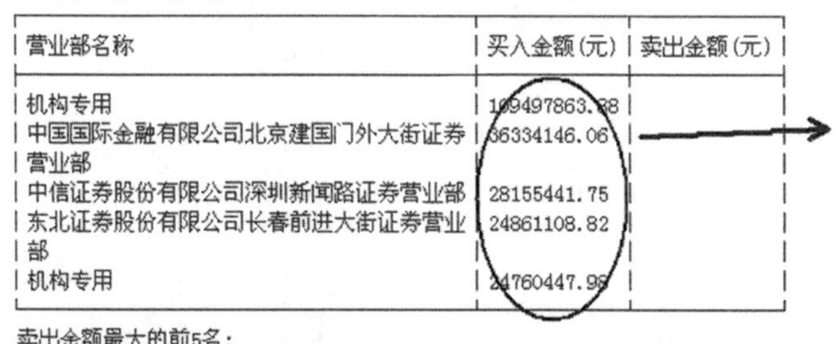

【2009-02-10】2月10日累计涨幅达20%
涨跌幅%:22.17 成交量(万股):12265.39 成交金额(万元):201688.56
买入金额最大的前5名:

营业部名称	买入金额(元)	卖出金额(元)
机构专用	109497863.88	
中国国际金融有限公司北京建国门外大街证券营业部	36334146.06	
中信证券股份有限公司深圳新闻路证券营业部	28155441.75	
东北证券股份有限公司长春前进大街证券营业部	24861108.82	
机构专用	24760447.98	

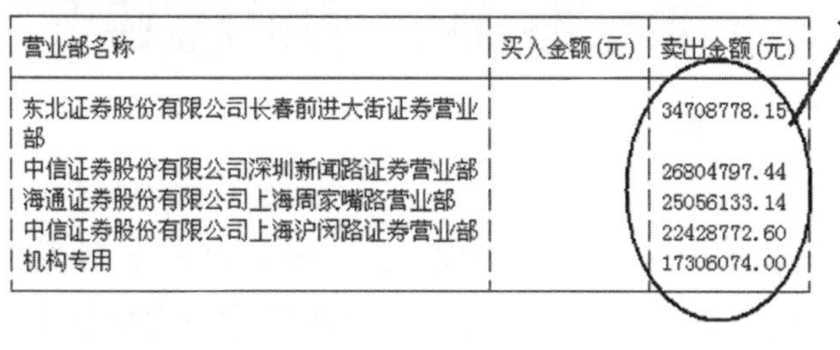

卖出金额最大的前5名:

营业部名称	买入金额(元)	卖出金额(元)
东北证券股份有限公司长春前进大街证券营业部		34708778.15
中信证券股份有限公司深圳新闻路证券营业部		26804797.44
海通证券股份有限公司上海周家嘴路营业部		25056133.14
中信证券股份有限公司上海沪闵路证券营业部		22428772.60
机构专用		17306074.00

图86

【2009-02-11】2月11日振幅值达15%
涨跌幅%:0.00 成交量(万股):5360.22 成交金额(万元):97979.74
买入金额最大的前5名:

营业部名称	买入金额(元)	卖出金额(元)
海通证券股份有限公司上海周家嘴路营业部	23472341.58	
国泰君安证券股份有限公司上海威海路证券营业部	18229895.90	
东北证券股份有限公司长春前进大街证券营业部	12470068.17	
国信证券股份有限公司深圳泰然九路证券营业部	8059236.30	
招商证券股份有限公司深圳建安路证券营业部	7593243.67	

卖出金额最大的前5名:

营业部名称	买入金额(元)	卖出金额(元)
广发证券股份有限公司广州环市东路证券营业部		63606125.08
机构专用		53521571.75
机构专用		36746476.37
机构专用		32183140.90
机构专用		17878169.44

对比2月10日非常戏剧

2009年2月11日的信息表明机构成为卖出的“主力”部队，同时总的卖出数额远大于买进力量。这说明当天不少机构采取了趁疯狂套现策略，这对后市短期显然是不利的，也从一个侧面说明不少机构资金较为短线

图87

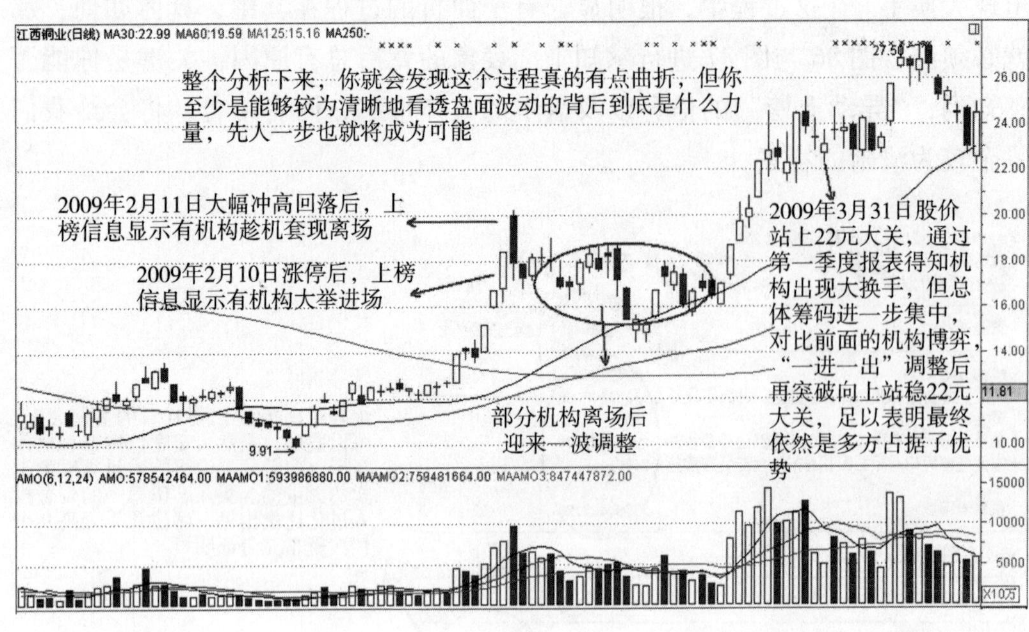

图 88

2009 年 2 月 10 日，江西铜业疯狂上攻并封死涨停，该天盘后上榜信息如图 86，买卖席位均有机构，说明机构已经出现意见分歧；买的席位数额远大于卖的席位数额，说明机构买入力量占据绝对优势，有机构非常看好。

2009 年 2 月 11 日，隔天，放量大幅冲高回落，该天盘后的上榜信息显示如图 87，非常戏剧。该天卖出席位上基本都是机构“主力”，说明不少机构“主力”套现欲望强烈；卖出席位数额远大于买进席位数额，说明机构卖出力量占绝对优势，有不少机构比较看淡。

透过两天比较戏剧化的上榜信息，作为操盘手，应该可以感知到，在目前这个区域机构资金已经出现严重分歧。从大手笔买进到大手笔卖出，博弈相当激烈，虽然有机构在此位置进场，但肯定有机构在此位置离场。为何离场？看看图 88 就能够理解了，从不到 10 元的价格一路奔到 20 元附近，获利已经达到一倍有余，部分前期低位潜伏的机构资金势必有强烈的套现需求，套现离场也就容易理解了。

部分主力机构离场信号一出，短期对市场的影响很快反映在股价波动上，之后 20 个交易日都处于调整状态。此时，应选择观望。当 20 个交易调整结束后再往上攻击，并再次刷新高点时，你就应该可以再次感知到 2 月 10 日新进机构开始发力了，整个思路也就开始清晰起来：机构进行了一定的换手，新主力仍有再做一波行情的欲望。最后，结合第一季度透露出来的信息：机构大换手，筹码进一步集中，应能感知到新进主力必将在未来再掀波浪，耐心等待便是。

作为操盘手，你是否具备洞悉曲折背后的能力呢？你是否能感知到"主力"的运作思路呢？如果你能够看透这些，在具体操盘上，那绝对是能够占据先机的。

（3）看清"主力"的三个类型，充分感知盘面，让自己的思路清晰起来。

透过上面的剖析，我们应该清楚，很多时候，"主力"并非是一成不变的，每个阶段，可能"主力"都不尽相同。这些分阶段的"主力"更多的都是一种跟随"主力"，本身不是真正长久运作该股的"主力"，属于"过客型"。

类似这些"主力"，在具体波动到一定阶段时，就会对该品种产生一定的震荡影响。主力的三种形态，第一是长久运作该品种的"主力"，我定义为"主人型"的"主力"。它尽全力把震荡逐步化解并最终再次主导整个盘面。当然，这个过程需要投入相当的兵力。第二是场外"新主力"，它能够认同并参与进来，平衡掉震荡的影响，最终也能再次进入上升轨道。第三是"主人型"主力与场外"新主力"合力抵御并再次控制住盘面，从而最终继续进入上升轨道。实际情况更多的都是这种"合力"情形，毕竟总有一些场外资金能洞悉其中的门道，采取联合作战的策略。

每每震荡剧烈的过程，往往都是"新主力""过客"与"主力"之间较为复杂的博弈，最终谁能成为最后赢家。在整个形势没有太明朗之前，你可以去感知谁的实力更强，提前感知清楚可以大胆采取跟随策略，不过，最稳健的策略依然是形势较为明朗后采取跟随策略。不管如何，如果你是跟随者，记住，充分感知盘面的一切，让自己在博弈过程中能够占据先机，胸有成竹，不至于迷茫，无所适从。

当面对全局思路都不甚清晰之时，最好的策略就是休息等待，当思路再次清晰之时再采取相应的策略：继续等待或者主动出击。

三、温故知新

（1）“主流机构汇总”中基金状况是重点，要注意综合分析，有参考价值，但别太迷信。

（2）“股东户数”更能反映筹码集中状况，要学会从这里去感知“主力”的蛛丝马迹，历史的追溯时间比较长，方便回顾过去。

（3）以物极必反的眼光去看待“主力”，学会总结机构的派系与感知机构的气势。机构都是有性格的，就如人一样。

（4）面对“异动上榜”，一要看清机构，二要看清数额，充分感知多空双方的博弈状况。这个信息，在很多时候都很有价值，可遇不可求，需要重视，“造假”的概率并不大。

（5）看任何数据都要结合形态，具体问题具体分析，要结合盘面才能更为清晰地感知“主力”思维，如此才能够占据先机。

（6）简单结果背后是曲折，你要感知到什么才是最重要的。“主力”在具体博弈过程中扮演三种角色，剧烈震荡往往都是三者激烈博弈的结果。

（7）在这个环节里，其实大部分数据都是较为滞后的，除了“异动上榜”较为及时外，更多的信息披露都要经历一段时间，因此，很多时候，其起到的作用更多是具有长远指导意义，以及回顾思路的意义，真正短期或者是超前指导意义并不大。

因此，我们要肯定它的意义，但同时更要清楚，光靠这些是远远不够的，我们需要更多的基本面数据，以及技术面等配合。

以上数据，在特定情况下，关键时刻有其独到的作用，这对于形成“海陆空”全方位的操盘本领，是不可或缺的一个环节。资本市场大海浩瀚，一切都要一步步来，形成体系的过程是需要沉淀的！

四、课后习题

（1）除了“主流机构汇总”提及的以外，还有什么形式的主力？

（2）为何说“股东户数”更能够反映筹码的集中度？在这里观察数据关键看哪两点？

（3）为何要具体结合形态来剖析市场？

（4）“异动上榜”中要学会哪两点？如何具体结合形态？

（5）“主力”在具体运作品种上一般有几种存在类型，分别是什么？为何会这样？

（6）试着去找出5个有过剧烈震荡的品种，试着用主力的思维去剖析之。

（7）能否透过这里的学习，试着找出3个未来仍具有机会的品种？

（8）学习完并实践后，再去看市场的波动，有没有不一样的感觉，能够透过一些数据与形态感知主力的思维。

五、市场随笔

1. 勇敢地站在最危险一方

最危险的时候可能也就是最安全的时候，最安全的时候可能也就是最危险的时候。在资本市场上这跟“在别人贪婪的时候我恐惧，在别人恐惧的时候我贪婪”，本质意思是差不多的。前者表达较为含蓄，后者表达更为直接。

市场暴跌，没人愿意买股票，好像处处危机，此时，或许就是最安全的时候，大胆介入，可能就是未来暴富的开始。

人到了绝境，随时可能崩溃。此时，如果冷静思考，作为局外人，别人的绝境就是你最好的潜伏时机，救他人的同时也给予自己极大的机会。

很多人可能觉得股票的绝境不够恐怖，尤其是在中国的资本市场，似乎总是死不了，最后总是能起死回生，因此，最终就只是输时间而已，只要够时间，基本都不会输，或者输得很少。

如果换成期货市场，那就完全是另一个状况了，那里没有死不了的状况（除非你资金无限多），只要你的方向出现较大错误，而且仓位也比较重，那么，绝境就随时摆在你眼前。

此时，博弈的双方必须是要让另一方彻底消失才能算真正的成功，殊死相搏的市场，关键时刻，是非常剧烈也是非常惨烈的。

很危险，绝对是被逼入绝境的人遇到的状况，而且可以说，只要你长久在期货市场上操盘，总有一次你会碰到很危险的状况。此时，必须要做的，也是没办法要做的，就是控制好风险，你可以“壮士断臂”，在“死亡”来临前牺牲一部分换取生存。也可以等到最后一搏，不过，这最后一搏如果失败，那么，就不是“断臂”那么简单。

不管哪个，都必须要面对，输，是无法回避的。只是，再怎么输，哪怕只是躯体，都要活着，活着就还有希望，就还有翻身的机会。

此时，如果是作为局外人，你很容易就发现谁是最危险的一方，伴随着最危险的一方的输，新的机会则又开始酝酿其中了。你要站的位置，不是看上去最安全的赢家，而是最危险的输家一方。道理不复杂，赢家经过这一战役，虽然获胜，但也元气大伤，新的博弈分子很快将要降临，站在赢家一方，随时可能被重击。市场没有永恒的赢家，而是谁赢得多而已。

如果是局外人，请勇敢站在最危险的一方，黎明就是在最黑暗过后来临的！

2. 如何面对暴涨

看到一只股票暴涨，不少投资者心中羡慕是必然的，为何自己的股票不能如此呢？或者就算自己的股票也如此了，可自己很早就可能落下马了。我相信，这应该是一个较为普遍的现象。

做股票一定要懂得静心去分析，一只股票暴涨，肯定是有原因的，如果花点时间去研究，都可以知道个大概，比如重组、网络、数字等种种题材。知道原因并不难，只不过很多人不知道这原因对股价的影响力，这就涉及更深层次的问题了。在我看来，对该股主力运作思路的分析也是很关键的，也就是说这只股票本身在市场的地位是什么样的，比如是3G板块中的龙头，那么目前启动它的意义是什么，前期筹码收集是否充分，是否也洗过了浮筹，如果这些分析后得出的答案都是肯定的话，那么，目前启动的概率是很大的。换句话说，暴涨到一般人难以置信的可能性将很大。具体到操作上，可以追涨，更是可以坚定持有。当然，整个市场氛围是否适合炒作这一板块也是相当重要的，如果整个市场关于这方面的实质利好消息很多，那么，不持续暴涨都很难。研究透了，有时候就是可以做到几乎无风险暴利。

既然暴涨已经可以实实在在分析出来了，那么具体暴涨到什么程度呢？什么时候才是卖出的最佳时机呢？首先，要知道主力做到什么样的价位才具有比较大的获利空间，主力筹码的成本基本上在什么价位，这是一定要弄清楚的。毕竟任何资金来到这个市场，最终的目的都是追逐利润，而且是利润的最大化。一般来说，在具体运作一个品种时，特别是龙头品种，没有翻一倍的成功炒作空间是很难吸引资金介入的。一般来说，其龙头品种至少翻倍是可以预期的，而且这往往是最低目标位。分析到这里，投资者也就明白最低拉升目标位了。具体在操作上，如果没有什么大的理由促使它不再上涨，坚定持有至少翻一倍的策略是完全可行的，特别是其在进入主升浪的时候，看到两个涨停、三个涨停甚至四个涨停的时候，别心动卖出，记住最低目标空间，到了再具体问题具体分析。

当翻了一番后，是否就要采取卖出的策略呢？答案显然也是否定的。在此，保持清醒的同时顺应趋势就可以了，在趋势没有出现明显的改变之前，不妨继续坚定持有，因为在很多情况下，翻了一倍后最终往往还要再翻番，这就叫疯狂过后还要疯狂。在市场对这一板块的热情还没有完全消退之前，主力也是完全可以顺应潮流继续做多，毕竟资金是要追求最大利润的，有机会继续上为何不上呢！当然，来到这里，心态也就显得异常关键了，虽然获取了一倍的利润，但一定要有一颗平常心，时刻保持“利润是数字”的心态，这是很有必要的。否则那种患得患失的心态，最终将很有可能在之后的震荡过程中被洗出局。

保持好一颗平常心的心态，一直持有下去，但毕竟最终肯定是要见到顶部或者说阶段性高点，那么，什么时候才需要去警惕和最终出局呢？首先，重要的顶部往往都是在投资者情绪极度疯狂的时候产生的，当哪一大成交量剧增而且涨得很疯狂的时候，那么这时候就开始要警惕了，毕竟大的成交量就已经意味着不少筹码在选择卖出，而且在疯狂涨的背景下采取如此策略，背后的意图很明显，阶段性派发获利筹码将难以避免。当然，市场毕竟是有惯性的，这时候还可以再观察一下，但已经是要高度警惕的时候了。其次，接下来继续冲高的过程中如果开始出现明显的滞涨的话，那么，这就已经意味着趋势将随时有可能改变，这时候则应该要准备减仓了，一旦出现比较剧烈的下跌的时候，特别是整个上升趋势已经被破坏的时候，那么，趁反抽或者就在下跌的过程中，毫不犹豫地派发出去，虽然目前可能离最高点已经有了10%以上的距离，但要做的依然是出局。在此，投资者一定要明白的是，不要奢望出在最高点，别想从头到尾都吃尽，吃够鱼身就已经很不错了，做人或者做股票要留有余地，留些空间给别人，否则太计较的话，最终失去的就是全部利润。做股票如做人，某种程度上就是这样的。

第四节　F10之“百家争鸣”

一、基础认识

资本市场操盘准备过程中，除了技术面研究外，不能忽视的是基本面研究。基本面的环节有很多，其中“百家争鸣”是一个可以快速找到基本面爆发题材的好地方。

要学会从“百家争鸣”中结合市场未来找到真正有价值的信息，这是一种很实用的实战能力。水平越高，把握好机会的能力也就越强。这也是作为一个操盘手提升对基本面敏锐反应的锻炼场所。

“百家争鸣”里的信息在不同的阶段要懂得辩证地看。这里的信息都是公开信息，也都是免费信息，背后或多或少都带有其机构的利益思维在里面，切不可盲目按其结论进行操作。要找到其重要的信息，然后综合市场作出自己的判断。在市场疯狂的时候，重复提及一些已经兑现或未兑现的基本面题材，你都要多一分冷静，切不可贸然依照其分析而加入做多的战场，这是兵家大忌。

在市场较为低迷的时候，那些提及的各种基本面题材，结合市场未来有可能发生的动态，才具有相当的价值，此时，这些信息是可以为我所用的。

平时要懂得搜集个股基本面的要点信息。这些要点就等于是它们的题材，在特定的市场环境下，是有可能被市场充分挖掘并进行炒作的。要明白，一只个股突然爆发，往往都是基本面状况（题材）受到市场热捧造成的，此时如果能找到一些相关联的题材个股，短期不就具有了很大的跟进价值吗？

二、操盘论道

1. 理解“大局观”

操盘一定要先有“大局观”，明白此时是否处于值得研究的区域。如图 89,大的暴跌之后，在弱势反弹后出现了相当时间的横盘震荡格局，这其实已经告诉我们，该品种的周期波动形势已经发生微妙变化，至少从持续恐怖下跌转变为横盘抵御下跌的阶段。

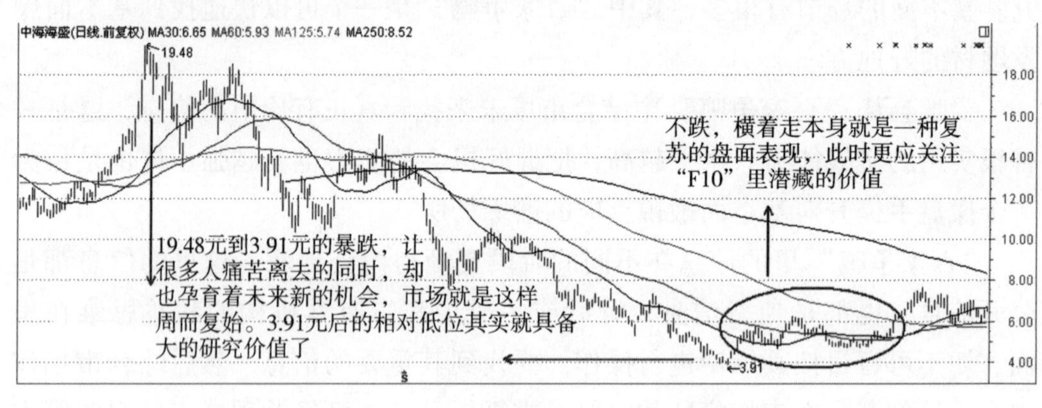

图 89

不管如何，此时的波动区域至少也是个相对低点，这里也具备运作一波行情的盘面基础，只是要看大的市场环境配合与否。

要学会从“F10”中找到需要的题材。既然是相对低点波动区域，而且也具备运作一波行情的基础，那么，从“F10”里找到未来有可能值得期待的爆发题材，不就是一件非常自然也不难的事情吗？透过其他机构的眼睛来看其未来确实存在的题材，一旦曝光、一旦市场波动达到可以炒作的时候，它至少是具备很好的群众基础，更容易获得比较好的阶段性涨幅。

2. 感受大环境

操盘要确定与大环境的关系。2008 年 11 月 7 日到 2009 年 3 月 26 日，那时的大环境正是市场演绎反弹行情的时候，尤其是踏入 2009 年后大盘那种跌不下去震荡盘升的状态，更是可以确定：一波具有相当力度的反弹行情正在演绎中。如图 90 圈起来的区域，一对比，就可以充分感觉到，在大环境开始转暖背景下，其总体走得不激进，更多的是一种稳健。如果这背后潜藏一些未来具有爆发的价值，那此时的稳健波动不就是最好的潜伏区域吗？

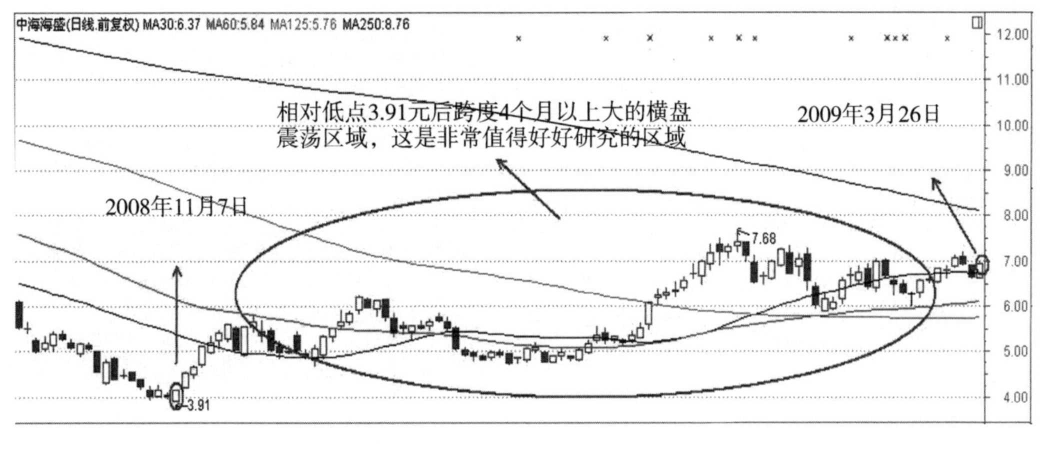

图 90

最新提示	公司概况	财务分析	股东研究	股本股改	风险因素	公司报道	行业分析
公司大事	港澳分析	经营分析	主力追踪	分红扩股	高层治理	百家争鸣	关联个股

这个栏目也有叫“分析评论”的，或其他，总之，说白了，就是各机构对该品种的研究分析吧

图 91

【2008-11-19】

周三大盘并未受到周二大跌影响，在小幅低开后震荡走高，股指再次站上2000点，市场人气逐步聚集，短线有望继续冲高，操作上不妨积极关注受利好影响的内需受益类个股，如业绩优良的潜力个股中海海盛(600896)。

中海海盛与中海发展同为中国海运集团旗下的骨干企业，大股东表示适时将内部的优质资产注入公司，支持其不断做强做大.拥有总储量达22500吨的四座散装沥青库，有亚洲规模最大，总吨位达33500吨的沥青运输船队的支持，经营实力强劲，受益于国家巨额投资路桥建设(600263)，公司经营前景看好。

值得一提的是，公司还涉足高新技术产业，公司投资2000万元参与发起创立清华紫光科技创新投资有限公司，同时涉足证券业务，实行资本运作，公司持有招商银行(600036)股份，重仓持有招商证券股份，投资成本较低，招商证券IPO08年9月8日已上会，一旦上市将为公司带来丰厚的投资收益。

二级市场上，近期该股底部持续放量，受到30日中期均线有效支撑，走出阳包阴的强势上攻形态，不妨重点关注。

【出处】平安证券【作者】

"创投"与"招商证券股权"

图 92

【2009-02-10】

今天大盘强势上涨，且指数以最高点收盘，显示了市场中做多动能充沛，明日大盘有望冲击2300点一带，但也应该看到今日尾盘中石油拉升过大，明日冲击2300点遇阻回落的概率较大。消息面上显示现在新股发行制度马上要改，而制度完善之后管理层应该会重启IPO，从而加强资本市场的投融资功能，在此预期之下，一些IPO受益品种成为热点，像今日涨停的600611大众交通就是这样，除了有前期涨幅有限的因素之外，主要可能还是与市场期望其参股的光大证券可能会很快IPO上市有关，另一方面，航运龙头601919中国远洋也连续涨停，这也与波罗的海干散货运价指数(BDI)强劲反弹支撑其行业复苏有关。按此思路出发，投资者可适当关注一些受益于IPO重启且涨幅偏小的个股，特别是其主营业务还有利好支撑的品种。

例如我们认为600896中海海盛就是这样的个股。公司为中国海运集团旗下的骨干企业，是海南省规模最大的航运企业，整体经营实力强劲，市场上近期波罗的海干散货运价指数(BDI)的强劲反弹说明了航运业前期需求严重萎缩、供给大量增加导致的悲观情绪得到了缓解，市场出现好转，行业的复苏也给公司的经营发展带来了较强的支撑。另一方面，公司还持有大量的招商证券股权，而招商证券A股IPO申请之前也已通过证监会审核通过，成为了近5年来继光大证券之后第二家成功通过IPO发审委审核的证券公司，后市一旦招商证券IPO启动，公司有望成为市场热点。此外，公司拥有清华紫光科技创投公司股权，随着创业板渐行渐近，公司有望进入创投收获期。

这样一支受益行业复苏且受益于券商IPO重启和创业板推出的个股，近期涨幅较小，后市应有较大的补涨空间，投资者逢低可少量关注。

【出处】浙商证券【作者】

两大题材依然醒目

图 93

【2009-02-17】

由于市场获利回吐压力过大，短期市场将出现调整，操作上，建议投资者关注一些总体涨幅不大，但其具备一定题材尚未被充分挖掘，后市在震荡中有望被投资者所关注，补涨机会比较大。重点可关注，中海海盛(600896)，公司为中国海运集团旗下的骨干企业，整体经营实力强，而且该股具备众多题材，想象空间巨大。

扩张能力强，前景良好

公司是海南省规模最大的航运企业，与中海发展同为中国海运集团旗下的骨干企业，拥有总储量达22500吨的四座散装沥青库，有亚洲规模最大、总吨位达33500吨的沥青运输船队的支持，经营实力强，去年公司股东大会同意中国船舶工业集团公司、广州中船黄埔造船有限公司建造六艘33000载重吨散货船，所建船舶在投入使用后将更新及增加公司经营海南运输市场的散货运力，满足海南运输市场未来对散货运力的需求，提高公司在散货运输上的持续经营能力，发展前景良好。

题材众多，想象空间巨大

公司还持有大量的招商证券股权，而招商证券A股IPO申请之前也已通过证监会审核通过，成为了近5年来继光大证券之后第二家成功通过IPO发审委审核的证券公司，后市一旦招商证券IPO启动，公司有望成为市场热点。此外，公司投资2000万元(占8%的股权)参与发起创立清华紫光科技创新投资有限公司，并且参股设立中国海运财务公司，在全球金融危机影响下，有利于公司拓展融资渠道，强化资金集中管理，降低和规避资金风险，提升财务与资金管理水平。

招商证券股权与创投题材继续"发光"

顺势回调，仍有上涨空间

二级市场上，公司股价近期延5日线持续上涨，昨日受到市场调整压力该股顺势回调，技术上该股均线系统具备较强支撑力度，由于该股还具备创投概念，后市一旦调整到位后有望继续受到投资者青睐，可积极关注。

【出处】杭州新希望【作者】

图 94

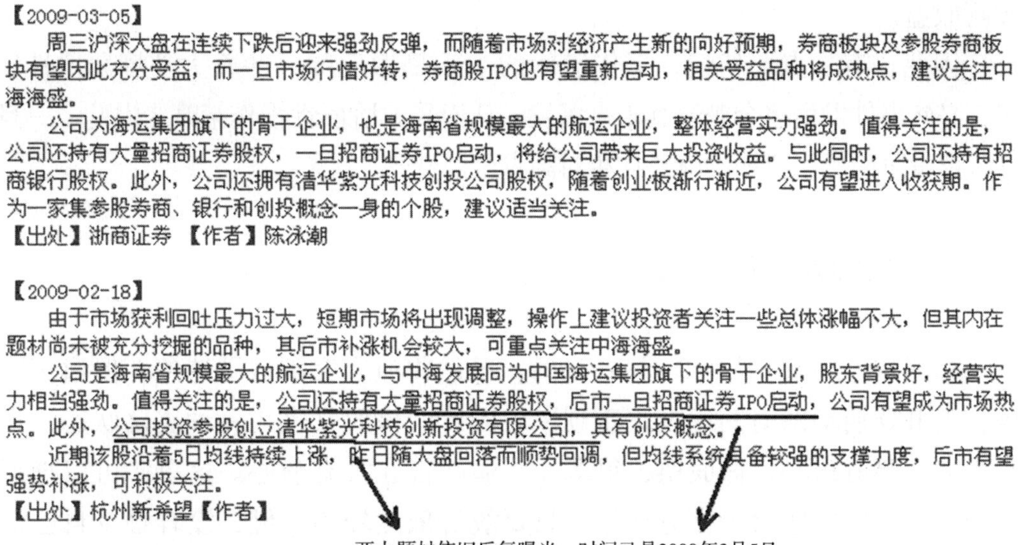

【2009-03-05】

周三沪深大盘在连续下跌后迎来强劲反弹，而随着市场对经济产生新的向好预期，券商板块及参股券商板块有望因此充分受益，而一旦市场行情好转，券商股IPO也有望重新启动，相关受益品种将成热点，建议关注中海海盛。

公司为海运集团旗下的骨干企业，也是海南省规模最大的航运企业，整体经营实力强劲。值得关注的是，公司还持有大量招商证券股权，一旦招商证券IPO启动，将给公司带来巨大投资收益。与此同时，公司还持有招商银行股权。此外，公司还拥有清华紫光科技创投公司股权，随着创业板渐行渐近，公司有望进入收获期。作为一家集参股券商、银行和创投概念一身的个股，建议适当关注。

【出处】浙商证券 【作者】陈泳潮

【2009-02-18】

由于市场获利回吐压力过大，短期市场将出现调整，操作上建议投资者关注一些总体涨幅不大，但其内在题材尚未被充分挖掘的品种，其后市补涨机会较大，可重点关注中海海盛。

公司是海南省规模最大的航运企业，与中海发展同为中国海运集团旗下的骨干企业，股东背景好，经营实力相当强劲。值得关注的是，公司还持有大量招商证券股权，后市一旦招商证券IPO启动，公司有望成为市场热点。此外，公司投资参股创立清华紫光科技创新投资有限公司，具有创投概念。

近期该股沿着5日均线持续上涨，昨日随大盘回落而顺势回调，但均线系统具备较强的支撑力度，后市有望强势补涨，可积极关注。

【出处】杭州新希望【作者】

两大题材依旧反复曝光，时间已是2009年3月5日

图 95

3. 如何理解题材

（1）学会从各种题材中找到价值。

上述截图（图 91 ~ 图 95）就是从“F10”里获取的，题材已经标出，那就是“招商证券的股权”与“创投”这两点。为何选择这两者，此时要结合当时的市场状况，那就是市场已经很久没有 IPO 了，而且创业板要在 2009 年推出。随着反弹的不断深入，有一件事情，或者说两件事情是必然会发生的，那就是 IPO 的重启与创业板的推出。

这两个必然事件都是发行新股，而上述两大题材正好是迎合了这样的一种思路，都会给该上市公司带来积极意义，尤其是“招商证券的股权”可能会更具震撼色彩，毕竟“创投”的投入资金并不算多。

不管如何，这两大题材，在市场未来不断演绎的过程中，势必是会被充分挖掘的。只要大环境没有急剧改变，这只潜伏在相对低位的个股随着时间的推移，最终获胜的概率极大。

（2）清晰认识交易价值。

题材终归是题材，并不意味着经营上的极大改进，因此，你一开始就要有清晰的认识，那就是这纯粹就是冲着“交易的价值”而来的，并非真正意义上“本身的价值”。“本身的价值”最终还是要落实到其主营业务带来的

实际收益。

因此，有一点要切记，运作潜伏的本质是做反弹，冲着大环境阶段性转暖，必然事件发生将会刺激其未来爆发，从而采取阶段性操作策略。因此，一旦进入爆发阶段后，要做的就是在相对高点全部套现。

4. 坚定持有与不可恋战

如图 96，在 2009 年 3 月 26 日后，虽然貌似有突破启动迹象，但由于市场真正 IPO 启动的时间还没真正到来，因此，该股又进入一种震荡状态。那时，务必要有耐心，做股票，很多人，输就输在没有耐心。这里，可以把握一个原则，只要题材未充分炒作，只要股价依然较为稳健，没有触及自己的低线，那么，就坚定持有之，耐心等到真正爆发的日子。

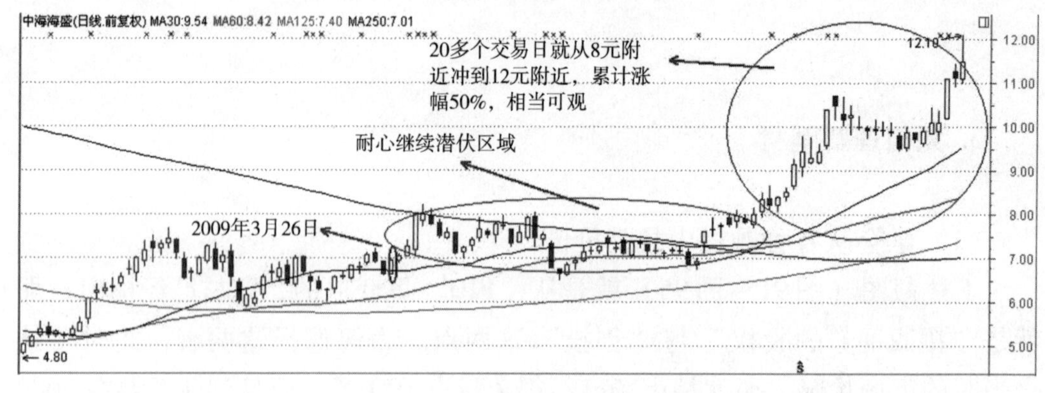

图 96

要明白，一旦爆发，随时都可能超过巴菲特年平均 30% 左右的收益，这个诱惑怎么不值得耐心等待？只是，很多人太贪心，总想赚到更多的收益，到了最后，可能什么也没得到，一场空。成熟的操盘手，一旦选择后，专一是其重要特征，因为他清楚，什么才是自己最熟悉、最能把握的机会。

大环境转暖背景下，必然事件的逐步临近必然会促使相关题材的躁动，从而带来爆发走势。图 96 圈中部分就是这样的一个经典诠释。那时，已经进入 2009 年的 6 月初，市场已经确定 IPO 的开闸，新股也陆续推出，市场随之憧憬招商证券的发行，从而带来一波较为凶悍的上攻走势。

此时，市场的波动已经进入疯狂状态，这个时候切记，不可过于恋战，务必设好止盈，题材终归题材，爆发过后难免会重归平静。

三、温故知新

回顾整个阶段性过程，好好回味，温故知新，举一反三，最终融会贯通。图 97 是整个阶段性运作过程的全景图，时间跨度也就是 2008 年 11 月 7 日到 2009 年 7 月 11 日，历时大概 9 个月，但你可以发现，最低到最高的绝对涨幅是超过 200% 的。作为大资金来说，选择在图 97 大的圈中区域耐心进行潜伏策略，200% 的收益不敢说，但 100% 的收益却是完全可能的。

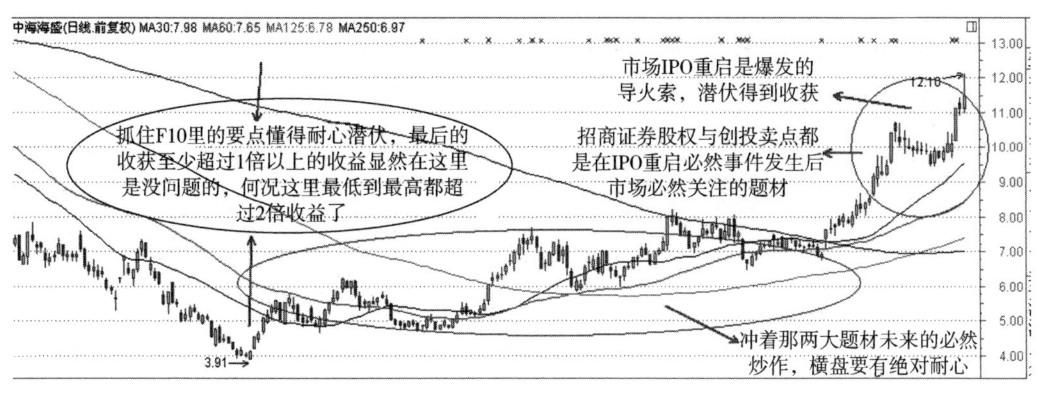

图 97

对于流通盘达到近 6 个亿的中海海盛，别说几个亿，就是十几个亿的大资金潜伏进去，都不是太大问题。当然，考虑到具体操盘过程中，筹码太过集中不利于流通这一点，至少大资金分配几个亿进去是比较合理的一种配置方式。

“耐心潜伏”是整个运作过程中最大的特点。从图 97 你可以发现，真正激进爆发的过程也就是进入 6 月后的那个阶段，其余大部分时间都是处于一种不温不火，但重心却不断悄然上移的一种波动状态。

对于那些激进、没有太多耐心的操盘者而言，前期的潜伏阶段可以说就是一个充分洗盘的过程，让大部分受不了的人都彻底出局，让那些具有耐心的操盘者取而代之，直到最后爆发一波行情。那时，激进、没有太多耐心的投资者可能回来了，具有耐心的则可能趁机获利出局。谁是最后的赢家，至少在这全景图的过程中，我们应很清楚才是。

四、课后习题

（1）按照上面的思路看能否找出至少三个类似品种。

（2）为何“百家争鸣”中会有那么多人重复推荐该题材？

（3）对于操作题材股时，心态上应注意哪些？

（4）试问自己在以往的操作中，“耐心潜伏”有过多长时间？结局如何？

（5）大环境在具体实战操盘过程中，起到什么样的作用？

第五节　F10之“公司概况”与“经营分析”

一、基础认识

（1）交易别盲目，基本情况就从“公司概况”与“经营分析”里去寻找。

面对一家上市公司，如果你在交易前，连其最基本的情况，如经营什么、在什么地方等都不清楚，不是盲目是什么？很多人喜欢忽略最基本的情况，更喜欢去研究其形态等因素，这就好比一个人连马步都站不稳，就要去研究“九阳神功”一样，无基础、无根基的研究最终只会让人变得更盲目、更投机。

因此，面对一家上市公司，准备交易前，请记得跟自己说“该公司基本情况是什么要先搞清楚。”。在F10里，“公司概况”与“经营分析”就是让你了解一家上市公司基本情况的地方。

（2）别小看基本情况，炒作过程中，价值会很突出。

有些人喜欢忽略基本情况，也有些人虽然不忽略基本情况，却对基本情况看不上眼，总觉得这里的信息无关痛痒，没有太多价值。其实这是非常错误的，尤其是在操盘进入深化阶段，市场热点非常热闹的状况下，这里的价值将变得非常突出。为何？道理很简单，在炒作过程中，当区域板块火爆的时候，你是不是要从这里去探寻相关信息呢？当参股题材火爆的时候，你是否要从这里去研究相关机会呢？当行业板块火爆的时候，你是否要从这里去探寻经营中是否有关联机会呢？其实，这些都有用得到这里的地方，就看你懂不懂得去利用与把握。

（3）功夫更多需要平时积累，基本资料是不要用的时候也需要去看、去研究的。

这里的内容，平时就应该经常去翻阅，就好像在练基本功一样，翻阅越多印象越深，一到关键时刻，你的反应也就越快，把握机会也就越容易。要知道，一旦相关行情爆发，有时候就要看你平时的积累够不够了。你不能够临时去抱佛脚逐一寻找，那样虽然有时候也能把握不错，但终归不踏实，更应该在平时就多多研究，多点心眼。尤其是自己熟悉的领域，更应如此。

只有平时充分积累，到关键时刻，才能发挥奇效。切记，基本情况，不是要用时才去看，而是平时也需要去看、去研究。

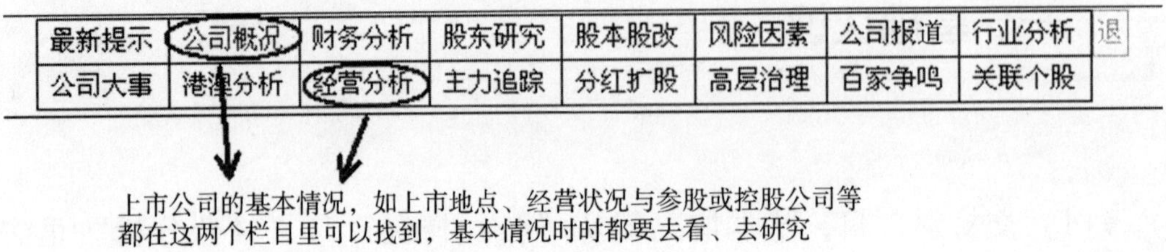

最新提示	公司概况	财务分析	股东研究	股本股改	风险因素	公司报道	行业分析	退
公司大事	港澳分析	经营分析	主力追踪	分红扩股	高层治理	百家争鸣	关联个股	

上市公司的基本情况，如上市地点、经营状况与参股或控股公司等
都在这两个栏目里可以找到，基本情况时时都要去看、去研究

图98

二、操盘论道

1. 学会有所侧重以及把握关联企业战机

（1）可以有所侧重，部分细节必须要好好关注与研究。

面对“公司概况”，没有必要面面俱到式的阅读，可以有所侧重，有些细节是必须要好好关注与研究的。如图99，圈中部分其实都是需要关注的细节，对这些的了解有利于形成对该公司基本情况的轮廓。

比如，注册地点跟办公地点，就让你清晰认识到该公司身处海南，公司发展过程中大的机会必然是跟海南紧密相连。海南板块一旦爆发，其二级市场必然会有所动作。

再比如，“经营范围”与“主营业务”这里，“主营业务”是重点。从图99的信息很容易就明白其水上运输的煤炭、矿石或化学品等都是相对比较大宗的商品，也是跟电力钢铁煤炭等行业紧密相连的。这些特种运输品的运输，显然是带有一定垄断性，经营业绩是相对比较稳定的，主要围绕海南进出运输展开，是属于区域性运输。所以当一些大宗商品异常火爆，当海南发展出现巨大机会的时候，这种区域性运输，能不极大受益吗？可以说，中海海盛具备了很好的长期跟踪研究价值。

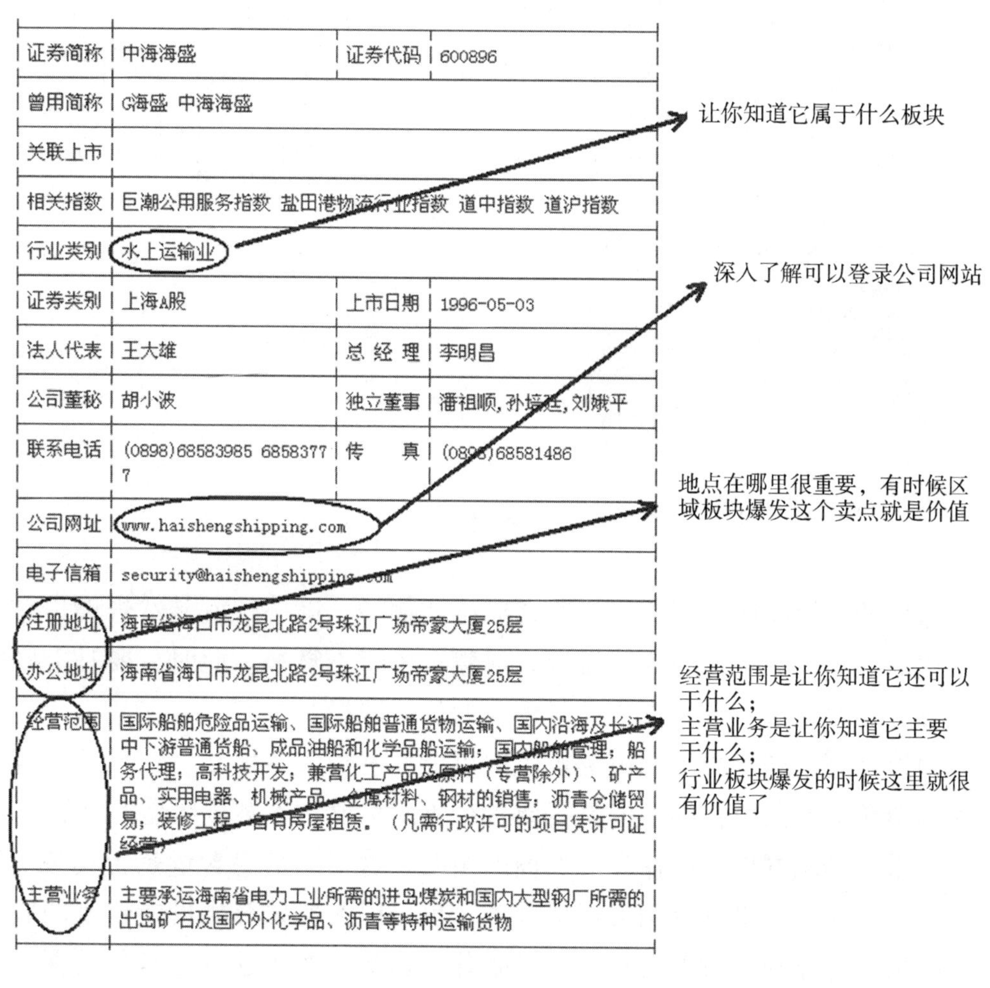

证券简称	中海海盛	证券代码	600896
曾用简称	G海盛 中海海盛		
关联上市			
相关指数	巨潮公用服务指数 盐田港物流行业指数 道中指数 道沪指数		
行业类别	水上运输业		
证券类别	上海A股	上市日期	1996-05-03
法人代表	王大雄	总 经 理	李明昌
公司董秘	胡小波	独立董事	潘祖顺,孙培廷,刘娥平
联系电话	(0898)68583985 68583777	传 真	(0898)68581486
公司网址	www.haishengshipping.com		
电子信箱	security@haishengshipping.com		
注册地址	海南省海口市龙昆北路2号珠江广场帝豪大厦25层		
办公地址	海南省海口市龙昆北路2号珠江广场帝豪大厦25层		
经营范围	国际船舶危险品运输、国际船舶普通货物运输、国内沿海及长江中下游普通货船、成品油船和化学品船运输；国内船舶管理；船务代理；高科技开发；兼营化工产品及原料（专营除外）、矿产品、实用电器、机械产品、金属材料、钢材的销售；沥青仓储贸易；装修工程、自有房屋租赁。（凡需行政许可的项目凭许可证经营）		
主营业务	主要承运海南省电力工业所需的进岛煤炭和国内大型钢厂所需的出岛矿石及国内外化学品、沥青等特种运输货物		

图 99

如果对该公司的一些细节情况了解不是特别充分，还可以从这里找到它公司的网站，登录进去，从而寻找更多信息。

（2）“关联企业”蕴涵未来战机，需要好好充分去挖掘，尤其是关联企业较为复杂时更是如此。

如图 100，这里是重点，尤其是对于面对一些公司关联企业比较复杂的状况，更是有可能暗含未来战机。在这里，需要逐一观察，尤其是发现跟该公司主业不一致的关联企业，就要注意了，这到底是怎么回事，了解其实质，很可能一些信号就蕴藏其中。

【3.关联企业】

关联方名称	关联关系	所占权益(万元)	比例(%)	是否控制
招商证券股份有限公司	参股公司	8257.25	2.15	否
中国海运(集团)总公司	控股股东	15980.25	27.49	是
海南中海海盛海连船务有限公司	控股子公司	-	51.00	是
深圳市中海海盛沥青有限公司	控股子公司	-	60.00	是
深圳市三鼎油运贸易有限公司	控股子公司	-	43.00	是
Jin Hai Yang Shipping Co.Ltd	控股子公司	-	100.00	是
中海(海南)海盛贸易有限公司	控股子公司	-	95.00	是
Jin Hai Tong Shipping Co.Ltd	控股子公司	-	100.00	是
中海海盛香港船务有限公司	控股子公司	-	100.00	是
上海金海船务贸易有限公司	控股子公司	-	100.00	是
广州振华船务有限公司	控股子公司	-	80.00	是
Jin Hai Hu Shipping Co.Ltd	控股子公司	-	100.00	是
Jin Hai Wan Shipping Co.Ltd	控股子公司	-	100.00	是
中石化中海船舶燃料供应有限公司	同一控股股东	-	-	否
中海国际船舶管理有限公司	同一控股股东	-	-	否
上海海运(集团)公司	同一控股股东	-	-	否
广州海运(集团)有限公司	同一控股股东	-	-	否
中海电信有限公司	同一控股股东	-	-	否
中海船务代理有限公司	同一控股股东	-	-	否
中海发展股份有限公司	同一控股股东	-	-	否
中海工业有限公司	同一控股股东	-	-	否
中海集团国际贸易有限公司	同一控股股东	-	-	否

参股招商证券，这个信息就是告诉你它有参股券商题材，作为航运股，多了个这样的题材，在适当的时候，具有非常大的操作价值。

平时多积累，多从关联企业中去找有价值的信息，做到心中有数，一旦相关题 材行情爆发，你就能够及时快速参与进去。那时候，时间就是金钱，谁手快谁就赚更多。

图 100

这里的中海海盛，就是一个非常典型的例子，第一行就赫然告诉你它参股了招商证券。近亿元的原始投资，显然，手笔不算小。此时，要马上联想到这部分股权未来一旦上市流通所带来的价值回报。

通过计算，结合当下的市场定位，可能非常惊人。那么，这是否就成了隐藏的金矿呢？其内在的价值是否要进行重新估值？答案显然是肯定的。

如果市场刚好出现炒作参股券商的苗头，这里的信息含量是否具备实战价值呢？同时，如果一旦相关行情爆发，也可以大概估算出可能带来的股权投资回报，平摊到每股上会对业绩带来什么影响。按照这种思维如此深入思考下去，就很容易知道，一旦爆发行情，其较为合理的炒作价格是多少，我们也会更敢于杀进与持有。显然，一切就从这里的具体数据开始。

因此，作为操盘手，在战斗前对这个区域做好充分研究，这属于基本功。

2. 理解“主营业务”以及“年报、半年报”

(1)“经营分析”的重点是“主营业务”与“年报、半年报等内容摘要”。图 101 与图 102 都是涉及“经营分析”内容的，一个是主营业务，一个是年报、半年报等内容摘要。这两者都有其独特价值，作为操盘手，这里的内容需要好好详细琢磨，以便对该企业形成较为深入本质的认识。

【2008年度概况】

项目名称	营业收入(万元)	营业利润(万元)	毛利率(%)	占主营业务收入比例(%)
运输收入(行业)	92323.56	31602.82	34.23	78.77
贸易收入(行业)	24241.48	2266.70	9.35	20.68
海南(地区)	83947.50	-	-	71.63
广东(地区)	19915.76	-	-	16.99
上海(地区)	591.39	-	-	0.50
境外(地区)	13828.27	-	-	11.80
内部抵减(地区)	-1222.09	-	-	-1.04
合计(地区)	117060.83		-	99.88

毛利的高低让你清楚其经营是否具有足够利润空间

是哪部分收入占主营业务收入比例高，可以让你更清楚其经营的实质是什么

这里告诉你它所在的市场区域。图中显示公司海南为主“战场”，也就是说海南好它就好，海南板块一旦爆发，这只股票机会很多

图 101

下面内容节选自某公司年报，类似报表平时务必要多阅读。“书中自有黄金屋”，里面会比较具体让你去感知这上市公司的状况，对于以后战机的把握是极其价值的

【2008年年报】

（一）管理层讨论与分析

一）报告期内公司经营情况的回顾

1、报告期内整体经营情况的讨论与分析

（1）报告期内整体经营情况概述

2008年，美国次贷危机迅速演变为全球性金融危机，经济运行由热趋冷甚至衰退，并快速传导至航运业，导致运输需求大幅下滑，运价大幅下降。面对航运市场的剧烈变化，公司董事会领导经营班子坚持“安全第一、优化管理、优质服务、科学发展”的工作方针，规范管理，稳健经营，落实各项工作措施，确保营运生产正常，安全形势稳定。公司采取多种措施，积极组织货源，提高运输效率，狠抓成本控制，努力降低因航运市场剧烈变化和燃油价格剧烈波动带来的不利影响。受2008年前三个季度散货运输价格和油价同比大幅上升的影响，公司全年营业收入比去年同期增长22.18%，营业成本比去年同期增长 27.22%。随着金融危机在第四季度对实体经济不利影响的集中体现，散货运输需求大幅下滑，运价大幅下降，公司第四季度主营业务利润也大幅下降，同时受“剑池”轮、“永池”轮、“大庆244轮”三艘改造船大额计提资产减值准备、“定安海”轮和“万泉海”轮两艘沥青船处置损失及投资收益下降的影响，公司净利润比去年同期下降48.55%。报告期内，公司完成货运量644万吨，货运周转量91亿吨海里，实现营业收入117200万元，营业利润20560万元，净利润13582万元。

（2）报告期内公司营业收入、营业利润、净利润的同比变动情况分析

单位:元 币种:人民币

项目	2008年	上年同期	增减（%）
营业收入	1 171 998 116.60	959 263 657.03	22.18
营业利润	205 596 302.32	313 254 146.55	-34.37
净利润	135 821 344.02	263 990 549.07	-48.55

①营业收入比上年同期增长主要是因为公司报告期内增加了三艘改造船投入营运和运价上涨导致运输收入增长；贸易收入也比上期有一定的增长。

②营业利润比上年同期下降主要是因为公司报告期内计提三艘改造船资产减值准备，资产减值损失大幅增加；由于报告期无新股申购产生的投资收益，且受招商证券股份有限公司分红减少的影响，公司投资收益下降。

③净利润比上年同期下降主要是因为报告期内营业利润下降及公司处置“万泉海”轮、“定安海”轮产生1757万元营业外支出。

（3）报告期利润构成或利润来源与上年度相比发生重大变化的原因分析

①由于报告期内主营业务收入与主营业务成本都有所增长，且主营业务收入的增长额大于主营业务成本的增长额，公司报告期主营业务利润比上年同期增长12%。

②由于报告期无新股申购产生的投资收益，且受招商证券股份有限公司分红减少的影响，公司报告期投资收益比去年同期下降31%。

③由于报告期内计提三艘改造船资产减值准备，公司报告期资产减值损失比上年同期增长27060.65%。

④由于处置的“万泉海”轮、“定安海”轮产生1757万元营业外支出，且上年同期处置报废的“兴安岭”轮获得3274万元营业外收入，公司报告期营业外收支净额比上年同期减少5196万元。

图 102

（2）主营业务中要抓住三个要点深入研究。

主营业务告诉我们的信息其实不复杂，抓住三个要点：第一是“毛利率有多高”；第二是“哪个收入占据主营地位”；第三是“主战场在哪里”。

“毛利率有多高”，透过它的高低我们可知晓其经营领域的竞争情况，以及是否具有核心技术。毛利高往往就意味着竞争不够充分或者本身具有核心技术，这样的企业未来只要能够保持好市场优势并不断发展，空间是比较稳定与值得期待的。如果过低往往意味着竞争过于充分或者本身不掌握核心技术。这样的企业，未来会面临较大困难，如果没有新突破，需要警惕。

“哪个收入占据主营地位”，透过这里，可以清晰知道公司到底是做什么的，是多元化发展还是单元化发展，它到底主要靠什么来支撑自己。这很重要，有些企业，经营很乱，不专一，题材看上去挺多，但你要抓住其最重要的，那才是最本质的，其余都是补充。

“主战场在哪里”，这里包括两点，一是经营的主要范围，二是产品的主要销售范围。经营的主要范围其实就是主营，这里不再赘述，从很多渠道可以知晓；产品的主要销售范围是重点。

要知道，市场决定一个企业未来的空间，如果它目前在地方市场做得很好，这样的企业未来空间是比较大的，因为还有全国市场甚至世界市场。

相反，如果一个企业本身的市场就已经是全国甚至全世界，那我们就要看它这些市场里哪些是最重要的，看看这些市场销售还有多大的增长空间；然后排除这些市场，去看看哪些是还有潜力的分块市场，结合起来，看看它未来的空间还有多大。

总之，要把握一个思路：做得好的市场看看还有没有空间，没开始做的市场或做得一般的市场看看还有没有大的潜力，保持这两个原则去挖掘信息，就会找到其中的价值。

（3）“年报、半年报等内容摘要”是基本功环节最关键的部分，只有多付出，才能多收获。

“年报、半年报等内容摘要”，这是绝对不容忽视的研究阵地，这个栏目文字内容可能是最多，但需要有耐心，通篇看完它。这还仅仅是摘要，如果觉得有必要，可以去上证所或深交所网站下载下来好好研究。

当然，不是逐字阅读，而是用自己的“火眼金睛”去发现真正有价值的信息，未来的动向以及蕴涵的各种题材等，都可以从其中挖掘出来。

可以这样说，懂得阅读年报、半年报的操盘手，才是一个真正合格的操盘手，这里是基本功环节里最关键的部分。

有句话叫做“养兵千日，用兵一时”，这里可以稍微改动引用过来，那就是“阅读千日，用在一时”。

有句话叫做“书到用时方恨少”，如果不在平时多点阅读与积累，以后在具体操盘过程中，往往会感受到类似“书到用时方恨少”的感触。

要知道，为何市场有人能够赢呢，除了运气等因素，最关键的是他比那些输的人至少多付出了一分耕耘与努力。

市场上有些人看起来赢得挺简单，但在简单背后，其实是要付出相当的劳动与思考的。作为操盘手，必须切记，只有多付出，才能多收获。

3. 涨停的背后原因

（1）要吃到涨停，排除技术等因素外必须要清楚两点。

图 103 是具体实战操盘过程中这个大环节的运用案例，事件发生在 2009 年 7 月 8 日中海海盛身上，为何涨停，就是因为其参股招商证券这一题材刚好被市场炒作。

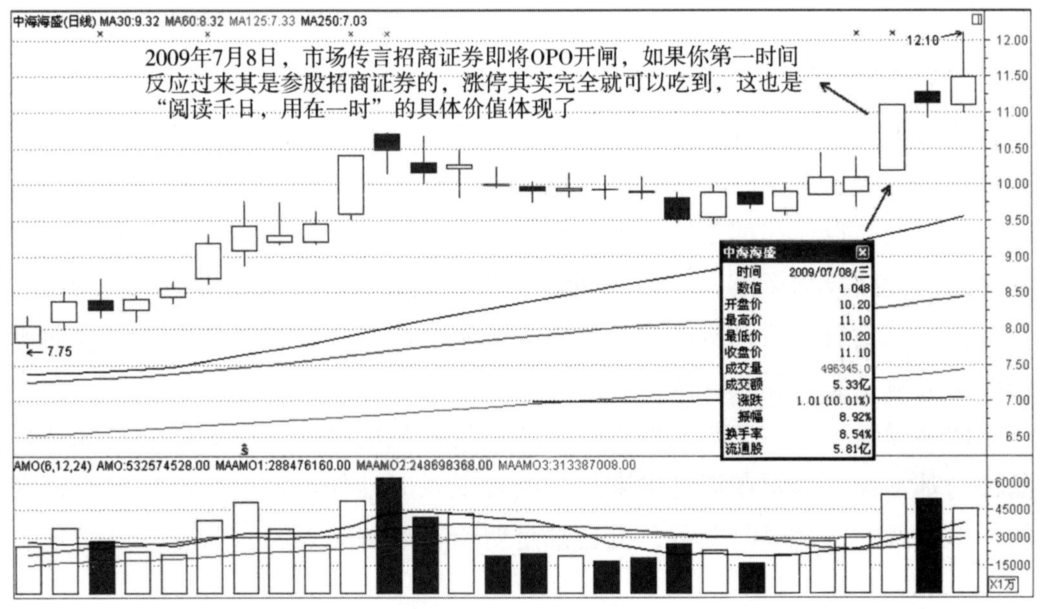

图 103

这个涨停能否吃到，排除技术等因素，必须要清楚两点：

一是参股券商题材自己早已心中有数。否则，就算市场在传其可能参股招商证券，你也分辨不出真假，会犹豫，而一犹豫就很可能失去战机；就算你不犹豫，觉得是真的，你也不是特别清楚具体状况，到底参股到什么程度，能否涨停等，这些都会让自己迟疑，一迟疑机会也就给其他人了。所以，平时要多积累，心中有数，一旦火候到了，你自然就敢于出击了。

二是对中海海盛的基本状况要有一定的了解。否则，就算市场传言炒作开始，一结合大的形态，你肯定会担心这是否是主力要趁机套现等，因为你不知道它本身的情况，现在它是否高估，如果是高估很多，这样的题材，还能让它封死涨停吗？还会有很大空间吗？你会有很多的疑问。一旦你的疑问一多，行动就必然迟钝，最终机会就错失，变成欣赏了。但是，如果你对其基本状况本身已经有所了解，比如你已经在平时阅读过其年报等信息，你知道它本身业务其实就很不错，所在区域未来也将带给它很多机会等。你提前知道了这些，至少在行动上就会果断很多。这就是为何平时要养成“阅读千日”的习惯，才能最终“用在一时”，抓到至少一个涨停就是你过去付出带来的回报。

（2）机会总是留给有准备的人。

任何涨停的背后，总是有这样或那样的原因。要提前洞察资金的流向，就必须对选择品种本身有较为清晰的认识。靠技术层面去把握一些涨停机会，这是一个方法，但纯粹的技术面在具体实战过程中，往往都会遇到这样或那样的瓶颈，更多的是结合消息面、基本面等因素。

爆发的时点往往都是结合消息等因素推动所致，资金的短期流向更多是受到人的情绪波动影响，一旦市场投资者的情绪导向向着预期中的方向走，资金自然就会流向消息所属的品种中去。中海海盛在传言招商证券 IPO 时涨停的走势就是非常经典的例子。

作为操盘手，不仅要懂得随时留意市场消息的变化，更要提前熟知选择品种的基本面，以便在消息出来后，能够最及时地作出反应。不打没有把握的仗，强调的就是提前准备，机会都是留给有准备的人。

三、温故知新

（1）基本功夫在于平时的积累，基本情况从“公司概况”与“经营分析”中去寻找，别小看它，“阅读千日，用在一时”，一旦用上，价值足矣，平时就要多看、多研究。不必面面俱到，要有所侧重，把握住最有价值的信息，部分细节必须好好研究。

（2）在“公司概况”中，关联企业这一小环节价值突出，很多题材都出自于此，尤其是关联企业众多的上市公司，更是要特别留意其与主营业务关系不大的关联企业，题材往往就蕴涵其中。

（3）在“经营分析”中，小环节“主营业务”要抓住三个要点进行研究，分别是“毛利率有多高”、“哪个收入占据主营地位”以及“主战场在哪里”。

（4）在“经营分析”中，小环节“年报、半年报摘要”可以说是最重要的基本功，需要平时多阅读、多研究，别到最后发出“书到用时方恨少”的感叹。

（5）本部分案例中吃到涨停，排除技术等因素，要注意两点：一是参股券商题材自己早已心中有数。二是对中海海盛的基本状况要有一定的了解。涨停机会是留给有准备的人的。

（6）术业有专攻，人的精力毕竟有限，两市那么多上市公司，要对每一家上市公司的基本情况都了如指掌，不是不可能，而是没有太大必要，主要把握住自己熟悉领域内的上市公司即可。市场机会有很多，把握住属于自己的才是真，这样才会更踏实。所以，平时的积累重在自己熟悉的领域，至于非熟悉领域也不是说一点都不用了解，可以知道，但没必要深入，把更多的时间与精力花在自己熟悉的领域。一旦机会来临，能把握到的概率才会更大，同时也才能真正把握到大机会。切记，研究最忌“点到为止”，务必要“入木三分”，方能“成竹在胸”。

四、课后习题

(1)试着找出在“关联企业”这个环节中具有比较大含金量的上市公司5家?

(2)看能否找出“毛利率”在50%以上的上市公司5家,对比一下,看看有什么特点。

(3)为什么年报、半年报的内容如此重要?讲出至少3个理由。

(4)平时应该怎样去积累这些基本功,要注意些什么?

(5)看能否找类似中海海盛因消息面刺激带来涨停的个股5只,对比一下,看有什么共性与区别?

(6)学习完本节后,最大的收获是什么,针对自己以往的操作上有什么要改进的吗?

五、市场随笔

1. 从心理波动谈如何成为大赢家

市场波动是由参与市场所有人的情绪波动影响而产生的,因此,从根本上说,研究市场的波动就是研究参与大众的情绪波动,或者叫心理波动。一买一卖都在人的意识指导之下完成,不论你是机构大户或者是一般散户,无不例外。那么,影响人的意识、影响人的心理波动的因素是什么呢?

因素有很多,也比较复杂,比如,一些影响市场的政策,甚至也可能是一些影响人情绪的事情,生活中会遇到很多不同的事情,比如家里失窃了,又比如中大奖了,这些看似跟市场无关的事情,由于其会影响到一些参与者的情绪,因此,最终也会间接影响到整个市场。或许那是微不足道的,但在特殊的条件下，那种微不足道，往往可以最终影响到整个市场，这就是蝴蝶理论——在南美洲一只蝴蝶的煽动，最终可以引发印度洋上的飓风。这个市场有时候就可能发生如此奇妙的事情，就比如日本的乌龙指事件，一个不小心的错误下单，就直接引发了整个市场的大跳水。

一旦人的情绪受到影响，而且这种情绪引发的动作在市场有一定人群基础的时候，就很容易引发羊群效应。举一个例子，当有一部分人开始看空做空时，另一部分人看到了，还没明白为什么，反正看到有人这样做了，那也就不管三七二十一，也跟着那样做，慢慢地，人群就越来越多，越来越大，最后演变成市场的绝大多数人的盲目跟随动作。羊群效应的事例是举不胜举的，而这也往往是散户的致命弱点，因此，有时候主力资金利用这一弱点来给散户派发筹码或吸纳筹码。

研究市场，研究的就是人的心理波动，从某个角度看，市场波动何尝不就是人的情绪波动的一种真实反映呢！所谓波浪理论，人的情绪不也如波浪一样，有起也有落，起起落落，幅度不一，有大起也有大落，虽然看似复杂，但也似乎有一定的规律可循，只不过要看透这规律是要付出努力的，不是一言半语可道出的，更不是随随便便就可以看清的。这正如人的情绪波动，有时候有点深不可测。

复杂的一面固然有，但简单的一面却是不可忘却，正所谓复杂的背后隐藏着简单，而简单的背后也同样蕴涵着复杂。有些东西看起来很复杂，就如波浪理论，就如人的内心情绪波动，但有时候跳出来看，站高一点，别想得太复杂，平静地去看，其实也没那么复杂了，不就是起落嘛，不是起，就是落，两个结果，看中了起就买起，看中了落则买落，并不复杂，确实是很简单，只不过想复杂罢了。

面对这个市场，不论简单也好，复杂也好，都是必须要去面对的，也只有明白了简单，更清楚了复杂，在这个市场里，成为最后的大赢家才会变得顺理成章，才会赢得明明白白、舒舒服服。

2. 认识到风险后再去谈机会

只有充分认识到风险后，再去谈机会，这样才能尽可能让风险最小化。我并非刻意放大或夸大市场的风险。虽然在具体操作过程中，尤其是达到了相当层次的时候，市场的风险可以变得相对有限，但在通向个境界前进的过程中，如果没有对风险的充分认识，那么，我认为最终都将不是一个完善的分析系统。

不过我也很清楚，就算如何强调风险性，最终也依然还是会有相当的人无视风险，陷入“盲目的从众”之中，最终成为市场的输家。这其实很好理解，毕竟每个人都有其独特的思想，面对一件事情的时候，不可能都要求达成一致的正确观点，肯定存在着一定数量的不正确观念，这是无法避免的。就算在看了我文章后的投资者，对具体内容的理解，我想也是仁者见仁、智者见智，不可能都是一种体会。为何有时候在市场中成功需要一定的天赋呢，我想也正是如此吧。这并非是学会如何技术分析就可以成为赢家的市场，这更多的是一门讲究艺术的市场，能够成为真正的最大赢家，就看你对这市场艺术的理解与把握能力了。

我是从一开始的什么都不懂，到现在能够看透一些本质的东西，虽然不敢说自己有多么多么厉害，但至少有一点是可以肯定的，现在的我，面对市场，显得很从容也很平静，对成为市场的大赢家有一种淡定的自信。我也深知自己的不少东西，肯定能给大部分投资者带来不小价值，对这个市场的理解与把握，我确实是达到了相当的层次，否则也就不会有今天的我了，对这点，我感到自豪与欣喜。

第六节　F10之“行业分析”与“公司大事”

一、基础认识

（1）理解“行业分析”与“公司大事”，必须“点面结合”去剖析上市公司。

“行业分析”里体现的是上市公司在其行业的地位以及状况（这里仅是针对所有的该行业上市公司），进行纵向与横向对比，从而对上市公司在该行业的现实情况有着更为清晰的认识。

“公司大事”体现的是上市公司过去发生的重大事项，这些事项完全有可能对该上市公司的股价波动产生实质影响。

如果说剖析“行业分析”是对“面”的剖析，那么，剖析“公司大事”就是对“点”的剖析。“点面结合”是最好的剖析方式，也是必需的。

（2）“行业分析”中，“擒贼先擒王”，充分对比，是清醒认识的必要步骤。

在“行业分析”里，很容易就能够获知自己选择的上市公司在所有该行业的上市公司中的地位。地位很重要，这很大程度上会影响到其在二级市场所受到的关注程度。“擒贼先擒王”，如果地位不够举足轻重，对机构的吸引力也就大打折扣。

作为操盘手，务必要学会对比，对比这行业里，你选择的标的到底是处于什么样的水平，相近的公司其股价状况如何，或者对比龙头估算出差价，结合当下的股价，看是否有低估的嫌疑。

在对比的过程中，你必然会对该行业所有的上市公司有更清晰的认识，最重要的是，从中更加清楚自己选择的标的品种是否具有足够的竞争力与诱惑力。

（3）“公司大事”最大的作用就是实战短线价值突出。

“公司大事”，这就具体落实到“点”上了，选择标的到底有什么特别之处，往往都可以从中找寻。其最大的作用，就在于实战短线价值比较突出。

为何？道理不复杂，很多品种的爆发点往往都跟最近的公司大事披露有关，什么重组、送股、收购等等，这些都会对短期波动带来实质性影响。

结合“行业分析”对面的观察后，然后再结合“点”的具体状况，把握起来就更得心应手。

二、操盘论道

1. 学会对比

（1）重点是数据的比较，而不是对数据本身的研究。

这里，重点是透过行业地位的比较更进一步认识选择标的，而不是研究其中的具体数据。记住，“数据的比较”才是重点，而不是对数据本身的研究。

数据本身并非在这里独有，其他很多地方都可以找到，这里的价值就在于给你提供了一份数据比较图，大大节省了自己去统计比较的时间与精力。

（2）“主营收入”对比是重点，数据高低能代表行业位置，要懂得去比较“主营业务”。

这里涉及总股本、实际流通A股、总资产、主营收入以及净利润增长率共五个数据的行业综合比较，要有的放矢，抓住比较重要的或自己需要的数据进行比较。

在图104与图105中，“主营收入”是最重要的环节。

【行业地位】
【截止日期】2009-03-31

代码	简称	总股本(亿股)	实际流通A股	总资产(亿元)	排名	主营收入(亿元)	排名	净利润增长率	排名
002114	罗平锌电	1.84	0.72	10.95	32	1.27	33	105.02	1
002066	瑞泰科技	0.90	0.36	7.96	37	1.07	36	72.15	2
002075	*ST张铜	3.96	2.27	8.71	35	0.02	44	43.44	3
000795	太原刚玉	2.77	1.66	15.64	27	1.08	35	4.89	4
600714	ST金瑞	1.51	0.94	3.70	41	0.10	42	-0.94	5
002088	鲁阳股份	2.15	0.77	11.71	31	1.52	30	-6.08	6
600691	ST东碳	1.14	0.60	1.40	44	0.07	43	-7.91	7
002203	海亮股份	4.00	1.28	34.37	18	13.34	7	-10.64	8
000969	安泰科技	4.41	2.93	42.05	17	5.60	13	-27.37	9
600172	黄河旋风	2.68	1.68	20.39	24	1.34	32	-34.94	10
000630	铜陵有色	12.94	5.58	196.69	4	50.87	2	-38.46	11
600478	科力远	2.86	1.61	14.98	28	3.51	20	-41.03	12
000657	*ST中钨	2.23	1.44	4.26	40	1.79	28	-46.44	13
002149	西部材料	0.91	0.49	10.25	34	1.16	34	-49.84	14
600516	方大炭素	6.40	1.94	62.14	11	4.37	18	-61.16	15
000928	ST吉炭	2.83	1.40	26.74	20	2.89	22	-61.71	16
600255	鑫科材料	4.50	3.21	18.49	25	4.94	17	-62.29	17
600961	株冶集团	5.27	2.58	56.71	13	14.22	6	-69.70	18
000655	金岭矿业	3.21	1.55	13.95	29	1.73	29	-71.34	19
000970	中科三环	5.08	2.90	23.34	23	2.57	24	-74.82	20
600531	豫光金铅	2.28	2.28	28.98	19	10.93	9	-75.00	21
000962	东方钽业	3.56	2.13	25.66	22	2.00	26	-78.68	22
600456	宝钛股份	4.30	2.03	51.64	15	4.95	15	-80.60	23
600549	厦门钨业	6.82	6.73	88.80	6	5.21	14	-82.38	24
601168	西部矿业	23.83	17.11	212.62	2	17.02	3	-83.78	25
600362	江西铜业	30.23	3.53	350.17	1	98.86	1	-89.27	26
601958	金钼股份	26.89	5.38	145.58	5	4.94	16	-90.56	27
002057	中钢天源	0.84	0.50	3.63	42	0.71	37	-91.42	28

对比有色行业2009年第一季度的状况，江西铜业在主营收入上的“老大”位置在所有品种中一目了然

图 104

600331	宏达股份	10.32	6.08	73.96	9	6.30	12	-94.63	29
000060	中金岭南	10.24	7.45	88.07	7	12.02	8	-95.78	30
600497	驰宏锌锗	7.80	4.44	52.91	14	7.23	11	-98.57	31
000751	*ST锌业	11.10	7.42	79.33	8	8.76	10	-103.73	32
600432	吉恩镍业	5.09	4.70	51.48	16	1.47	31	-110.16	33
600711	ST雄震	0.79	0.40	2.74	43	0.10	41	-135.33	34
600111	包钢稀土	8.07	4.13	57.09	12	3.75	19	-159.89	35
000960	锡业股份	6.51	3.28	68.99	10	14.24	5	-166.92	36
002182	云海金属	1.92	0.84	17.91	26	2.29	25	-16[illegible].87	37
600980	北矿磁材	1.30	0.79	4.43	39	0.20	40	-179.58	38
002171	精诚铜业	1.63	0.57	8.30	36	3.16	21	-186.97	39
000878	云南铜业	12.57	10.08	205.73	3	17.01	4	-229.29	40
002155	辰州矿业	5.47	3.06	25.99	21	2.85	23	-242.58	41
000762	西藏矿业	2.76	2.01	10.72	33	0.22	39	-261.93	42
600338	ST珠峰	1.58	1.11	4.68	38	0.[illegible]4	38	-267.34	43
600390	金瑞科技	1.60	0.94	13.66	30	1.81	27	-367.41	44
与行业指标对比									
江西铜业		30.23	3.53	350.17	1	90.86	1	-89.27	26
行业平均		5.89	3.02	51.31		7.73		-90.43	
该股相对平均值%		413.33	16.99	582.51		1179.32		-1.28	

下半部分对比其他上市公司主营收入依然是“老大”位置，同样做铜的云南铜业跟江西铜业的差距还是比较明显的

与行业指标对比，这里是重点，看清楚江西铜业本身的状况，然后对比下面用四个小圈标记出的行业平均值，你会很容易就发现，江西铜业的各个指标都基本是大幅超越的，只有第二个指标里是相近的，这说明什么问题，其实已经告诉你，江西铜业虽然是老大，但流通盘明显偏小，股价相对容易操纵，主力资金完全可以达到牵其一发而动其全身的目的，这难道不就是潜伏的机会吗

图 105

道理不复杂，“主营收入”的高低最能代表一家企业在该行业的地位。“主营收入”就好像分蛋糕一样，蛋糕就那么大，谁分得份额越大谁不就是老大?!

在一个行业里如果企业的“主营收入”占据整个市场的份额极其微小，这样的企业面临淘汰的风险很大。当然，逆反思维来考虑，也正好说明其未来成长的空间很大。问题是，这家企业并非是成立不久的新企业，市场份额是在市场竞争中逐步形成的结果。想想，风险大不大?

“主营收入”达到一定规模的才会比较安全同时具备一定的投资机会，“主营收入”太小，你就要观察其“主营收入”从过去到现在是递增还是递减，如递增说明还是成长过程，未来还有机会；相反，就有可能被淘汰。另外，需要注意的是其非经营性的卖点有没有，看有没有重组等可能，当然，这不是要在这里谈论的问题了。

总之，不管如何，“主营收入”太小一般风险较大，主营收入达到一定规模或者是进入行业龙头位置，其基础才够扎实，才具备吸引机构投资者的可能。“擒贼先擒王”，行情一来，龙头位置的品种往往都是众多资金争夺的对象。

（3）龙头品种流通股数量偏小往往隐藏着未来市场机会。

在具有中国特色的股票市场里，流通股与非流通股的比例关系，是个非常微妙且有很大实战价值的数据。

对于权重股或者是行业龙头品种，尤其是流通股占比特别小的情况下，往往也就是更受青睐的时候。

为何?道理很简单，权重股或行业龙头品种在市场上的地位很特殊，很多时候，都是市场的焦点所在，也是各路机构资金的必配品种。当要发动行情的时候，对市场也好或者是该行业的行情也好，都必须依靠这些品种的上涨才能真正起到推动行情进一步发展的作用。

所以，从中可以发现，两市的权重品种或者这里探讨的有色板块中的江西铜业，之所以总是在市场行情运行的过程中不时地展示自己的爆发力，是市场的需要，牵一发而动全身的需要。

图 105 显示其流通股比例明显偏小，作为龙头老大的市场地位，这样的品种，必然会阶段性受到市场的特别关照，机会不就出来吗?

2. “销售毛利率”很重要

（1）研究行业地位的延续，四大数据中我们最看重“销售毛利率”，也有例外，如商业类的沃尔玛。

这里，是探讨行业地位的一种延续，如图 106，这里的数据对比涉及销售毛利率、销售净利率、净资产收益率以及每股收益这四大数据对比。

【截止日期】2008-12-31

代码	简称	销售毛利率(%)	排名	销售净利率(%)	排名	净资产收益率(%)	排名	每股收益(元)	排名
000655	金岭矿业	56.76	3	37.09	3	30.88	2	1.20	1
601958	金钼股份	69.54	44	47.12	44	20.46	4	1.12	2
600516	方大炭素	39.18	35	16.31	35	20.66	3	0.95	3
600362	江西铜业	12.61	29	4.23	29	11.01	9	0.76	4
600456	宝钛股份	23.74	32	13.23	32	7.87	17	0.70	5
002088	鲁阳股份	38.53	17	18.15	17	18.57	5	0.68	6
000630	铜陵有色	6.52	2	1.71	2	10.96	10	0.49	7
600432	吉恩镍业	39.19	31	12.81	31	8.70	13	0.46	8
002203	海亮股份	5.38	23	2.22	23	12.72	7	0.44	9
000060	中金岭南	21.46	1	5.38	1	11.22	8	0.39	10
002066	瑞泰科技	29.87	15	8.21	15	13.51	6	0.38	11
000969	安泰科技	15.41	12	4.94	12	7.52	18	0.34	12
002149	西部材料	13.32	19	3.93	19	8.27	14	0.32	13
600549	厦门钨业	20.00	37	4.10	37	10.26	12	0.30	14
600338	ST珠峰	15.63	28	8.79	28	-52.89	39	0.28	15
600390	金瑞科技	13.86	30	3.29	30	6.05	21	0.27	16
600531	豫光金铅	4.58	36	0.80	36	6.43	20	0.27	17
601168	西部矿业	12.06	43	4.52	43	5.68	23	0.24	18
002182	云海金属	14.13	22	1.82	22	4.75	25	0.22	19
600111	包钢稀土	22.71	24	5.25	24	10.33	11	0.21	20
600497	驰宏锌锗	22.22	34	3.29	34	6.50	19	0.20	21
000962	东方钽业	16.32	11	6.58	11	5.52	24	0.19	22
000970	中科三环	23.30	13	4.71	13	8.16	15	0.19	23
000762	西藏矿业	40.94	6	9.86	6	8.11	16	0.18	24
600711	ST雄震	22.41	39	10.29	39	45.46	1	0.17	25
600172	黄河旋风	28.60	25	5.93	25	3.72	27	0.14	26
600478	科力远	7.35	33	2.11	33	5.80	22	0.13	27
002155	辰州矿业	28.30	20	5.17	20	3.91	26	0.13	28
600980	北矿磁材	5.56	42	2.59	42	1.96	28	0.05	29

销售毛利率是个非常重要的指标，可以充分说明其利润的空间到底有多大，越大则说明其销售产品具有越大的自主定价权，在竞争中处于相对垄断地位，企业抗风险能力以及把握市场机会的能力也会由此变得比较突出。就如微软，卖的都是技术，软件本身没什么成本，毛利有多高，当产量达到相当数量的时候，毛利有多高，你可以想象，这样的公司在高速发展过程中往往容易受关注与追捧

江西铜业的销售毛利率显然并不算高。上面圈中了三个比较高的企业，如金岭矿业，金钼股份以及西藏矿业，市场上都是相当牛的牛股

图 106

四大数据中最为关键的就是销售毛利率。一家企业如果连毛利都谈不上有多高的话，可以想象，其最终能够有多大利润。缺乏利润增长的企业就好像缺乏活力，最终会郁郁而“亡”。

当然，我们不能排除那些特殊行业的特例，如类似沃尔玛这些靠周转率来提升最后利润的企业，是个例外，毛利率可以很低，但周转快，最终利润也就多，这样的企业更多是商业类的上市公司。

（2）虽然评估需要综合数据的比较结果，但销售毛利率这个指标具有很大的实战参考价值。

在比较中，除了各个单一数据的比较外，我们还需要综合数据的比较结果。单一数据是高是低有时候并不能说明一切，我们需要观察更多的数据对比，才能够更好地去评判一家上市公司的优劣。

如图 106 与图 107，在江西铜业各个数据的比较过程中，我们可以发现销售毛利率并不算高，还达不到行业平均水平，但我们可以发现其余三个数据都是高于行业平均水平的，这正好可以说明其综合实力是不错的，整体依然还是有潜力的。

再结合其本身的龙头地位，这样的结果已经不错了，只要价格合理，至少能够吸引一些机构资金的充分关注。

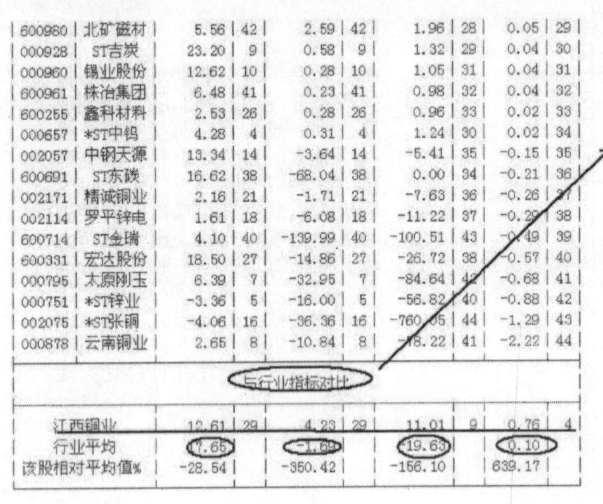

600980	北矿磁材	5.56	42	2.59	42	1.96	28	0.05	29
000928	ST吉炭	23.20	9	0.58	9	1.32	29	0.04	30
000960	锡业股份	12.62	10	0.28	10	1.05	31	0.04	31
600961	株冶集团	6.48	41	0.23	41	0.98	32	0.04	32
600255	鑫科材料	2.53	26	0.28	26	0.96	33	0.02	33
000657	*ST中钨	4.28	4	0.31	4	1.24	30	0.02	34
002057	中钢天源	13.34	14	-3.64	14	-5.41	35	-0.15	35
600691	ST东碳	16.62	38	-68.04	38	0.00	34	-0.21	36
002171	精诚铜业	2.16	21	-1.71	21	-7.63	36	-0.26	37
002114	罗平锌电	1.61	18	-6.08	18	-11.22	37	-0.29	38
600714	ST金瑞	4.10	40	-139.99	40	-100.51	43	-0.49	39
600331	宏达股份	18.50	27	-14.86	27	-26.72	38	-0.57	40
000795	太原刚玉	6.39	7	-32.95	7	-84.64	42	-0.68	41
000751	*ST锌业	-3.36	5	-16.00	5	-56.82	40	-0.88	42
002075	*ST张铜	-4.06	16	-36.36	16	-760.05	44	-1.29	43
000878	云南铜业	2.65	8	-10.84	8	-78.22	41	-2.22	44
与行业指标对比									
江西铜业		12.61	29	4.23	29	11.01	9	0.76	4
行业平均		17.65		-1.69		-19.63		0.10	
该股相对平均值%		-28.54		-350.42		-156.10		639.17	

图 107

话说回来，销售毛利率这个数据的高低依然是具有很大参考价值的。对于图 106 圆圈圈中的三个数据最前列的品种，下面的章节将把阶段性波动状况进行综合对比，你就会发现不简单了。

这些数据为何重要？很简单，既然企业的生命在于利润，销售毛利率越高，利润就越有保障，这样的企业难道不能够吸引足够的眼球吗？不能够吸引足够多的资金去进行博弈吗？那基本是没有太多悬念的。不过前提是，大行情要配合。

3. 数据突出带来的恐怖魅力

（1）重要数据相当突出的品种，牛起来绝对让人目瞪口呆。

销售毛利率最高，未必意味着股价阶段性涨幅最大。原因固然有很多，但有一个因素是需要记住的：最高往往就有最多人关注，参与其中的机构资金博弈过于激烈，最终也就未必是最好的。

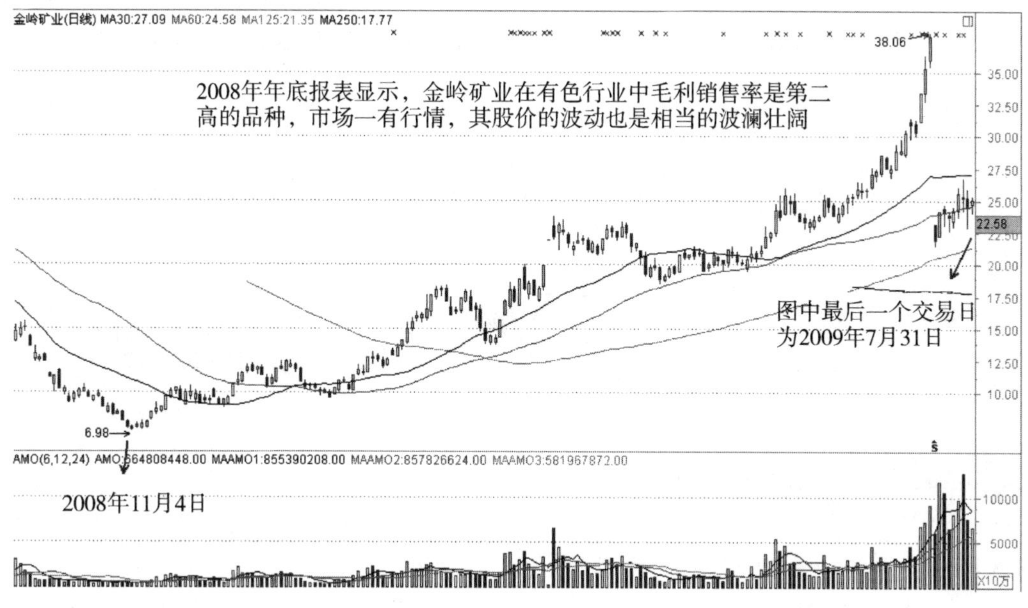

图 108

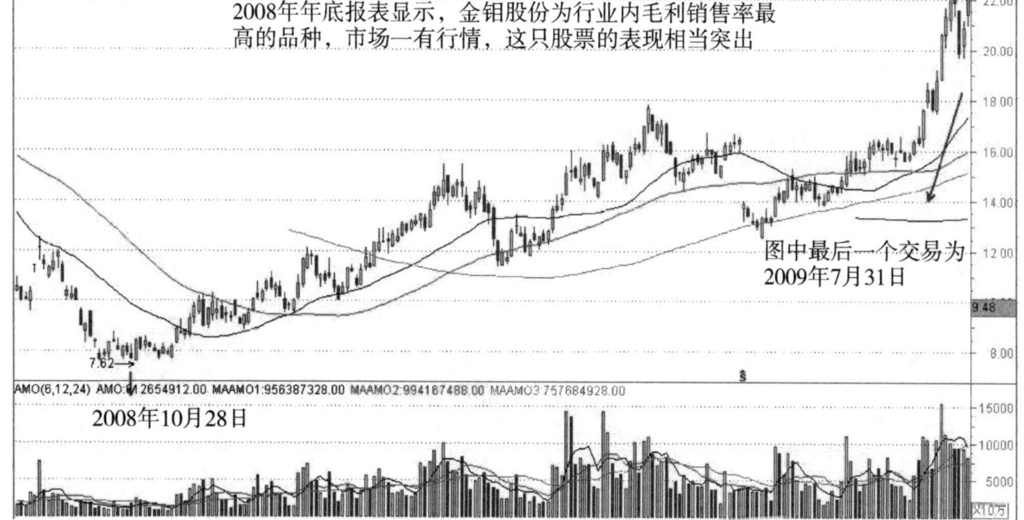

图 109

图 108 是 2008 年年底数据统计有色金属行业销售毛利率排第二的金岭矿业，从 2008 年年底到 2009 年 7 月 31 日，最低到最高涨幅算上除权达到 7 倍。不到一年，如此涨幅，绝对是大牛股！

图 109 是 2008 年年底数据统计有色金属行业销售毛利率排第一的金钼股份，从 2008 年年底到 2009 年 7 月 31 日，最低到最高涨幅超过 3 倍，也相当可观。

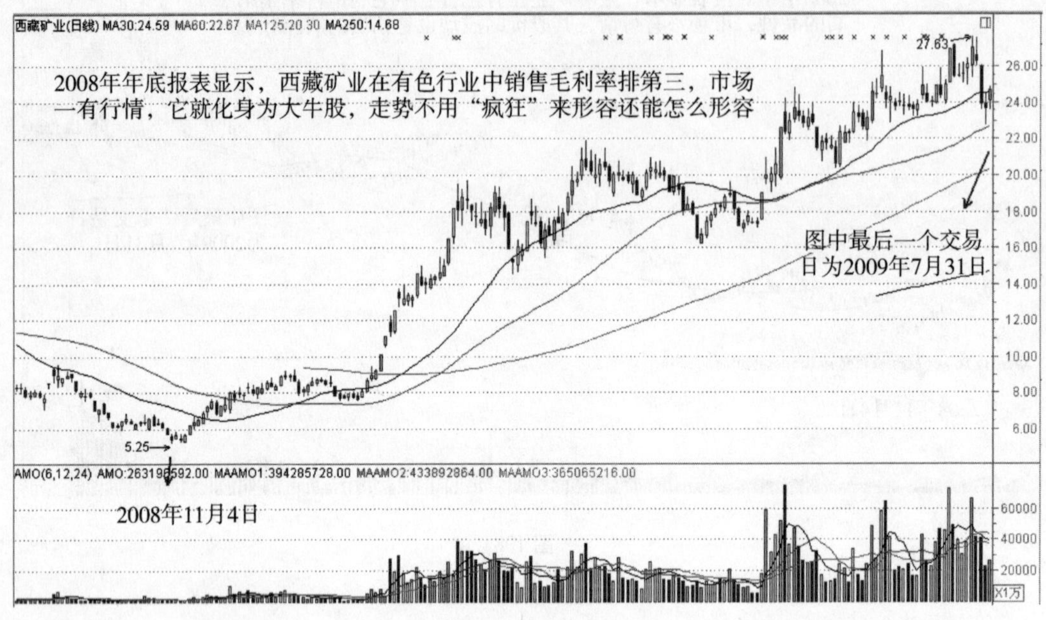

图 110

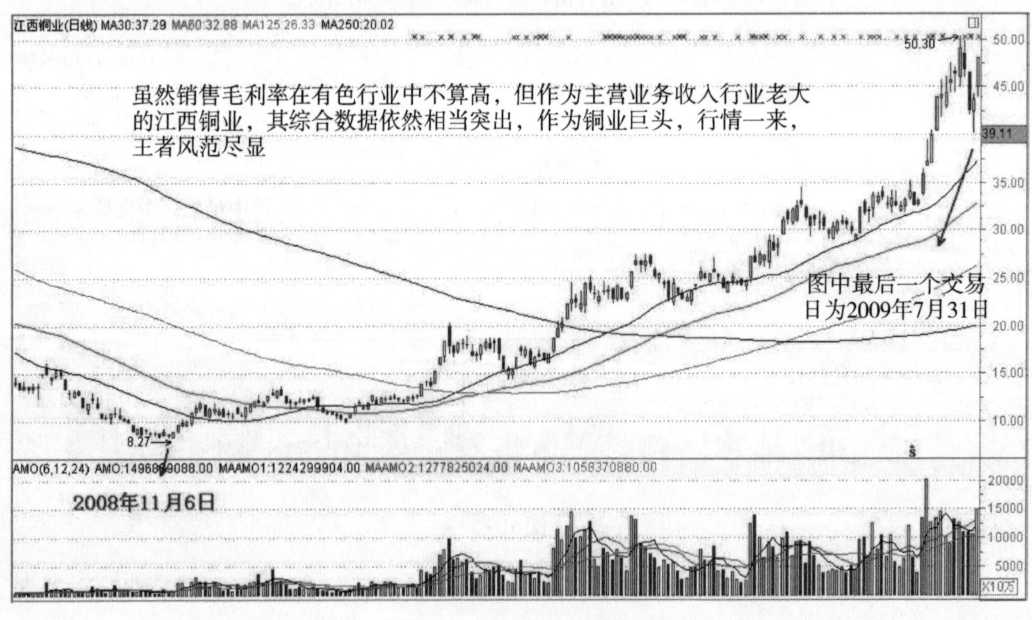

图 111

图 110 是 2008 年年底有色金属行业销售毛利率排第三的西藏矿业，从 2008 年年底到 2009 年 7 月 31 日，最低到最高涨幅超过 5 倍，也算得上大牛股！

图 111 是作为主营收入老大的江西铜业，在本身流通盘不大的背景下，从 2008 年年底到 2009 年 7 月 31 日，最低到最高涨幅超过 6 倍，王者风范尽显，绝对是牛气冲天。

【二级市场表现】
截至日期：2009-05-06

统计区间	累计涨跌幅(%)	振幅(%)	同期大盘累计涨跌幅	行业平均涨跌幅(%)
1周	7.39	16.88	5.04	4.99
1个月	11.20	22.18	7.14	0.26
3个月	67.02	97.18	18.86	35.51
6个月	195.93	215.34	50.93	123.50
年初至今	154.71	170.12	42.38	97.33
1年	-26.38	77.72	-30.56	-38.65

从江西铜业在二级市场的数据统计中可以看到其阶段性超越大盘，强者恒强

图 112

上面逐一对比下来，你就会发现除了 2008 年年底有色销售毛利率排第一的金钼股份，涨幅刚好超过 3 倍，对比其他有比较大的差距，其余都超过 5 倍以上，而且不相上下，一齐进入阶段性大牛股的行情。

一旦市场有行情，类似这些有可圈可点数据的品种，表现一旦牛起来会超出绝大多数人的想象。

作为操盘手，在选择标的过程中就务必要注意这些数据的对比，从这些数据的对比过程中你不仅可以更清晰地认识选择标的，同时也可以从中去挖掘新的战机。

（2）对比大盘，就会发现什么叫恐怖。资本市场是造梦的地方。

接下来不妨进一步跟当时的大盘做个对比，看图 113，大盘从 2008 年年底到 2009 年 7 月 31 日，最低到最高涨幅刚好超过 100%。

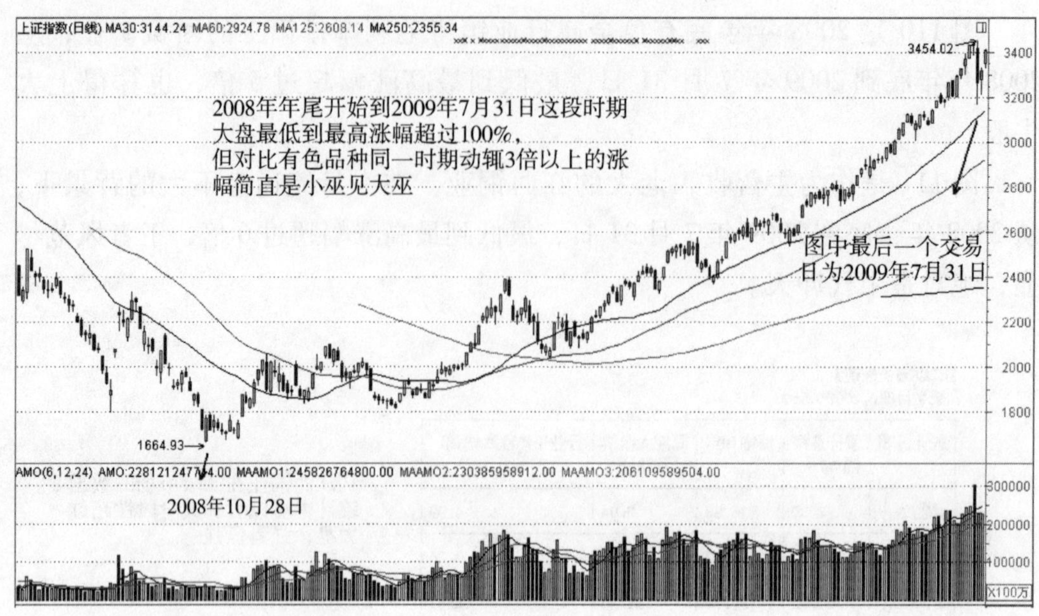

图 113

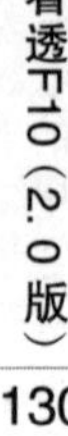

销售毛利率等数据突出的有色品种，涨幅最小的金钼股份也超过 3 倍，大幅超越大盘，更别说其余三个涨幅超越 5 倍了。

恐怖就恐怖在这里，这也从一个侧面反映出数据对比挖掘的重要性，更是告诉大家，只要有大盘行情配合，一切皆有可能！资本市场是造梦的地方（有大盘行情配合的时候），也是破梦的地方（大盘行情结束的时候）。作为操盘手，造梦阶段就尽情发挥，破梦阶段就尽量休息，这样才能长久生存，成为最后的大赢家。

至于图 112 的作用，正如图中所说，知道就好，这里的数据只是让你把选择标的更好地在数据上跟大盘进行对比，有的仅仅就是对比作用，让你思路更清晰而已。

4. 如何面对“公司大事”

（1）真正有价值的“公司大事”不是天天有，要有长时间没有的心理准备。

“公司大事”是“点”，是操盘过程中影响最为直接的环节，是需要经常关注的，看看有没有让股价爆发的事件发生，但请不要妄想“公司大事”天天有，那是不可能的，而且要有心理准备，有可能大半年都没有一件真正有价值的“公司大事”发生。

就如图114，我们可以很清晰地看到，江西铜业在一定阶段是没有任何真正有价值的“公司大事”发生的。

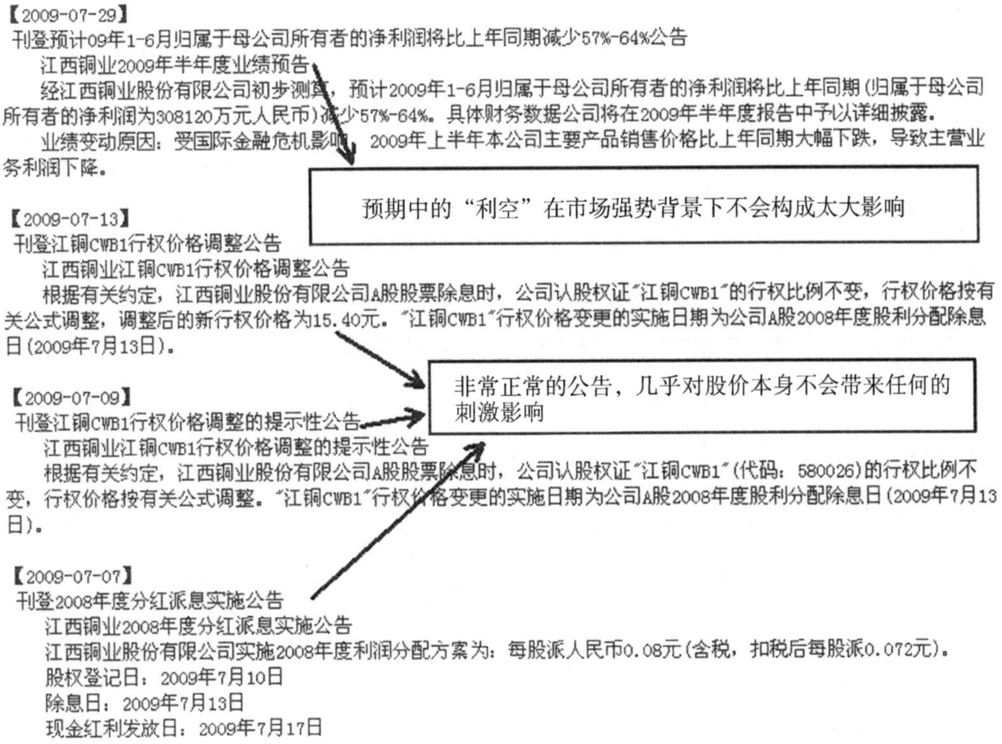

【2009-07-29】
刊登预计09年1-6月归属于母公司所有者的净利润将比上年同期减少57%-64%公告
江西铜业2009年半年度业绩预告
经江西铜业股份有限公司初步测算，预计2009年1-6月归属于母公司所有者的净利润将比上年同期(归属于母公司所有者的净利润为308120万元人民币)减少57%-64%。具体财务数据公司将在2009年半年度报告中予以详细披露。
业绩变动原因：受国际金融危机影响，2009年上半年本公司主要产品销售价格比上年同期大幅下跌，导致主营业务利润下降。

预期中的“利空”在市场强势背景下不会构成太大影响

【2009-07-13】
刊登江铜CWB1行权价格调整公告
江西铜业江铜CWB1行权价格调整公告
根据有关约定，江西铜业股份有限公司A股股票除息时，公司认股权证"江铜CWB1"的行权比例不变，行权价格按有关公式调整，调整后的新行权价格为15.40元。"江铜CWB1"行权价格变更的实施日期为公司A股2008年度股利分配除息日(2009年7月13日)。

非常正常的公告，几乎对股价本身不会带来任何的刺激影响

【2009-07-09】
刊登江铜CWB1行权价格调整的提示性公告
江西铜业江铜CWB1行权价格调整的提示性公告
根据有关约定，江西铜业股份有限公司A股股票除息时，公司认股权证"江铜CWB1"(代码：580026)的行权比例不变，行权价格按有关公式调整。"江铜CWB1"行权价格变更的实施日期为公司A股2008年度股利分配除息日(2009年7月13日)。

【2009-07-07】
刊登2008年度分红派息实施公告
江西铜业2008年度分红派息实施公告
江西铜业股份有限公司实施2008年度利润分配方案为：每股派人民币0.08元(含税，扣税后每股派0.072元)。
股权登记日：2009年7月10日
除息日：2009年7月13日
现金红利发放日：2009年7月17日

图114

（2）别忘记盯住联动品种的“公司大事”。

很多人喜欢仅仅盯着自己选择标的的“公司大事”，却忽略了一个非常重要的环节，没有盯住联动品种的“公司大事”，从而错失机会。

对于联动品种很多人可能还不太清楚什么意思？就是能够相互影响的品种。怎么相互影响？比如宝钢涨停了，你说武钢等钢铁股的重要品种会不会跟涨，一般情况下，是绝对会，这就是联动的结果。

在这里，江西铜业的联动品种，影响最明显、最直接的就是同为铜行业个股的云南铜业。两者很多时候都是呈现“一涨则共涨，一跌则共跌”的状况。所以，关注江西铜业的同时不能够忽略其联动品种云南铜业。在关注江西铜业本身的“公司大事”过程中，也必须要关注云南铜业的“公司大事”。

（3）清楚四个有价值的“公司大事”，分别是传言、重组、增发与收购

合并等，并懂得针对不同市场作出相应的操作策略。

在图115云南铜业的公司大事里，对比图114，很容易就发现，在相同的时间段里，云南铜业明显是有真正价值的“公司大事”发生。没错，就是“传言与增发”。

2009年7月17日因传闻停牌，2009年7月23日才澄清复牌并公布增发消息。这里对江西铜业则存在两大关联作战机会影响，一是云南铜业停牌期间的无限遐想会助推江西铜业，二是云南铜业复牌后的澄清与增发消息会让云南铜业继续疯狂同时继续助推江西铜业

一、传闻情况

2009年7月17日，《每日经济新闻》刊载了张奇所撰写的《云南铜业普朗铜矿注入传闻刺激股价涨17%》。与云南铜业股份有限公司（以下简称“本公司”）相关报道的主要内容如下：

传闻（1）：普朗铜矿现阶段探明储量达180万吨，远景资源量可达500万吨；

可能会在9月底召开世界自然遗产大会中把这个矿划出自然遗产范围，集团将可以开采这个矿，并很快将其注入云南铜业；

传闻（2）：云铜将在赤峰建冶炼厂，当地政府可能会给配一些小矿山和探矿权；

传闻（3）：公司要整合“四矿一厂”的剩余股权；

传闻（4）：玉溪矿业的大红山矿西段勘探有新进展，有可能会有新增储量。

二、澄清说明

经核实，本公司针对上述传闻事项说明如下：

（一）关于传闻（1）

本公司向云铜集团公司核实，普朗铜矿是云铜集团控股的迪庆有色金属有限公司下属的一个矿山，目前对该矿山只拥有探矿权。经初步勘探，普朗铜矿具有一定的远景资源储量，但至今未获得相关专业部门的储量核实报告。

本公司不知道9月份召开世界自然遗产大会，也不能获悉会把这个矿划出自然遗产范围。

2009年内，云铜集团不可能将普朗铜矿注入本公司

（二）关于传闻（2）

本公司已于2006年与赤峰金峰公司合资兴建了赤峰云铜公司，本公司持有65%的股权。该公司现已建成投产，生产能力为年产10万吨高纯阴极铜，目前生产经营正常，2009年上半年实现利润6,105万元。公司已于2007年7月12日在指定媒体和网站上发布了《云南铜业股份有限公司赤峰项目投产公告》。

据2005年11月24日《云南铜业（集团）有限公司、赤峰市人民政府关于合作开发赤峰地区铜产业的协议》，双方就合作开发赤峰地区铜产业达成的协议：云南铜业（集团）有限公司可以在赤峰市范围内进行风险探矿，赤峰地区今后新发现的铜矿资源按市场规则优先配置给云南铜业股份有限公司和赤峰金峰铜业有限责任公司。

（三）关于传闻（3）

本公司在2007年3月份完成定向增发。在进入本公司的“四矿一厂”中，除持有金沙矿业51%的股权外，对其余公司均持有100%的股权。

金沙矿业公司剩余的49%股权中，海南金阜实业有限公司占20%，自然人持股占29%。按照现行的《国务院国有资产监督管理委员会关于规范国有企业职工持股、投资的意见》（国资发改革[2008]139号）和《国务院国有资产监督管理委员会关于实施<关于规范国有企业职工持股、投资的意见>有关问题的通知》（国资发改革[2009]49号）的相关规定要求，对不规范的职工持股清理工作正有序推进，现清理方案已上报云南省国资委、中国铝业公司待批。待该部分股权整合完毕后，本公司将会及时披露相关信息。

（四）关于传闻（4）

对本公司全资子公司玉溪矿业公司大红山西部矿段新增储量事宜的说明：2009年3月3日，云南省国土资源厅《云南省划定矿区范围批复》（<滇>矿复[2009]第18号）对本公司全资子公司玉溪矿业公司大红山铜矿矿区范围进行了划定批复。根据此批复，矿区面积约8.97平方公里，开采深度由1000米至-300米标高。其中：目前已探明西矿段地质储量34.9万吨，可采储量27.92万吨，现矿产资源开发利用方案已编制完成待审，并在探矿权基础上申办采矿权。迄今为止，采矿权正在办理当中，该矿区也未发现有新增的铜矿资源储量。

【2009-07-17】

因媒体报道了公司有关传闻，今起停牌

江西铜业上的点上找不到爆发的重大事项时，就要把注意力转移的同一板块的关联品种身上去寻找机会了，没错，就是云南铜业。

云南铜业临时停牌

因《每日经济新闻》报道了云南铜业股份有限公司的有关传闻，经公司申请，深圳证券交易所将于2009年7月17日开市起对云南铜业（证券代码为000878）进行临时停牌，待公司刊登相关公告后复牌。

图115

真正有价值的“公司大事”，无外乎以下四点：

①传言。传言有好也有坏，一般而言，在阶段性大的上涨行情中，更多的是利好传言，有利于股价进一步上扬；阶段性大跌过程中，更多的是利空传言，促使股价进一步下跌。不管是利好传言还是利空传言，我们都要结合具体环境辩证地看待。需要特别记住两点：

一是在阶段性大的上涨行情中，对于主力品种，往往只要是传言就会让股价上扬，不用管是利好还是利空。

不论主力也好散户也好，只要传言在市场扩散开来，会吸引很多人对其重点关注，在人心“思涨”的背景下，资金更多的都是趁机采取买入的策略，能不继续疯狂上扬吗？

二是在阶段性大跌过程中，如果是利空的传言，往往会促使其加速下跌；当然有真正利好的传言能促使股价出现一定反弹，但往往也难以持久，因为更多的人都是“思跌”。所以阶段性大跌过程中，千万别贸然看传言去操作，会很危险。

②重组。重组要看其本身的力度有多大，如果非常大，大到彻底脱胎换骨，那股价暴涨是必然的。如果仅仅是一般性的重组，只是稍微锦上添花，就要结合大环境辩证去看了。

正如传言要记住的两大点一样，关键是要看大的环境是在上涨过程中还是在下跌过程中。具体如何跟面对传言的方式差不多。需要特别记住的是，别成为最后的接盘者，一般情况下，重组消息公布前，股价都或多或少有异动，如果异动非常疯狂，建议敬而远之；如果异动较为正常，才具有可操作性机会。

③增发。增发，其实就是上市公司为了一些项目进行的融资。对企业而言，如果项目本身能够带来较大收益，那肯定是利好。

相反，如果项目本身最终带来的将是负担，那肯定是利空。

在项目还没最终结果前，都只能是预期，所以，这就非常微妙而且有意思了。

大环境阶段性向上，市场情绪较为乐观，增发肯定是利好，因为大家都憧憬增发后未来的结果会非常成功。

相反，大环境阶段性向下，市场情绪较为悲观，那么，增发肯定是利空，因为大家对未来本身就没什么信心，现在还要“圈钱”做项目，结果往往是利空。

④收购合并。收购合并本身也是类似重组的一种具体模式，毕竟一个项

目需要资金，也很可能结合增发来展开。因此，这里可以看成是“重组与增发”的结合，具体把握上，也要辩证去看，结合大的市场环境，依照上面的思路，在此就不再详细阐述了。

(4) 一旦基本确定停牌品种复牌后大涨，就要提前一步积极杀进没停牌的联动品种。

透过剖析，图 115 里，云南铜业的“传言”停牌发生日期是 2009 年 7 月 17 日，当时的大盘状况正处于一个大的阶段性上涨过程中，所以大的环境完全能够让这“传言”成为股价的爆发点，再结合图 116，云南铜业本身形成的突破形态，就可以更加确定这一点是没有太多悬念的。

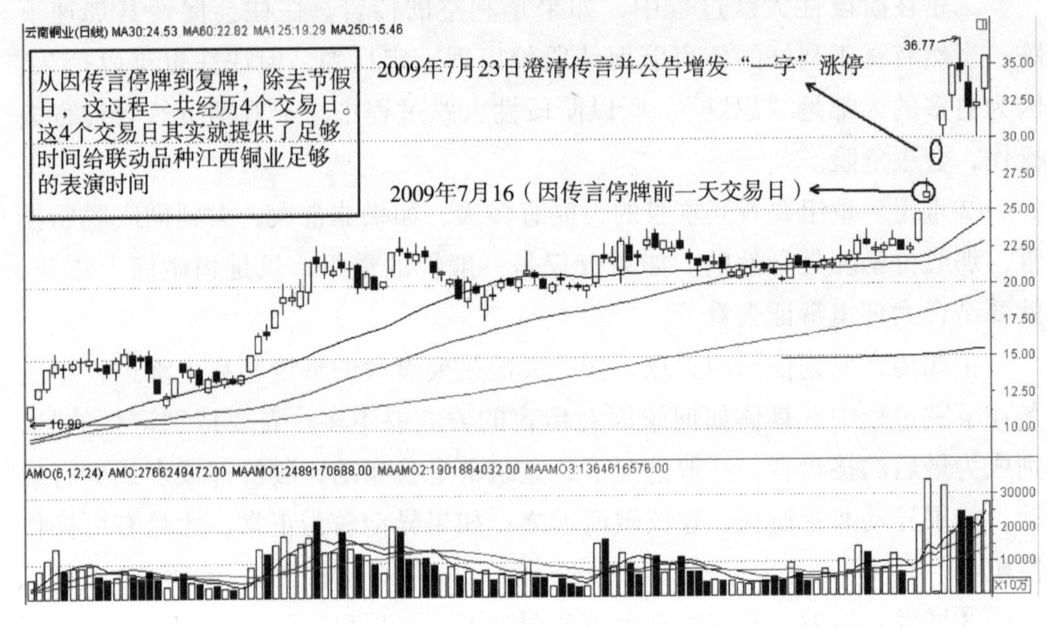

图 116

“公司大事”导致云南铜业停牌，一旦复牌将支持继续上涨。如果你在盯着江西铜业的同时也没忘记云南铜业，就应该非常清楚，作为没停牌的联动品种即江西铜业短期进一步上涨的爆发契机来了。

一旦基本确定联动品种复牌后会继续大涨，此时要做的，就是在停牌品种复牌前积极杀进没停牌的联动品种。道理很简单，就是冲着联动的影响而去。

(5) 停牌品种停牌的时间越久，越有利于联动品种行情的深入。

由于云南铜业停牌时间最终达到了 4 个交易日，这对江西铜业而言，是非常好的真空期，此时，多方完全可以近似天马行空的方式向上推进。停牌越久往往说明传言背后的真实就越不简单，这不就可以提供最好的炒作契机了吗？

图 117 中，可以清晰地看到，在云南铜业停牌的 4 个交易日里，江西铜业本身出现了四个阳线持续上攻的动作，1 根大阳，1 个涨停与 2 根小阳，这已经近似天马行空的推进了。作为操盘手，一般情况下，是能够至少在云南铜业停牌当下迅速采取行动杀进江西铜业的，也就是说，停牌期间，因联动影响带来操盘收益至少应有一个涨停以上。

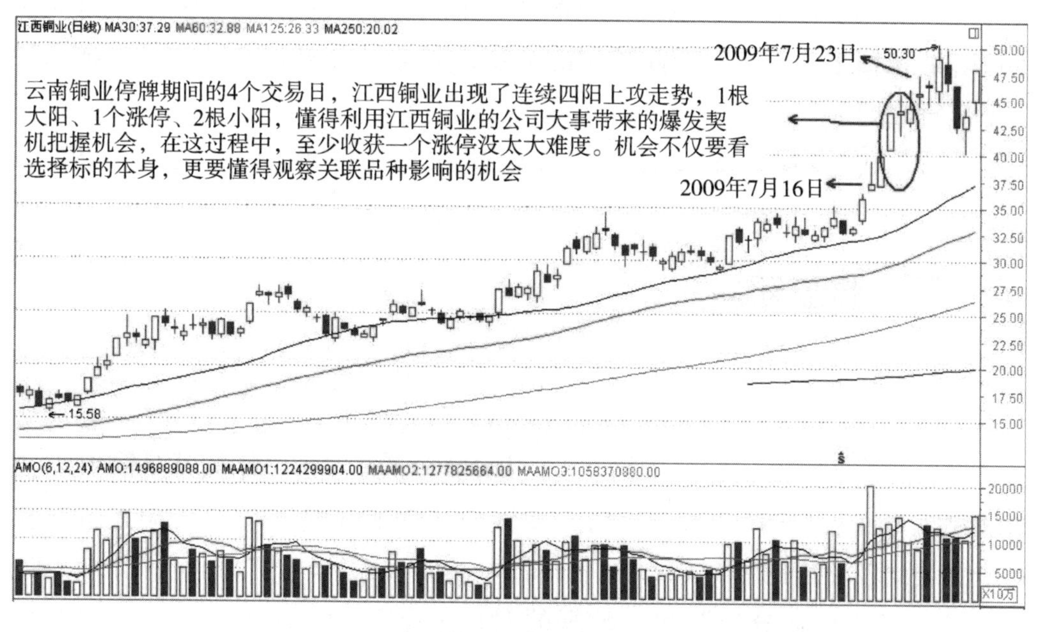

图 117

一个涨停以上的收获，短短 4 个交易日，这就是懂得研究把握联动品种“公司大事”带来影响的结果。这过程中，最难的就是你是否早就有这样清晰的操盘思路，是否能够在第一时间果断作出决策，剩下的就仅仅是等待云南铜业复牌后的状况再做打算。

总的来说，停牌品种停的时间越久，越有利于联动品种行情的深入。

（6）复牌因超预期信息带来进一步上攻的收获叫“送的收获”，要记得留点利润给别人，别太恋战。

最终云南铜业复牌带来的消息是“澄清传言”与“增发”，“澄清传言”一般都是上市公司面对“传言”的常规动作，这非常合理，但“增发”就充分解释了为何停牌时间较长的原因了，背后果实是实质性的。

前面已经知道，“增发”在市场环境阶段性向好的背景下有利好的作用，

"传言"本身就已经等于一个利好了，再来个"增发"，"双利好"夹击，很显然，云南铜业的进一步上攻可以再看高一线，联动品种江西铜业当然也是如此。

复牌后因消息的超预期带给联动品种的进一步上攻，这多出来的收获具有不可控、不确定性，所以可以归结为"送的收获"。

因此，作为前面已经潜伏的操盘手，当面对"送的收获"，继续笑纳就是。让利润更大化，本身也是操盘所追求的。只是，此时切记，不可过于恋战，毕竟短期累计的获利盘已经非常多，留点利润给别的投资者是非常有必要的。话说回来，如果没有超预期的消息，联动品种复牌之时就是跟随品种短期出货之时。

三、温故知新

（1）"行业分析"是"面"，"公司大事"是"点"，作战就是需要"点面结合"来实现目的。"行业分析"要懂得"擒贼先擒王"，"公司大事"实战价值是比较突出的。

（2）在"行业分析"里，数据的对比才是重点，而不是数据本身的研究。"主营收入"对比可以告诉你企业的行业地位，这是剖析的重点之一。流通盘占比的信息也不容忽视，对于权重品种或行业龙头品种，数据的对比很有价值。"销售毛利率"对比具有非常大的实战价值，排名前列的品种往往都是市场各路资金关注的对象，大环境一旦配合，里面往往都有可能出大牛股。

（3）资本市场是造梦的地方，在"行业分析"里，对各种重要数据一定要有相当的深入认识，很多机会都蕴涵其中，选择标的在充分对比后，才能对其价值有更全面、更清晰的认识。大牛股要真正抓到，运气固然需要，但更多的还是从各种基本功着手，这里的数据对比分析就是一个不可或缺的重要环节。

（4）"公司大事"里，真正有价值的"公司大事"不可能天天有，要有长时间都没有的心理准备。在盯住选择标的"公司大事"的同时千万别忘记其联动品种的“公司大事”。既然是联动，某个层面来说，两者的“公司大事”虽然隶属不同，但影响却完全有集中于一体的效果。

（5）真正具有价值的“公司大事”无外乎“传言”、“重组”、“增发”与“收购合并”。

要懂得辩证地去看待这些信息，在不同环境下要采取不一样的策略。总的来说，市场阶段性上涨时，不管是什么，只要是大事以利好来看待；市场阶段性下跌时，不管是什么，只要是大事，非真正具有冲击力的大事，都以一般事件或“利好出尽是利空”的平和心态看待，不贸然采取行动是上策，如动则要把握快进快出原则。

（6）在大环境向上的背景下，利用联动品种停牌带来的交易性机会，原则有三：

第一，一旦基本确定停牌品种复牌后大涨，就要提前一步积极杀进没停牌的联动品种。

第二，停牌品种停牌的时间越久，越有利于联动品种行情的深入。

第三，复牌因超预期信息带来进一步上攻的收获叫“送的收获”，记得留点利润给别人，别太恋战。

（7）机会很多时候都是在平时充分积累准备后耐心等出来的，就如上面的机会一样，不可能天天有，但只要把握住了几次，收益多得难道还不足以让你“笑傲江湖”吗？

学到这里，你会发现，很多市场波动的表象背后其实都是有一套逻辑的，并非仅仅是盲目的冲动。

因此，面对资本市场里的波动，难道不应多一分景仰与谦虚吗？市场有没有意义，就看你自己的修炼有没有达到一定层次，如果每天都仅仅是像赌博一样的心态面对市场，最终的结果将是什么也没有。

因此，作为一个成功的操盘手，外在的技巧并不重要，内在的底蕴才是最重要的。

四、课后习题

（1）“行业分析”里有哪几个数据对比是比较重要的，为什么？

（2）怎么理解一些牛股的背后都隐藏着数据对比带来的结果。

（3）“公司大事”里什么才是真正比较有价值的，具体该如何去把握？

（4）在大的环境较为暖和的背景下，利用联动品种停牌带来的交易性机会，需要注意什么原则，具体能够试着阐述一下。

（5）能否在三个不同行业里，找出重要数据对比，并找出比较突出的品种各三只出来，然后进行对比，试着从中发现一些具有价值的信息。

（6）能否在未来具体实战中找出一些“公司大事”透露具有相当实战价值的品种出来，并讲述理由，最终对比结果。

（7）从过去的大牛股里找出不同行业的三只品种，透过本章的学习，就从“行业分析”与“公司大事”来剖析一下。请尽可能详尽。

（8）透过本节的学习，对你本身有帮助吗？如果有，具体体现在哪里？可以的话，看能否写出至少一千字的读后感？

第三章　F10之综合战役

第一节　大盘股 —— 华侨城全面操盘论道

（学习切记：文中华侨城研究时间为2009年8月，仅代表过去，不代表当下也不代表未来。）

一、基础认识

（1）大盘股、中盘股以及小盘股的标准。

市场按照流通盘的大小，往往会分成三种类型的股票：大盘股、中盘股以及小盘股。每个人心中都有一套标准，我也同样有，国内A股在全流通背景下，倾向于8个亿以上流通盘的为大盘股，3个亿到8个亿流通盘的为中盘股，3个亿以下流通盘的则为小盘股。

（2）大盘股是主流机构的最爱，非指标意义的大盘股行情一旦爆发会更疯狂。

目前华侨城的流通盘已经超过10个亿，因此是属于大盘股的范畴。大盘股，由于其流通盘的数量比较大，一般情况下，比较适合大规模资金的进出，尤其是蓝筹品种，更是会受到各类机构的高度青睐，作为其配置的首选品种。大盘股的特性本身就注定了其运作主力更多是市场的主流机构，大的基金公司、QFII、保险或社保基金等。

虽然大盘股看上去比较笨重，但一旦行情爆发，其疯狂程度是不亚于一般中小盘股的，尤其是那些非指标意义的大盘股。道理也不复杂，那么多主流机构都看好，作为市场最大的主力，在庞大资金的推动下，大盘股最终也会变得轻飘飘的。

（3）重要的“唯一”卖点是选择上市公司过程中必须考虑清楚的。

选择一家上市公司进行投资，要考虑很多因素，不过，不管考虑多少因素，有一点是必须要考虑清楚的，那就是该家上市公司是否具有重要的“唯一”卖点。

重要的“唯一”卖点，其实就是我有而别人没有的重大题材，比如是否具备核心竞争力（如科技创新等技术），是否本身所在行业的地位独特（如行业老大），是否在资本市场的地位特别（如指标股），这些都可以构成重要的“唯一”卖点。

没有重要的“唯一”卖点，那就等于是一家没有什么特色的上市公司，要吸引到资金，要起很大的波澜，除非是大牛市，被市场硬带上去，否则，更多的是较为平静或危机四伏。为何有可能危机四伏呢？很简单，没有什么特色的上市公司，其未来会乐观吗？经营可能严重恶化，慢慢被市场淘汰，那是很正常的。你说，在二级市场能不危机四伏吗？

（4）懂得选择好公司很重要，但把握好投资的时机更重要。

再好的上市公司，在市场环境严峻的过程中，最终都难免会成为泥沙俱下的一分子。懂得选择好公司很重要，但懂得把握投资时机更重要。

在熊市大跌过程中，再好的公司，你都不要过于急着去投资。此时，大环境向下的趋势力量会很恐怖，一不小心，就是投资好公司而被套。

投资好公司你至少要等到下跌的速度有所放缓，开始逐渐走平的阶段去把握。那时，风险会小很多。

所以就算透过“F10”的全面剖析，确定是绝对的潜力股，如果大的环境不配合，也要懂得休息，耐心等待最好的介入时机。

二、操盘论道

1.“对比大盘”

（1）重要的“唯一”卖点越突出，爆发后，价值也就越闪亮。

任何一只品种，在研究前我们要清楚知道其重要的“唯一”卖点，这样它本身具有的价值才会变得更突出。纵观大牛股里，你会发现其中必然有个重要的“唯一”卖点。

卖点越是突出，一旦爆发，价值也就越闪亮。华侨城的重要卖点是什么？正如图 118 所标示的那样："主题公园" + "地产开发"。

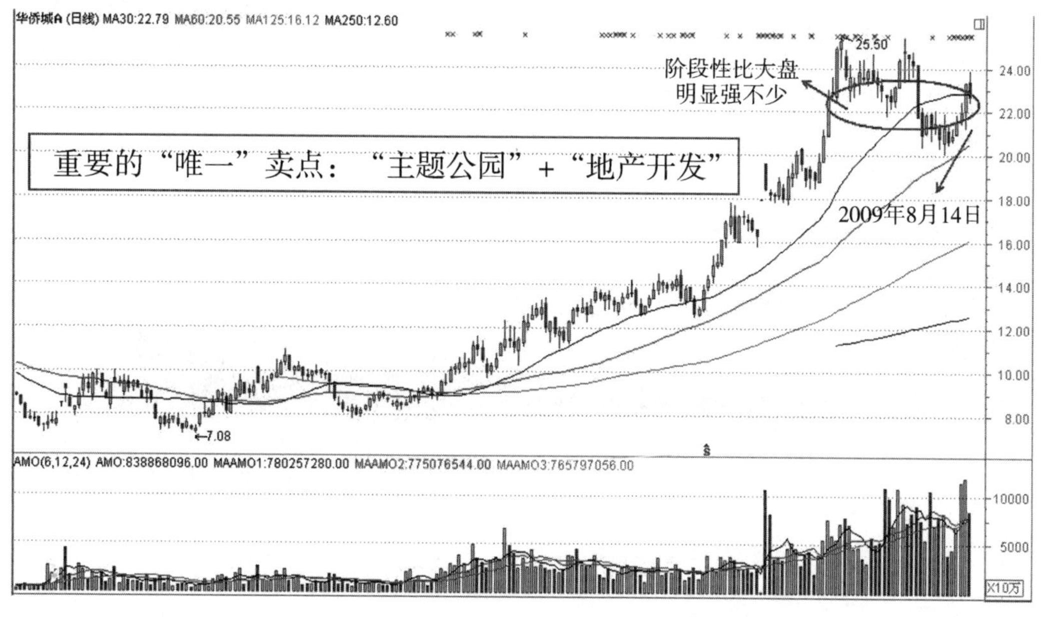

图 118

（2）学会寻找阶段性比大盘强的品种，更多机会往往都蕴涵其中。

把握个股，先看大盘，大盘的状况很大程度上会最终影响到个股的波动。再好的公司，碰到大盘处于极端恶劣的状况，最终也是难免下跌。

选择个股的时候，更要看大盘，为何？为的就是对比，看看到底谁强谁弱。越是能够在大盘处于低迷过程中保持强势的品种，只要其基本面货真价实，往往最终都能够演绎强者恒强的结局。

所以，我们要学会寻找那些阶段性比大盘还强的品种，那样其实更有研究价值，更多的机会往往都蕴涵其中。

从上面图 118 与图 119 其实就可以清晰对比得出，阶段性华侨城比起大盘要强势不少，表明华侨城具有研究价值。

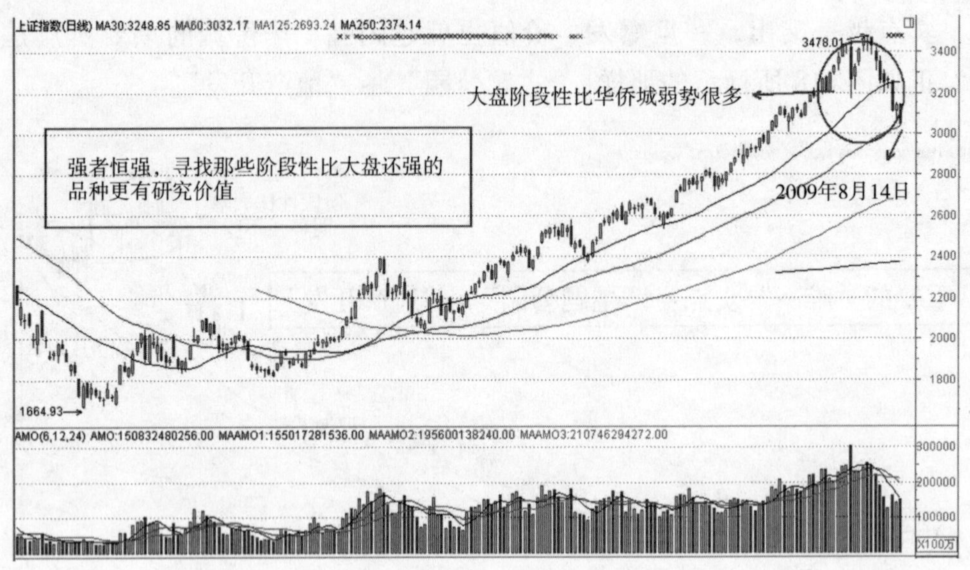

图 119

2.“最新提示”与“公司概况”—— 第一印象

（1）面对华侨城的“最新提示”，多细心些才能有所发现，信息越多意味着更多的题材。

当做好要研究华侨城的决定后，打开“F10”，映入你眼帘的往往都是“最新提示”这个栏目，也就是第一章里谈到的“第一印象（最新提示与公司概况）”。(图 120 与图 121 都是取自华侨城的“最新提示”)

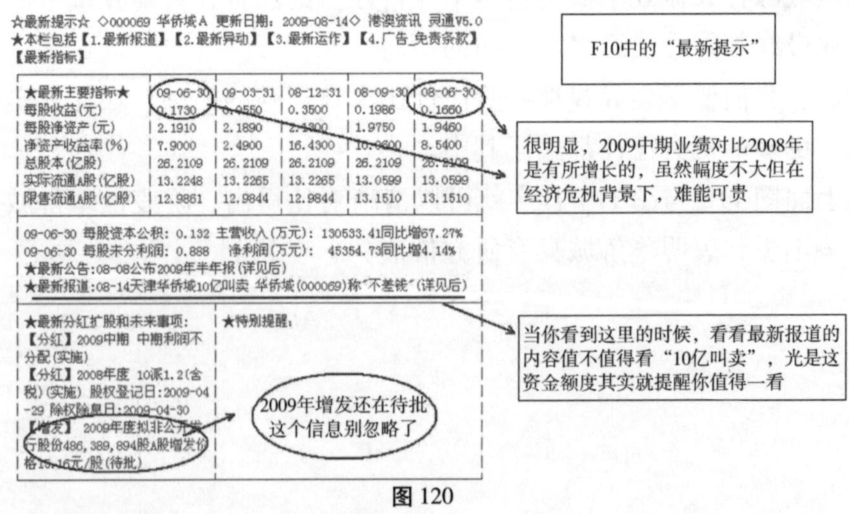

☆最新提示☆ ◇000069 华侨城A 更新日期：2009-08-14◇ 港澳资讯 灵通V5.0
★本栏包括【1.最新报道】【2.最新异动】【3.最新运作】【4.广告_免责条款】【最新指标】

★最新主要指标★	09-06-30	09-03-31	08-12-31	08-09-30	08-06-30
每股收益(元)	0.1730	0.0550	0.3500	0.1986	0.1660
每股净资产(元)	2.1910	2.1890	2.1300	1.9750	1.9460
净资产收益率(%)	7.9000	2.4900	16.4300	10.0600	8.5400
总股本(亿股)	26.2109	26.2109	26.2109	26.2109	26.2109
实际流通A股(亿股)	13.2248	13.2265	13.2265	13.0599	13.0599
限售流通A股(亿股)	12.9861	12.9844	12.9844	13.1510	13.1510

09-06-30 每股资本公积：0.132 主营收入(万元)：130533.41同比增67.27%
09-06-30 每股未分利润：0.888 净利润(万元)：45354.73同比增4.14%
★最新公告:08-08公布2009年半年报(详见后)
★最新报道:08-14天津华侨城10亿叫卖 华侨城(000069)称“不差钱”(详见后)

★最新分红扩股和未来事项：
【分红】2009中期 中期利润不分配(实施)
【分红】2008年度 10派1.2(含税)(实施) 股权登记日:2009-04-29 除权除息日:2009-04-30
【增发】 2009年度拟非公开发行股份486,389,894股A股增发价格15.16元/股(待批)

★特别提醒：

图 120

【1.最新报道】
【最新公司报道】
【2009-08-14】天津华侨城10亿叫卖 华侨城(000069)称"不差钱"

天津华侨城投资有限公司（以下简称天津华侨城）100%股权日前在天津产权交易所网站挂牌转让。这条股权转让信息很容易让人与此前华侨城A（000069，SZ）以50亿元在天津签下的东丽湖华侨城项目联系在一起。

昨日，华侨城相关人士在接受《每日经济新闻》记者采访时表示："我们不缺钱。转让天津项目，主要是出于战略考虑。最近与天津签的一个东丽湖项目，更适合华侨城'旅游+地产'的开发模式。"

根据天津产权交易所公布的交易项目详情，天津华侨城为国有控股企业，成立于2007年11月，注册资本为10亿元，经营范围为以自有资金对房地产业进行投资；房地产开发、销售。公司两大股东为深圳华侨城房地产有限公司和华侨城A，持股比例分别为60%和40%。截至2009年5月31日，天津华侨城的总资产为18.25亿元，总负债为8.27亿元，所有者权益为9.98亿元。

由于公司由两位股东组成，所以，此次标的公司股权也分为两部分进行挂牌转让，60%和40%股权的挂牌价格分别为6.0288亿元和4.0192亿元，买受方需要同时受让上述两个标的。

天津华侨城主要开发项目是2007年9月以16亿元的价格拍得的津丽华明（挂）2007-116号项目"

今年5月20日，天津市市委书记张高丽与华侨城首席执行官任克雷签订了战略合作协议，开发总投资规模为50亿元的天津市东丽湖华侨城项目。拿到了新项目，就卖掉旧项目，这难免让人联想到与公司现金流有关。对此，昨日华侨城A相关人士强调："我们不缺钱。"他表示，买大卖小，完全是出于集团新一轮布局的考虑。

此外，控股股东华侨城集团筹划已久的主营业务整体上市计划，已于6月25日向中国证监会正式上报申请，目前正在受理。

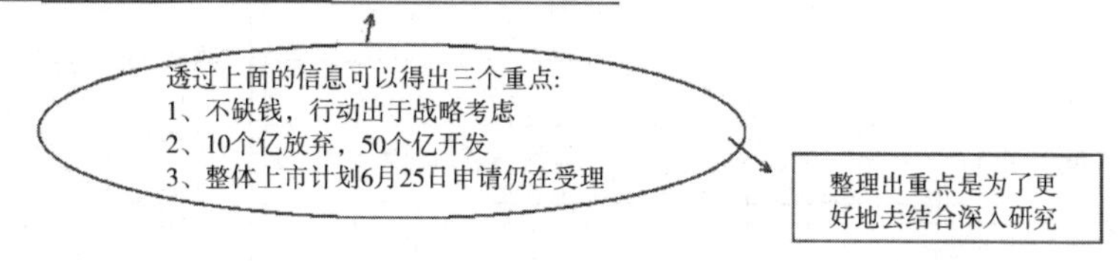

图 121

这个环节虽然看起来简单，但却往往隐含很多有价值的信息，在这过程中，更多的是要细心。

注意前面图 120 与图 121 的解读，在华侨城这个品种里，业绩的对比是有亮点的。增发是个潜在的题材，在解读要点中谈到的 10 个亿转让的信息以及整体上市的思路，表明增发更多是围绕整体上市展开的。当然，从其"抓大放小"的战略思想中可以明白，未来的增发意味着该公司已经进入全面推进"大"战略的阶段，这对公司未来发展既是机遇当然也蕴涵过于激进的风险。

最新提示的信息量不可谓小，更多的信息意味着更多的题材，对华侨城股价的炒作无疑是好事。

（2）面对华侨城的"公司概况"，学会"确认辩证"与发现"差异"。

面对华侨城的"公司概况"，在图 122 中，基本都是常规信息，是为了让我们增进对该公司的了解。当然，很多信息我们可能已经清楚，只是再次加深印象而已。就像在考试过程中答完所有题目后进行检查一样，既然是检查，就难免会发现错误，或者一些新亮点。这里是发现了错误，在"行业归类"里，仅仅突出其旅游业务，没有把地产放上去。其实，它是两者兼而有之，而且更多时候是突出地产，从地产板块躁动就能带动华侨城波动就可见一斑了。

☆公司概况☆ ◇000069 华侨城A 更新日期：2009-11-10◇ 港澳资讯 灵通V5.0
★本栏包括【1.基本资料】【2.发行上市】【3.关联企业】
【1.基本资料】

公司名称	深圳华侨城控股股份有限公司		
英文名称	Shenzhen Overseas Chinese Town Holding Company		
证券简称	华侨城A	证券代码	000069
曾用简称	G华侨城 华侨城A		
关联上市			
相关指数	沪深300指数 中证100指数 深证成份指数 深证100指数 巨潮100指数 深圳报业成份指数 道中指数 道深指数		
行业类别	旅游业		
证券类别	深圳A股	上市日期	1997-09-10
法人代表	刘平春	总 经 理	姚军
公司董秘	李珂晖	独立董事	王韬,张鸿义,韩小京,伊志宏,李罗力
联系电话	(0755)26909069 26936078 26936076	传 真	(0755)26600517
公司网址	www.octholding.com		
电子信箱	IR@octholding.com		
注册地址	广东省深圳市南山区华侨城办公大楼		
办公地址	深圳华侨城欢乐谷旅游公司办公楼		
经营范围	旅游商品的设计、技术开发；兴办实业（具体项目另报）；国内		

F10中的“公司概况”

画线部分应该作为重点去看，在“行业类别”把它归结为旅游业显然是有问题的，更应该是旅游与地产才是
从注册地与办公地点可以看出深圳南山是大本营，等全部研究完应该去看看加深印象。总体来说，这里的内容没有发现爆炸的亮点，要继续向“公司概况”下面的内容看下去，看能否有新发现

图 122

这也从一个侧面告诉我们，对这里的信息不可尽信，毕竟这是他人为了方便投资者研究而进行设计整理的栏目，难免会有一些技术上的失误或者人为疏忽上的失误。当然，这点瑕疵是谁也无法避免的，自己心中有数就好。因此，面对这些信息，自己也有个“确认辩证”的思想准备。

图 123 是“公司概况”中最重要的小环节：“关联企业”，透过这里往往能够更好地发现潜在题材，更清晰地认识该公司的现状。图 123 中的解读已经把我的思路很好地表达了出来，这里不再重复。只是，正如前面单独学习这个环节时提到的那样，这里有价值的信息要从那些看上去有差异的关联企业中去寻找。具体到华侨城，一是公司地域的差异，二是同一大股东的关联企业。这两点都是“差异”的具体表现。

关联方名称	关联关系	所占权益(万元)	比例(%)	是否控制
深圳锦绣中华发展有限公司	参股公司	-	49.00	否
深圳世界之窗有限公司	参股公司	-	49.00	否
成都天府华侨城实业发展有限公司	参股公司	-	35.00	否
深圳华侨城房地产有限公司	参股公司	-	40.00	否
华侨城集团公司	控股股东	126508.81	48.26	是
深圳东部华侨城置业有限公司	控股子公司	-	100.00	是
深圳华侨城传媒广告有限公司	控股子公司	-	97.00	是
深圳东部华侨城茶艺度假有限公司	控股子公司	-	80.00	是
泰州华侨城投资发展有限公司	控股子公司	-	50.00	是
上海华侨城投资发展有限公司	控股子公司	-	40.00	是
深圳市华侨城旅游策划顾问有限公司	控股子公司	-	100.00	是
深圳东部华侨城有限公司	控股子公司	-	50.00	是
深圳东部华侨城物业有限公司	控股子公司	-	50.00	是
深圳歌舞团演艺有限公司	控股子公司	-	70.00	是
深圳华侨城国际旅行社有限公司	控股子公司	1219.00	100.00	是
云南华侨城实业有限公司	控股子公司	-	50.00	是
北京世纪华侨城实业有限公司	控股子公司	-	29.28	是
深圳华侨城国际传媒演艺有限公司	控股子公司	-	50.00	是
深圳华夏演出有限公司	联营公司	-	10.00	否
长沙世界之窗有限公司	联营公司	4399.90	25.00	否
天津华侨城投资有限公司	联营公司	39975.26	40.00	否
北京华侨城物业管理有限公司	联营公司	-	40.00	否
深圳市华侨城城市客栈有限公司	同一控股股东	-	-	否
深圳特区华侨城水电公司	同一控股股东	-	-	否
深圳市华侨城国际酒店管理有限公司	同一控股股东	-	-	否
深圳华侨城投资有限公司	同一控股股东	-	-	否
深圳市秋实投资有限公司	同一控股股东	-	-	否
香港华侨城有限公司	同一控股股东	-	-	否
康佳集团股份有限公司	同一控股股东	-	-	否

这是“公司概况”里的重点环节“关联企业”

旗下非深圳的公司出现不少，分别布局北京、成都、泰州、上海、云南、长沙与天津，这跟主题公司的全国扩张显然有很大关系，这是好事。这正说明公司业务大步走出深圳，如果哪天在国外也出现了，那就到更高的另一层次了，从这里可以看出，扩张的趋势不错。最后一个划线部分是康佳集团（电视产业为主），这里表明与华侨城两者都是同一控股股东，两上市公司之间未来有没可能发生一些化学效应，这是潜在的一个题材，但毕竟关联不大，所以可能也不大，价值不算太大，只能说明大股东实力雄厚而已

图 123

3．“股东研究”—— 开始了解

（1）通过对过去筹码流向的对比来明白当下的意义。

在对图 124 与图 125 的内容进行对比后，我们要懂得把握其中的一些具体数据背后的真实意义，央企背景的大股东流通股是必须要当成锁仓筹码来对待的，这点在学习过程中已反复强调多次。

截至日期:2009-06-30 十大流通股东情况 股东总户数:32903 户均流通股:40193

股东名称	持股数(万股)	占流通股比(%)	股东性质	增减情况(万股)
华侨城集团公司	4998.76	3.78 A股	公司	新进
融通新蓝筹证券投资基金	3588.11	2.71 A股	基金	662.75
诺安股票证券投资基金	3426.28	2.59 A股	基金	-199.72
鹏华价值优势股票型证券投资基金	2477.93	1.87 A股	基金	-171.13
交银施罗德精选股票证券投资基金	2413.54	1.83 A股	基金	1165.83
交银施罗德蓝筹股票证券投资基金	2200.00	1.66 A股	基金	550.00
信达澳银领先增长股票型证券投资基金	2151.12	1.63 A股	基金	未变
银华优质增长股票型证券投资基金	2132.90	1.61 A股	基金	未变
广发小盘成长股票型证券投资基金	1900.00	1.44 A股	基金	-102.38
汇添富均衡增长股票型证券投资基金	1834.97	1.39 A股	基金	1085.09

合计持有27123.60万流通A股,分别占总股本10.35%,流通A股20.51%

F10中的“股东研究”

很显然，这是公司大股东的解禁股上市带来的结果，放到“新进”这里，说明其解禁股上市的时期发生在第二季度。不过，由于大股东本身具有央企背景，在前面的学习过程中应清楚，要依然看成非流通股（一般不会抛售）。
这样3.78%就要从流通A股占比中除去，前十大流通股其实就要排除这大股东背景的流通股，补上第11大流通股东才是更准确的实际机构十大流通股占比，第11大流通股东的比例应比这里的第10大稍微少一点，也就是在1.3%左右，这样，实际机构前十大的流通股占比应为20.51%-3.78%+1.3%=18.1%左右

图 124

股东总户数的对比让我们可以更清晰地了解上市公司的筹码流动状况，上面的数据显示，2009 年上半年底华侨城筹码呈现进一步集中，很显然对 2009 年 8 月中旬的研究虽然有点滞后，但依然具有很重要的意义，大盘股的主力资金流向，除非遇到市场的大逆转，一般趋势形成后都会较为稳定且筹码会逐步减少。另外，结合最初股价较为强势的阶段性波动来看，不少主力应还在其中。这就是股东户数可以给我们带来的启迪。

截至日期:2009-03-31 十大流通股东情况 股东总户数:40483 户均流通股:32672

股东名称	持股数(万股)	占流通股比(%)	股东性质	增减情况(万股)
诺安股票证券投资基金	3626.00	2.74 A股	基金	-224.00
融通新蓝筹证券投资基金	2925.36	2.21 A股	基金	-2415.00
鹏华价值优势股票型证券投资基金	2649.06	2.00 A股	基金	-653.93
鹏华动力增长混合型证券投资基金	2371.74	1.79 A股	基金	未变
博时精选股票证券投资基金	2217.83	1.68 A股	基金	1517.84
信达澳银领先增长股票型证券投资基金	2151.12	1.63 A股	基金	未变
银华优质增长股票型证券投资基金	2132.90	1.61 A股	基金	421.75
广发小盘成长股票型证券投资基金	2002.38	1.51 A股	基金	未变
长盛同德主题增长股票型证券投资基金	1980.55	1.50 A股	基金	3[illegible]2.46
银华—道琼斯88精选证券投资基金	1800.01	1.36 A股	基金	800.00

合计持有23856.95万流通A股,分别占总股本9.10% 流通A股18.04%

用半年报十大流通股东状况与此对比，很显然十大流通占比实际上变化不大，都是18%多点，但“股东总户数”却是有明显变化的，半年报状况是32903，这里是40483，足足少了有1万多户
这是非常明显的筹码进一步集中的信号，说明华侨城2009年半年底比第一季度底，其筹码已经被一些实力机构与大户进一步收集放在手中

图 125

（2）大盘股价值受到基金公认，往往成为标配，需要你辩证去看待。

图 126 的信息足以表明这是不少基金的标配品种，也就是其价值受到了大部分基金公认，否则也不会有如此多基金一起参与进来，这也是大盘股的一个重要特点。

当基本面受到公认，往往就会成为标配品种，而且类似华侨城这种具有重要“唯一”卖点的品种确实不多，受到基金的追捧也在情理之中。

这一方面告诉我们只要大环境相对稳定，这是个相对安全但机会也不小的品种。不过，这种过多基金扎堆的现象长期发展下去，博弈到最后阶段，分歧加大的时候，难免就“鬼打鬼”，最终局面可能会有点失控。当然，就 2009 年 8 月中旬而言，问题会有，但还不是特别大，但需要警惕未来隐患。

【2.基金持股】
【基金持股情况】
【截止日期】2009-06-30

F10中的“股东研究”

基金名称	持股数量(万股)	持有市值(万元)
融通新蓝筹证券投资基金	3588.11	未披露
诺安股票证券投资基金	3426.28	未披露
鹏华价值优势股票型证券投资基金	2477.93	未披露
交银施罗德精选股票证券投资基金	2413.54	未披露
交银施罗德蓝筹股票证券投资基金	2200.00	未披露
信达澳银领先增长股票型证券投资基金	2151.12	未披露
银华优质增长股票型证券投资基金	2132.90	未披露
广发小盘成长股票型证券投资基金	1900.00	未披露
汇添富均衡增长股票型证券投资基金	1834.97	未披露
银华一道琼斯88精选证券投资基金	1800.01	未披露
大成创新成长混合型证券投资基金	1765.48	36898.46
大成财富管理2020生命周期证券投资基金	1674.99	35007.26
鹏华动力增长混合型证券投资基金	1553.83	32475.10
富兰克林国海潜力组合股票型证券投资基金	1532.82	32035.90
交银施罗德成长股票证券投资基金	1460.00	30514.00
南方成份精选股票型证券投资基金	1433.99	29970.37
融通领先成长股票型证券投资基金	1300.00	27170.00
博时价值增长贰号证券投资基金	1300.00	27170.00
银华优势企业证券投资基金	1242.53	25968.79
广发聚富证券投资基金	1220.00	25498.00
南方高增长证券投资基金	1178.03	24620.88
诺安平衡证券投资基金	1123.68	23484.93
银华富裕主题股票型证券投资基金	1114.09	23284.57
申万巴黎新经济混合型证券投资基金	721.30	15075.11
融通行业景气证券投资基金	720.42	15056.84
工银瑞信精选平衡混合型证券投资基金	714.65	14936.10
易方达深证100交易型开放式指数基金	686.14	14340.29
中信红利精选股票型证券投资基金	670.06	14004.24

前面半年报中十大流通股东除最大股东后面的九个基金

这里的信息告诉我们所有参与投资本股票的基金状况，信息进一步明朗化，除去在十大流通股东已上榜的基金，后面数倍的基金也赫然参与进来（由于截图范围有限，后面其实还有大概跟这已经出现的基金相仿的基金没有截取进来），这进一步说明了股东户数大幅减少的原因

不过，太多的基金参与进来，如果趋势继续发展下去，最终也未必是好事，物极必反，这是需要防范与注意的

图 126

4.“主力追踪”—— 深入了解

（1）“主力追踪”不少内容跟“股东研究”雷同，只是表达方式不一样。

图 127 的内容虽然在过去学习中是重要小环节，但具体到华侨城而言，由于这里给出的信息没有太多的研究价值，仅仅是基金流通占比的增长而已。这种信息从前面“股东研究”筹码集中度的上升就已经能够猜出来了，所以价值不大，只是更加确定了基金的动态而已。

☆主力追踪☆ ◇000069 华侨城A 更新日期：2009-08-08◇ 港澳资讯 灵通V5.0
★本栏包括【1.机构持股汇总】【2.股东户数】【3.机构持股明细】【4.异动上榜】
【1.机构持股汇总】
【机构持股汇总】

F10中的“主力追踪”

单位（万股）

报告日期	2009-06-30	2009-03-31	2008-12-31	2008-09-30
基金持股 占流通A比 持股家数及 进出情况	53477.92 40.43 共计54 新进46 增持1 减持4	48422.83 36.61 共计44 新进36 减持5	86096.38 65.09 共计124 新进115 增持2 减持5	40521.97 31.03 共计25 新进16 增持3 减持5
社保持股 占流通A比				2000.00 1.53

注：以上数据取自基金持股和公司十大流通股，季度数据未包含基金持股明细
　　最近一期数据可能因为基金投资组合或公司定期报告未披露完毕，导致汇总数据不够完整。

华侨城这里没有太多研究的价值，仅仅是知道基金占据流通比半年底比第一季度底要多几个百分点而已

不过前面在学习“主力追踪”中，我们知道这里是个重要环节。只是华侨城这个环节这里体现的数据相对少点而已，这也告诉我们，有些环节虽然重要，但也因股而异，要懂得灵活应对

图 127

图 128 的内容其实在“股东研究”中就非常清楚，所以面对这个小环节，唯一的意义就只是加深印象而已，看看知道就好，具体研究过程中可以迅速跳过。

2009-06-30	32903	40193	趋向集中	非常集中
2009-03-31	40483	32671	趋向集中	非常集中
2008-12-31	49310	26823	无明显变化	非常集中
2008-09-30	50874	25671	无明显变化	非常集中
2008-06-30	48155	27120	趋向集中	非常集中
2008-03-31	33074	19211	趋向分散	非常集中
2007-12-31	26233	24221	趋向分散	非常集中
2007-09-30	10116	48446	趋向分散	非常集中

华侨城这里的数据变化其实在前面的“股东研究”栏目中我们已经清晰看到，所以大可跳过去继续往下看

图 128

(2)“主力追踪”的信息更详尽，随着研究的深入，“透过现象看到本质”就可水到渠成。

图 129 的内容大部分在“股东研究”里也有，只是这里更加详尽，多了“占流通股比”以及“增减情况”，对华侨城的基金进行细微动态的深入研究是有帮助的。

【3.机构持股明细】
【机构持股明细】
截止日期：2009-06-30

股东名称	持股数（万股）	占流通股比（%）	股东性质	增减情况（万股）
融通新蓝筹证券投资基金	3588.11	2.71	基金	662.75
诺安股票证券投资基金	3426.28	2.59	基金	-199.72
鹏华价值优势股票型证券投资基金	2477.93	1.87	基金	-171.13
交银施罗德精选股票证券投资基金	2413.64	1.82	基金	1165.83
交银施罗德蓝筹股票证券投资基金	2200.00	1.66	基金	550.00
信达澳银领先增长股票型证券投资基金	2151.12	1.63	基金	未变
银华优质增长股票型证券投资基金	2132.90	1.61	基金	未变
广发小盘成长股票型证券投资基金	1900.00	1.44	基金	-102.38
汇添富均衡增长股票型证券投资基金	1834.97	1.39	基金	新进
银华—道琼斯88精选证券投资基金	1800.01	1.36	基金	未变
大成创新成长混合型证券投资基金	1765.48	1.33	基金	130.49
大成财富管理2020生命周期证券投资基金	1674.99	1.27	基金	新进
鹏华动力增长混合型证券投资基金	1553.83	1.17	基金	-817.01
富兰克林国海潜力组合股票型证券投资基金	1532.82	1.16	基金	未变
交银施罗德成长股票证券投资基金	1460.00	1.10	基金	70.00

这里的信息其实在前面“股东研究”中大部分已经披露了，只是这里更详尽而已，多了“占流通股比”以及“增减情况”，这可以让我们更深入去研究基金的细微动态

当然，这里跟前面“股东研究”中一样截取的基金数量仅仅是一部分而已，更多的在后面，我们知道并懂得怎么看这里就可以了。真正看的时候我们也仅仅是主要看前面这部分，后面的都可以看成是“虾兵虾将”，可以忽略，正所谓“擒贼先擒王”也

图 129

所以，随着研究的深入，很多信息自然会慢慢变得清晰起来，这样对该上市公司的了解也就越来越有心得，最后，就能“透过现象看到本质”了。

5.“公司大事”与“行业分析”——继续深入

(1)“公司大事”中有“增发”亮点，中期影响存在，关键是辩证看待，留心大环境。

这里的“公司大事”其实就是第一章里的“重要事项”了，意思一样，表达有点不一样。

图130，阶段性公司大事中，仅仅只有“增发”是真正有价值的公司大

【2009-08-08】

公布2009年半年报

华侨城A公布2009年半年报：基本每股收益0.173元，稀释每股收益0.173元，每股收益（扣除）0.173元，每股净资产2.191元，净资产收益率7.9%，加权平均净资产收益率7.94%，扣除非经常性损益后净利润452155665.51元，营业收入1305334065.15元，归属于母公司所有者净利润453547321.47元，归属于母公司股东权益5743799395.33元。

F10中的“公司大事”

【2009-07-09】

刊登董事会通过转让所持天津华侨城投资有限公司的全部股份公告

华侨城A董事会决议公告

华侨城A第四届董事会第二十七次临时会议于2009年7月7日（星期二）以通讯方式召开，同意免去王刚先生公司副总裁职务，同意聘任林树森先生担任公司副总裁，任职期限与本届高管人员一致，审议通过了《关于审计公司2009年第一季度财务报告的议案》、《关于转让天津华侨城公司股权的议案》，同意公司转让所持天津华侨城投资有限公司的全部股份，该股权转让将通过天津产权交易所采取挂牌方式进行，价格不低于该股权的评估价值4.02亿元人民币。

【2009-06-25】

刊登临时股东大会决议公告

华侨城A临时股东大会决议公告

华侨城A 2009年第二次临时股东大会于2009年6月24日召开，审议通过了关于发行股份购买资产暨关联交易的具体方案的提案、关于非关联股东同意华侨城集团免于发出要约的提案、关于终止公开发行股票方案的提案等议案。

深圳华侨城控股股份有限公司简式权益变动报告书

华侨城集团公司以非现金资产认购华侨城A发行的全部股份，情况如下：

1.数量和比例

华侨城A本次发行股票的数量为486,389,894股，占发行后公司总股本的15.65%。本次发行前如有派息、送股、资本公积转增股本等除权除息事项，本次发行股数随之进行调整。

2.发行价格和定价依据

本次发行价格为华侨城A第四届董事会第二十六次临时会议决议公告日（2009年6月9日）前二十个交易日公司股票交易均价15.16元。本次发行前如有派息、送股、资本公积转增股本等除权除息事项，将对该发行价格进行除权除息处理。

3.支付条件和支付方式

华侨城集团以其持有的12家标的公司的全部股权作为认购华侨城A本次发行股份的支付对价，经国资委备案的资产评估报告所确定的净资产评估值为737,367.08万元。

2009年6月19日，本次发行股份购买资产之具体方案获得国务院国资委之批准；本次发行股份购买资产尚需中国证券监督管理委员会核准，华侨城集团申请豁免以要约收购方式增持华侨城A股份尚需中国证监会批准。

华侨城集团承诺，若华侨城集团本次以资产认购华侨城A股份得以完成，华侨城集团通过本次发行认购的股份自发行结束之日起36个月内不得转让。

这里阶段性出现三个所谓“公司大事”：
一是半年报（这已经知晓，有增长），二是转让子公司（额度不大可忽略），
三是增发（增发价15.16元，36个月不得转让，说明还挺有信心）

图130

事，但这里的“增发”方案早在6月25日就已经上报申请（前面“最新提示”中有所提及），这里分析时间是8月中旬，距离6月25日已经有段时间，短期影响已经不大，更多的是中期影响。

不过正因为有还没有真正解决的“增发”，市场才出现反复炒作其题材的价值。因此，有些主力配合“增发”这一重大题材也是情理之中。当然，这需要辩证去看，这个前提是市场大环境较为理想，否则，“增发”就变成利空了。

（2）“行业分析”透过“主营收入”与“销售毛利率”去剖析，“销售毛利率”后进一步的“销售净利率”有时会起到意想不到的效果。

图131与图132都是“行业分析”中的内容，正如前面第二章学到的那样，要重点关注“主营收入”与“销售毛利率”。

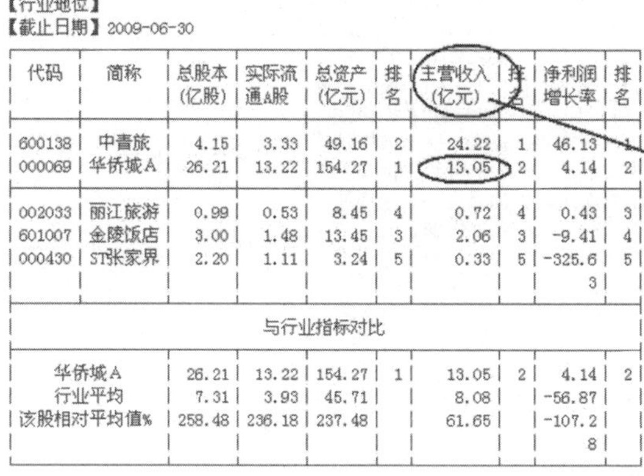

【所属行业】旅游业
【行业地位】
【截止日期】2009-06-30

代码	简称	总股本（亿股）	实际流通A股	总资产（亿元）	排名	主营收入（亿元）	排名	净利润增长率	排名
600138	中青旅	4.15	3.33	49.16	2	24.22	1	46.13	1
000069	华侨城A	26.21	13.22	154.27	1	13.05	2	4.14	2
002033	丽江旅游	0.99	0.53	8.45	4	0.72	4	0.43	3
601007	金陵饭店	3.00	1.48	13.45	3	2.06	3	-9.41	4
000430	ST张家界	2.20	1.11	3.24	5	0.33	5	-325.63	5
与行业指标对比									
华侨城A		26.21	13.22	154.27	1	13.05	2	4.14	2
行业平均		7.31	3.93	45.71		8.08		-56.87	
该股相对平均值%		258.48	236.18	237.48		61.65		-107.28	

前面的学习中已经知道这里的数字可以反映行业地位，半年13多亿的状况，在旅游业内虽然不及中青旅，但也相当不错。
不过，前面说过，其不仅仅属于旅游业，也属于地产业，所以这里的比较是相对比较片面的，如果把这13多亿放到地产行业的话，位置算不上前列，只能算中间

图131

【截止日期】2009-06-30

代码	简称	销售毛利率（%）	排名	销售净利率（%）	排名	净资产收益率（%）	排名	每股收益（元）	排名
600138	中青旅	25.64	16	4.39	16	5.24	3	0.26	1
002033	丽江旅游	81.95	11	31.04	11	5.54	2	0.22	2
000069	华侨城A	39.55	2	34.75	2	7.90	1	0.17	3
601007	金陵饭店	47.99	21	11.35	21	2.50	4	0.08	4
000430	ST张家界	41.51	4	-49.29	4	-27.88	5	-0.07	5
与行业指标对比									
华侨城A		39.55	2	34.75	2	7.90	1	0.17	3
行业平均		47.33		6.45		-1.34		0.13	
该股相对平均值%		-16.43		438.99		-689.11		31.66	

前面的学习中也谈到过销售毛利率是非常重要的一个指标，对比旅游行业，显然并不占优势，当然这跟这里太少的旅游上市公司进行比较也有些关系，但至少说明，其这一块是个相对弱项
不过非常有意思的是，其销售净利却是占据相当突出的位置，这也说明公司的管理是比较成熟的，营销成本控制比较好，这反倒成为亮点了，真有点“柳暗花明又一村”的味道，所以，研究需要深入一点

图132

很显然，在图131中，华侨城“主营收入”在旅游行业是较为突出的，

但在房地产行业则处在中间位置（软件里的信息有时候显然不够全面，但我们需要知道这一点）。

这多少可以说明其在房地产业务上的潜力，毕竟旅游主题公园的市场形象是唯一而且很突出的，结合房地产是有很大潜力的。

在图132中，现实“销售毛利率”并不突出，但“销售净利率”却是相当突出的，这多少有点意外。但这也进一步说明该公司治理比较完善，管理比较到位，营销成本比较低。

【2.股本变化】

变更日期	总股本	流通A股	实际流通A股	变更原因
2009-11-11	310747.80	310747.80	133731.20	增发
2009-10-15	262108.81	262108.81	133914.43	有限售条件的流通股上市
2008-10-13	262108.81	262108.81	132264.97	有限售条件的流通股上市
2008-04-10	262108.81	262108.81	130598.76	送转股
2007-11-26	131054.41	131054.41	63521.89	认购权证行权
2007-10-09	116120.52	116120.52	48987.41	股权激励
2006-01-06	111120.52	111120.52	50344.21	股权分置
2005-04-22	111120.52	39348.04	39331.42	债转股
2005-03-31	107865.04	36092.56	36092.56	债转股
2004-12-31	105283.97	33511.49	33498.14	债转股
2004-09-30	105283.88	33511.40	33511.40	债转股
2003-04-28	80481.60	25272.00	25259.36	送转股
2001-05-21	44712.00	14040.00	14032.98	送转股
2000-09-26	37260.00	11700.00	11684.84	配股
1998-10-05	34560.00	9000.00	8986.54	送转股
1998-03-16	19200.00	5000.00	5000.00	内部职工股上市
1997-09-10	19200.00	4558.00	4558.00	新股上市
1997-08-04	19200.00	4558.00	-	新股发行

F10中的“股本股改”

从1997年—2008年，从一个小盘股发展到大盘股，股本护张的速度超过13倍，发展的速度之快从这也可见一斑，不亏是深圳的公司——“深圳速度”。这里的环节只能更多去了解一下历史而已，真正对波动有价值的信息很还少，所以这个大环节是个次要环节，大概浏览，知道就好。因此，更多的一些小环节内容就跳过不看

图133

6.“股本股改”—— 回归现实

这里的现实就是华侨城的发展是“深圳速度”，其余的小环节可以忽略。为何？很简单，因为央企是不会轻易抛售股权的，所以这里的研究可以忽略。

7.“高层治理”—— 接触家长

（1）对不熟悉的高管要想方设法去了解，高管股权这些小细节别忽视。

在图 134 中，第一直观印象过后，发现自己并不熟悉，一则自身掌握的信息有限，二则公司高管确实比较低调。不管是自身掌握的信息有限或者是高管比较低调，都不要紧，有很多渠道进行深入了解，问问熟悉该行业的人士，或者借助网络都是很好的方式。

【2.高管列表】

姓名	性别	公司职务	学历	年薪(万元)	持股数(万股)
刘平春	男	董事长,董事,首席执行官	本科	-	143.34
姚军	男	总裁,董事	硕士	103.64	136.00
李珂晖	男	董秘	本科	37.79	84.00
王韬	男	独立董事	硕士	8.00	-
张鸿义	男	独立董事	大学	8.00	-
韩小京	男	独立董事	硕士	8.00	-
伊志宏	女	独立董事	博士	8.00	-
李罗力	男	独立董事	硕士	8.00	-
董亚平	男	监事会主席	大专	-	138.26
郑凡	男	董事	本科	-	133.34
吴斯远	男	董事	硕士	-	141.30
高军	男	董事,副总裁	硕士	36.67	137.00
董喜生	男	董事	大专	-	135.00
任克雷	男	董事	本科	-	153.34
翳迪岸	男	董事	大学	-	133.34
陈剑	男	董事	硕士	-	133.34
欧阳建昕	男	职工监事	本科	19.03	33.34
王如泉	男	监事	大专	-	125.70
王晓雯	女	监事	本科	-	147.37
丁未明	男	职工监事	研究生	21.23	50.00
林育德	男	财务总监	研究生	-	83.34
林树森	男	副总裁		-	-
陈孟炯	男	副总裁	大专	-	86.34
郭金	男	证券事务代表		-	-
合计				258.36	1994.35

F10中的“高层治理”

华侨城的董事长与总裁无疑是高管当中的重点，所以需要特别留意。但很显然他们不是如万科“王石”般的明星董事长，比较低调，需要从其他渠道去了解
另外，看看持有公司股份的数量有多少，虽然在央企里该数据没太大意义，但毕竟这也是一种财富的象征，数量越多作为企业负责人肯定会越上心去经营

图 134

拥有一个有个性有魄力的高管，是上市公司的福气。当然，低调不是坏事，很多人，就是在低调中做大事。每个人的性格不一样。我们在面对高管的时候，要清楚，多点了解上市公司高管并不是坏事，很多时候，是有启发与帮助的。

另外，别忽视重要高管所持的股份。作为大盘股而且是央企，由于央企的特殊性，高管也不可能持有太多。但不论如何，这里的股数多少也能反映出一些信号，就算再怎么少，你至少也可从中了解到其股权的身价。如果在大央企作为高管本身股权身价都不能达到千万级别，那么，这样的公司肯定是在激励机制上，股权改革上做得不到位的，对公司的经营发展并不是好事。

虽然是很小的细节，但有时候也能反映出不小的问题。华侨城还好，高管都持有上百万股，千万级别显然没太大问题。

（2）有集团背景的上市公司，要顺藤摸瓜去了解集团老总。

了解高管不仅仅是局限在上市公司本身，很多上市公司，其背后往往都有集团。此时，你要学会顺藤摸瓜。在图 135 中，我们就可以很清晰地了解到，这里只是强调要有这种思路。

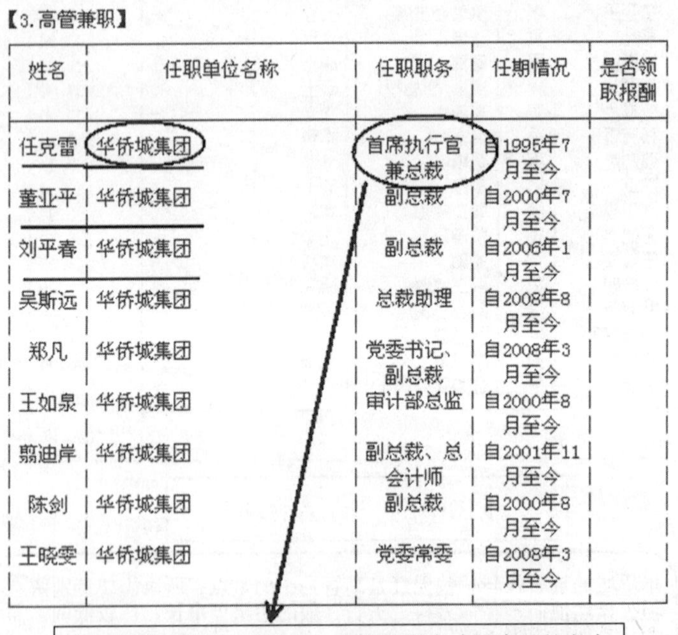

【3.高管兼职】

姓名	任职单位名称	任职职务	任期情况	是否领取报酬
任克雷	华侨城集团	首席执行官兼总裁	自1995年7月至今	
董亚平	华侨城集团	副总裁	自2000年7月至今	
刘平春	华侨城集团	副总裁	自2006年1月至今	
吴斯远	华侨城集团	总裁助理	自2008年8月至今	
郑凡	华侨城集团	党委书记、副总裁	自2008年3月至今	
王如泉	华侨城集团	审计部总监	自2000年8月至今	
翦迪岸	华侨城集团	副总裁、总会计师	自2001年11月至今	
陈剑	华侨城集团	副总裁	自2000年8月至今	
王晓雯	华侨城集团	党委常委	自2008年3月至今	

图 135

集团老总其实就是上市公司老总的上级，也就是研究对象公司高管的老大，用“老大的老大”来形容集团老总是很贴切的。我们要知道，有集团背景的上市公司，最终的发展肯定离不开集团的支持，集团公司的战略思想等无疑就举足轻重了。

在了解的过程中，会对研究的上市公司有更全面的认识，同时发现一些可能的重要亮点，毕竟集团公司的战略高于上市公司的战略。

（3）上市公司的管理层在运作上的地位无可比拟，“任职起始日”告诉我们华侨城进入突破发力期，是“重大利好”。

集团公司更多是战略层面，具体在运营上依然还是上市公司管理层。虽然集团公司管理层的地位比上市公司管理层重要，但具体在上市公司运作上，上市公司管理层更为关键。所以，在图 136 中，我们对管理层的了解就必须回到上市公司本身中来。

在图 136 中，要关注的重点就是“任职起始日”，这在第二章中也特别

【4.高管简介】

姓名	刘平春	性别	男	学历	本科
职位名称	董事长,董事,首席执行官	任职起始日	2006-03-13	年薪	
持股数	1433400				
简历	1955年出生，高级政工师。曾任华侨城经济发展总公司总经理助理兼策划部总经理。现任深圳华侨城控股股份有限公司总裁、深圳华侨城欢乐谷旅游发展有限公司董事长、北京世纪华侨城实业有限公司副董事长。深圳华侨城控股股份有限公司董事长				

姓名	姚军	性别	男	学历	硕士
职位名称	总裁,董事	任职起始日	2006-03-13	年薪	1036400
持股数	1360000				
简历	男，1960年出生，硕士，高级经济师。曾任深圳新华针织服装有限公司董事总经理、深圳锦绣中华发展有限公司助理总经理、华侨城集团公司旅游发展部副总经理、深圳特区华侨城中国旅行社总经理、本公司副总裁、常务副总裁、深圳锦绣中华发展有限公司党委书记、常务副总经理。现任深圳华侨城控股股份有限公司董事、总裁。				

了解集团只是清楚了上市公司背后的实力，具体到运营上依然是要靠上市公司的高层去完成任务，所以最后还是要回到上市公司高层的了解上来，一个董事长一个总裁看看到底怎么样

前面的学习谈到过，这里要清楚高层“任职起始日”。这很重要，只有清楚了，你才知道现在的华侨城处于什么阶段。几年时间最初的磨合整合期已经过去，现在显然是进入发力阶段，这点是有利于公司的未来发展的

图 136

谈到过，华侨城的董事长与总裁都是从 2006 年 3 月开始走马上任，最初的磨合整合期显然已经过去，未来将进入一个突破发展期，这对华侨城无疑是“重大利好”。

8. 经营分析 —— 了解家底

（1）主营构成的具体状况与不同区域的主营收入占比，进一步体现华侨城的本质与现状。

在图 137 中，我们可以进一步了解到华侨城房地产业务所占主营业务的比重，刚好超过 50%，与旅游业务占比分庭抗衡。（这进一步说明该软件在“行业分析”中仅仅归类为旅游业是明显的失误，因此，我们需要更多把它归类到房地产，与各房地产公司也要有个类比才更完善）

【2.主营构成分析】
【2009年中期概况】

F10中的“经营分析”

项目名称	营业收入(万元)	营业利润(万元)	毛利率(%)	占主营业务收入比例(%)
地产销售收入(行业)	68721.66	36723.35	53.44	52.65
景区酒店等收入(行业)	46761.09	14234.78	30.44	35.82
旅游团费收入(行业)	15050.66	669.31	4.45	11.53
华南地区(地区)	104115.77	-	-	79.76
华北地区(地区)	26417.64	-	-	20.24

这里信息得出两点信号值得注意：
1、地产销售刚好收入超过主营业务的一半，跟其余旅游的收入基本是分庭抗衡（充分说明其地产业务的发展已经达到相当的程度）
2、华北地区的业务占主营达到20%（这个数字说明其全国战略开始有一定的实际突破）

图 137

同时对比目前各地区所占主营业务的比重，华北地区突破 20% 是个较为积极的信号：全国战略开始深入推进并产生明显回报的信号。

这里在第二章的“经营分析”中已有重点提及：一是了解主营构成具体状况，二是了解不同区域的主营收入占比。

（2）对半年报，抓住“主要矛盾”，感知与认识当下状况与未来动向，客观冷静面对之。

图 138 与图 139，都是半年报中的一些具体摘要的截图，内容太多不能一一呈现，我们看半年报刚开始可以依次全看完，但具体研究过程中就没必要面面俱到，而要学会抓住“主要矛盾”，有所侧重。

【3.经营投资】
【公司经营情况评述】
【2009年半年报】

（一）报告期内，公司认真学习实践科学发展观，积极进取，灵活应对，在积极推进华侨城集团主营业务整体上市的同时，集成优势资源，全力以赴地推动各项主营业务发展。

1、旅游业务稳定增长。

报告期内，公司参控股旅游企业共接待游客 645 万人次，同比增长 5.9%；各参控股企业累计实现营业收入13.05亿元，同比增长67.3%。

2、旅游地产销售状况良好。

2009 年，国内房地产市场逐步回暖，公司控股子公司北京华侨城、东部华侨城，参股企业华侨城地产的在售项目如深圳纯水岸、招华曦城、四海公寓、浦江华侨城、成都纯水岸等，均取得了良好销售业绩。

3、重点项目顺利推进。

（1）北京欢乐谷加快新项目建设及原有项目更新改造，奥德赛广场、4D影院如期完工，“欢乐时光区”破土动工；完成亚特兰蒂斯、香格里拉、失落玛雅和爱琴港等区域的多个标志性建筑亮色工程。北京华侨城地产项目上半年累计销售556套，目前A2-1至A2-7整体销售率90%。

（2）东部华侨城海洋广场、五大之旅、太空馆等旅游项目基本落成，上半年共接待游客110万人次，同比增长 15%。天麓项目上半年销售25套，目前一、二、七区整体销售率90.8%。

（3）成都欢乐谷经营状况良好，上半年共接待游客 100 万人次。成都纯水岸一期尾盘及二期新盘上半年累计销售284套。

（4）上海欢乐谷各分区项目建设基本完成，为下半年开园试业做好准备。

4、华侨城集团主营业务整体上市的有关情况。

请参阅第六节“重要事项”。

二、报告期内公司经营活动总体状况

本公司目前的主要业务是旅游和房地产业务。

内容提炼为：收入增长明显，重点项目大力推进过程中全国布局开始四处开花，围绕旅游与房地产业务中心不动摇

图 138

三、新年度业务发展计划

2009年，国际国内经济形势依然严峻，宏观经济发展的系统性风险和不确定性依然存在。从国际来看，随着世界金融危机从金融领域扩散到实体经济领域，各国经济发展都受到较大影响。同时，随着国内宏观经济下滑，收入预期降低，市场需求可能持续疲软，旅游和房地产业的恢复性增长将受到考验。

温家宝总理在政府工作报告中已明确指出：2009 年是我国实施“十一五”规划的关键之年，也是进入新世纪以来我国经济发展最为困难的一年。挑战与机遇并存、希望与困难同在。积极扩大国内需求特别是消费需求，增强内需对经济增长的拉动作用，加快发展旅游休闲消费，促进房地产市场稳定健康发展。

中央及地方政府为应对国际金融危机、促进经济平稳较快发展，已陆续出台相关政策：国家旅游局将 2009 年全国主题旅游年确定为“中国生态旅游年”，旨在进一步加大生态旅游产品推广力度、切实满足不断升级的旅游消费新风尚。同时，国家旅游局还提出“国民休闲计划”，以促使更多中国人参与到国内旅游活动中，促进国内旅游市场获得更大发展。广东省也已出台《关于促进我省房地产市场平稳健康发展的若干意见》，指导房地产市场稳健发展。这些政策措施为公司主营业务的长期持续发展提供了保障，也坚定了公司继续做强做大旅游地产主营业务的决心。

公司自 2002 年开始先后投资建设了北京华侨城、东部华侨城、成都华侨城、上海华侨城等大型旅游地产综合项目，2009 年起将全面进入收益期，这标志着公司在国内的第一轮战略布局基本完成。在当前形势下，公司将按照“以快取胜”、“以新领先”、“以异求存”、“以丰致富”、“以大保久”的策略，抓住有利时机，坚定不移地坚持和深化“旅游+地产”商业模式，把握节奏，积极寻求在国内区域中心城市的发展机会，为在全国开展第二轮战略布局储备战略资源。

2009 年，公司将认真学习实践科学发展观，积极进取，灵活应对，按照“三稳四快”的工作思路（“三稳”即“稳业绩、稳现金流、稳队伍”，“四快”即“建设速度要快、市场反应要快、连锁经营要快、新产品研发要快”），全力以赴完成各项经营计划。

（一）狠抓旅游地产主营业务经营管理，全力推进重点项目建设，防范财务风险

1、旅游业务

根据国际主题公园行业权威机构 TEA（主题休闲娱乐行业协会）和 ERA（经济研究事务所）的数据统计，公司在2007年的游客接待量为1,350万人次，已与美国迪斯尼乐园、英国美林娱乐集团公司、美国环球影城、六旗集团、布什系列公园和西德角连锁主题公园等一起跻身全球旅游景区集团八强，成为亚洲地区唯一进入“全球旅游景区八强”的公司。公司将努力实现到2010年接待游客达到2,000万人次，到 2018-2020 年接待游客达到 3,000 万人次，华侨城旅游成为“中国主题公园自主创新第一品牌”的战略目标。

重要信息提炼为：

1.2009年大环境支持旅游业

2.全国旅游地产项目2009年全面进入收益期

3.坚定不移推行“旅游+地产”模式

4.“中国主题公司自主创新第一品牌”是战略目标

透过信息可以感知华侨城2009年显然是进入了大飞跃起步的一年。量变到质变有可能在未来一到两年内实现，因此，这两年的状况如何很关键

图 139

透过图中具体的半年报信息，对华侨城当下状况与未来动向会有更清晰的认识。整体而言，是比较积极的，未来也有很多值得期待的卖点，未来一到两年有望成为华侨城量变到质变的阶段。2009 年很关键，有望成为新飞跃的起点。

这些信息都是透过半年报中可以去感知的，当然，步子迈大了，一旦出现问题，可能摔得也会比较惨。因此，还是要保持客观与冷静，结合更多信息才能下最后的结论。

9. 财务分析、公司报导、百家争鸣与港澳分析——综合比较

（1）“财务分析”可以让人更清楚内在，华侨城短期问题不大，中长期需要观察。

图 140、图 141、图 142 与图 143 都是“财务分析”的内容，在前面第一章有较为详细的剖析思路。“财务分析”是重点但也是非重点，所谓重点是指其里面含的内容会让我们对上市公司有更为全面清晰的认识，当然，前提是你要懂得财务分析的基本功，知道怎么去理解里面的内容。

【1.财务指标】
【历年简要财务指标】

F10中的财务分析

财务指标(单位)	2009-06-30	2009-03-31	2008-12-31	2008-09-30
每股收益(元)	0.1730	0.0550	0.3500	0.1986
每股收益扣除(元)	0.1730	0.0540	0.3500	0.1994
每股净资产(元)	2.1910	2.1890	2.1300	1.9750
调整后每股净资产(元)	-	-	-	-
净资产收益率(%)	7.9000	2.4900	16.4300	10.0600
每股资本公积金(元)	0.1317	0.1277	0.1237	0.1195
每股未分配利润(元)	0.8881	0.8895	0.8350	0.7122
主营业务收入(万元)	130533.41	41295.96	349067.89	168887.07
主营业务利润(万元)	-	-	-	-
投资收益(万元)	43359.71	15084.77	76545.08	44612.14
净利润(万元)	45354.73	14289.82	91743.53	52050.85

这个大环节所涉及的每个小环节在第一章里有较为详细的阐述，在研究具体品种的过程中，我们要清晰两点：
一、我们不是会计师，没必要达到会计师的水平，只要懂得看，会分析足矣，再深入不是不好，只是要先认清自己是谁。
二、在具体研究分析过程中要学会有所选择，找到适合研究的就可以，别走火入魔。
在这里，华侨城的净资产显然是有点低的，当然这信息前面也知晓，所以可以浏览而过

图 140

【利润构成与盈利能力】

财务指标(单位)	2009-06-30	2008-12-31	2007-12-31	2006-12-31
主营业务收入(万元)	130533.41	349067.89	172913.69	159555.59
主营业务利润(万元)	-	-	-	-
经营费用(万元)	5400.85	9580.74	8367.32	8509.46
管理费用(万元)	16844.14	48696.41	50315.23	16162.89
财务费用(万元)	4287.62	14537.98	5539.67	2605.77
三项费用增长率(%)	-18.87	13.38	135.43	59.86
营业利润(万元)	52148.78	128336.90	85237.20	73691.27
投资收益(万元)	43359.71	76545.08	65554.91	47117.12
补贴收入(万元)	-	-		-
营业外收支净额(万元)	374.95	-177.55	-55.19	47.34
利润总额(万元)	52523.73	128169.35	85182.00	73738.61
所得税(万元)	3060.55	11247.57	4786.29	9186.87
净利润(万元)	45354.73	91743.53	75037.05	55336.03
销售毛利率(%)	38.55	47.18	56.20	40.64
主营业务利润率(%)	-	-	-	-
净资产收益率(%)	7.90	16.43	15.20	18.52

在前面“行业分析”中发现的亮点：销售净利率跟销售毛利率差距不大，猜测经营管理等费用控制比较好
这里的报表显然给予了确认，三项费用（经营费用、管理费用与财务费用）增长率是大幅下降近19%的，足以说明问题了
这里的数据较为详细，让研究显得更为清晰与具体，“财务分析”就是有这样的好处

图 141

【资产与负债】

财务指标(单位)	2009-06-30	2008-12-31	2007-12-31	2006-12-31
资产总额(万元)	1542655.60	1394692.84	1246847.27	702068.74
负债总额(万元)	830263.72	703568.76	676274.22	336487.74
流动负债(万元)	829309.18	696477.85	639468.82	319724.10
长期负债(万元)	-	-	-	-
货币资金(万元)	107990.33	93125.17	167566.95	27649.89
应收帐款(万元)	5488.60	3497.65	2262.92	576.28
其他应收款(万元)	8654.18	11693.72	3592.51	2530.82
坏帐准备(万元)	-	-	-	-
股东权益(万元)	574379.94	558380.68	493888.01	298826.95
资产负债率(%)	53.8204	50.4461	54.2387	47.9280
股东权益比率(%)	37.2331	40.0361	39.6109	42.5637
流动比率(%)	0.4368	0.4507	0.4442	0.2567
速动比率(%)	0.1523	0.2098	0.2791	0.1112

资产总额的增长确实喜人，但同时资产负债率依然较高，这为上市公司未来的发展埋下了隐患

这是华侨城经营过程中的风险，信贷政策非常关键，所幸2009年8月中旬央行的最新政策依然是较为宽松的货币政策，整体影响暂时不大，但中期如果没有太大改善，将依然是风险。此处，看到了华侨城内在的风险因素

图 142

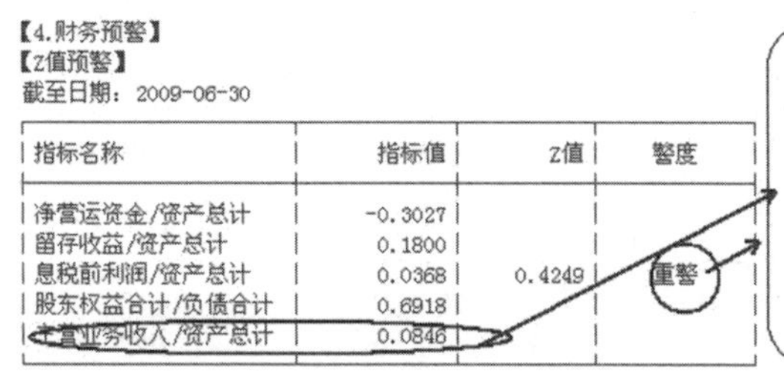

【4.财务预警】

【Z值预警】

截至日期：2009-06-30

指标名称	指标值	Z值	警度
净营运资金/资产总计	-0.3027		
留存收益/资产总计	0.1800		
息税前利润/资产总计	0.0368	0.4249	重警
股东权益合计/负债合计	0.6918		
主营业务收入/资产总计	0.0846		

大部分数据都低得可怜，主营业务收入与资产总计的比值就是很明显的状况，不到10%，主营业务收入与资产总计差距较大。当然，有人说旅游与房地产行业相对特殊一点，但数据依然是偏低的。警度最终评级是“重警”。这里可以说再次让人对华侨城的内在有个清晰认识，热闹的背后其实风险也是不小的，毕竟任何事物都有两面性

图 143

所谓非重点则是此处属于会计师的研究领域。每个人术业有专攻，没必要达到会计师的水平，重视它的同时也要保持一定的距离，否则就很容易陷进去走火入魔。因此，从这个角度来说，并非重点。

华侨城的“财务分析”，里面涵盖的小环节很多，在此并没有全部呈现，只是把需要的、认为重要的呈现出来。在这些呈现出来的小环节中，我们也仅仅是找到最关键的要素进行剖析。图 140 的关键要素是“净资产”，图 141 的关键要素是“三项费用（经营费用、管理费用与财务费用）增长率”，图 142 的关键要素是“资产负债率”，图 143 的关键要素则是“主营业务收入与资产合计的比值”以及其“综合给出的风险评估”。除了“三项费用增长率”的结果较为理想外，其余都或多或少存在着问题（这些是中长期的隐患）。因此，就其“财务分析”的整体而言，是不及格的。这说明虽然外在看起来挺光鲜，但其内在的状况是存在风险的（特别是中长期）。因此，短期而言问题暂时不大，但中长期而言有待观察，这在投资过程中是必须要注意的问题。

（2）“公司报导”是新闻汇总的地方，“百家争鸣”与“港澳分析”是

评论汇集的地方，华侨城在这两个地方总的状况都不错。

图 144 是“公司报导”环节，主要就是展示一些公司的重要新闻，部分内容其实难免会跟前面“最新提示”等地方重叠，但这里形成一个环节，主要也是为了方便投资者对信息的查找。华侨城在这个环节短期是捷报连连，是好事。

F10中的“公司报导”

【2009-08-14】

天津华侨城10亿叫卖 华侨城(000069)称"不差钱"

天津华侨城投资有限公司（以下简称天津华侨城）100%股权日前在天津产权交易所网站挂牌转让。这条股权转让信息很容易让人与此前华侨城A（000069，SZ）以50亿元在天津签下的东丽湖华侨城项目联系在一起。

昨日，华侨城相关人士在接受《每日经济新闻》记者采访时表示：“我们不缺钱。转让天津项目，主要是出于战略考虑，最近与天津签的一个东丽湖项目，更适合华侨城‘旅游+地产’的开发模式。”

根据天津产权交易所公布的交易项目详情，天津华侨城为国有控股企业，成立于2007年11月，注册资本为10亿元，经营范围为以自有资金对房地产业进行投资；房地产开发、销售。公司两大股东为深圳华侨城房地产有限公司和华侨城A，持股比例分别为60%和40%。截至2009年5月31日，天津华侨城的总资产为18.25亿元，总负债为8.27亿元，所有者权益为9.98亿元。

由于公司由两位股东组成，所以，此次标的公司股权也分为两部分进行挂牌转让，60%和40%股权的挂牌价格分别为6.0288亿元和4.0192亿元,买受方需要同时受让上述两个标的。

天津华侨城主要开发项目是2007年9月以16亿元的价格拍得的津丽华明（挂）2007-116号项目”

今年5月20日，天津市市委书记张高丽与华侨城首席执行官任克雷签订了战略合作协议，开发总投资规模为50亿元的天津市东丽湖华侨城项目。拿到了新项目，就卖掉旧项目，这难免让人联想到与公司现金流有关。对此，昨日华侨城A相关人士强调：“我们不缺钱。”他表示，买大卖小，完全是出于集团新一轮布局的考虑。

此外，控股股东华侨城集团筹划已久的主营业务整体上市计划，已于6月25日向中国证监会正式上报申请，目前正在受理。

【出处】每日经济新闻【作者】

上面新闻已经不新鲜，前面“最新提示”中就已经知晓，所以，其实很多信息是会重复的，只不过起到加深印象，防范遗漏的效果

【2009-08-03】

深圳东部华侨城全面开业

本报讯 华侨城集团斥资35亿元精心打造的东部华侨城日前举行隆重的庆典仪式，庆祝历时5年建设的中国首个“国家生态旅游示范区”———东部华侨城全面开业。

联合国世界旅游组织秘书长Francesco Frangialli，国务院国资委主任李荣融，国家旅游局局长邵琪伟，国家宗教局局长叶小文，香港中联办主任彭清华，广东省委常委、副省长肖志恒，广东省委常委、深圳代市长王荣，湖南省委副书记梅克保，天津市副市长任学锋，凤凰卫视董事局主席兼行政总裁刘长乐，华侨城集团领导任克雷等出席活动，见证了这一喜庆时刻。

联合国世界旅游组织秘书长Francesco Frangialli对东部华侨城给予了高度评价，他表示对东部华侨城的开业给予极大关注，不仅仅因为它是“世界级度假旅游目的地”，更大程度上是因为它全面地融合了生态保护、绿色旅游以及度假旅游为一体，它让我们在目前经济低迷状况下对旅游业有更大的信心。

华侨城集团CEO兼总裁任克雷表示，东部华侨城在建设与开发中完成了三次跳：一是实现了华侨城旅游自身发展模式的突破；二是开始了中国大型生态旅游区发展的积极探索；三是开创了国内开发世界级度假旅游目的地的创新实践。东部华侨城的实践成果表明，中国的旅游业正在迅速地崛起，中国成为世界旅游强国的梦想正在一步一步地实现。

据悉，东部华侨城开业当天，国内首家五星级水主题设计概念———茵特拉根瀑布酒店也同步盛大揭幕。会同之前开业的茵特拉根酒店、茵特拉根房车酒店、大华兴寺菩提宾舍和稍后推出的茵特拉根青年客栈，茵特拉根主题酒店群将引领国内主题酒店发展探索走向一个新的高度。

【出处】证券时报【作者】

捷报连连，对华侨城而言，这是好事

图 144

图 145 与图 146 分别是“百家争鸣”与“港澳分析”，两者都是展示研究报告与机构点评的地方。只不过“百家争鸣”突出的是市场所有的机构作为展示的平台，“港澳分析”则是重点突出咨询提供商本身。这两个地方都是很好的参考信息场所，有些观点与结论是可以在研究过程得到启发或收获的，是个借力的好地方，但需要辩证去看，一定要与自己的观点结合。如果一味靠这些内容来判断研究品种，那么最终就等于失去自我，不能够形成自己的评价体系，最终以成为大赢家。

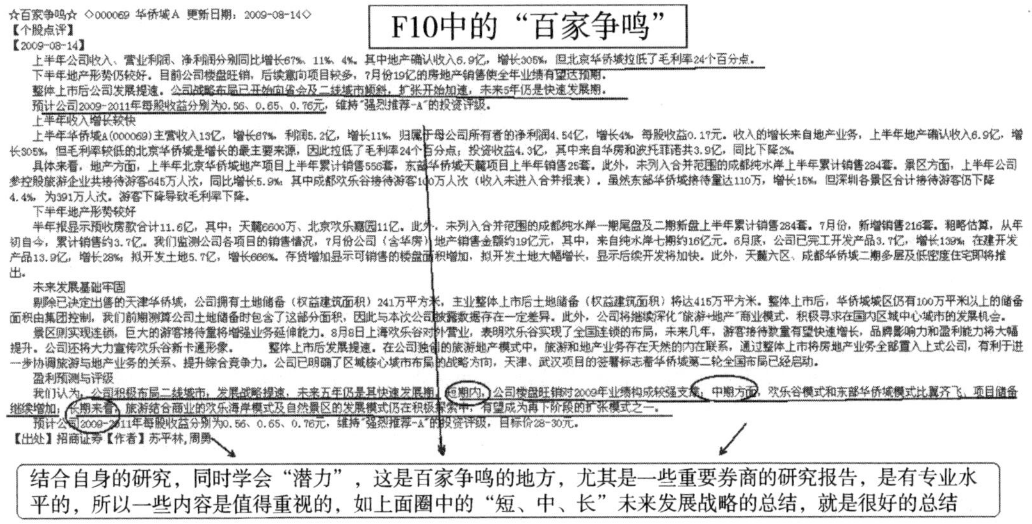

F10中的“百家争鸣”

☆百家争鸣☆ ◇000069 华侨城A 更新日期：2009-08-14◇
【个股点评】
【2009-08-14】
上半年公司收入、营业利润、净利润分别同比增长67%、11%、4%。其中地产确认收入6.9亿，增长305%，但北京华侨城拉低了毛利率24个百分点。
下半年地产形势仍较好。目前公司楼盘旺销，后续意向项目较多，7月份19亿的房地产销售使全年业绩有望达预期。
整体上市后公司发展提速。公司战略布局已开始向省会及二线城市倾斜，扩张开始加速，未来5年仍是快速发展期。
预计公司2009-2011年每股收益分别为0.56、0.65、0.76元，维持"强烈推荐-A"的投资评级。
上半年收入增长较快
上半年华侨城A(000069)主营收入13亿，增长67%，利润5.2亿，增长11%，归属于母公司所有者的净利润4.54亿，增长4%，每股收益0.17元。收入的增长来自地产业务，上半年地产确认收入6.9亿，增长305%，但毛利率较低的北京华侨城是增长的最主要来源，因此拉低了毛利率24个百分点；投资收益4.3亿，其中来自华房和波托菲诺共3.9亿，同比下降2%。
具体来看，地产方面，上半年北京华侨城地产项目上半年累计销售556套，东部华侨城天麓项目上半年销售25套。此外，未列入合并范围的成都纯水岸上半年累计销售284套。景区方面，上半年公司参控股旅游企业共接待游客645万人次，同比增长5.9%；其中成都欢乐谷接待游客100万人次（收入未进入合并报表）。虽然东部华侨城接待量达110万，增长15%，但深圳各景区合计接待游客仍下降4.4%，为391万人次。游客下降导致毛利率下降。
下半年地产形势较好
半年报显示预收房款合计11.6亿，其中：天麓6600万、北京欢乐嘉园11亿。此外，未列入合并范围的成都纯水岸一期尾盘及二期新盘上半年累计销售284套。7月份，新增销售216套。粗略估算，从年初自今，累计销售约3.7亿。我们监测公司各项目的销售情况，7月份公司（含华房）地产销售金额约19亿元，其中，来自纯水岸七期约16亿元。6月底，公司已完工开发产品3.7亿，增长139%；在建开发产品13.9亿，增长28%；拟开发土地5.7亿，增长666%。存货增加显示可销售的楼盘面积增加，拟开发土地大幅增长，显示后续开发将加快。此外，天麓六区、成都华侨城二期多层及低密度住宅即将推出。
未来发展基础牢固
剔除已决定出售的天津华侨城，公司拥有土地储备（权益建筑面积）241万平方米，主业整体上市后土地储备（权益建筑面积）将达415万平方米。整体上市后，华侨城城区仍有100万平米以上的储备面积由集团控制，我们前期测算公司土地储备时包含了这部分面积，因此与本次公司披露数据存在一定差异。此外，公司将继续深化"旅游+地产"商业模式，积极寻求在国内区域中心城市的发展机会。
景区则实现连锁，巨大的游客接待量将增强业务延伸能力。8月8日上海欢乐谷对外营业，表明欢乐谷实现了全国连锁的布局，未来几年，游客接待数量有望快速增长，品牌影响力和盈利能力将大幅提升。公司还将大力宣传欢乐谷新卡通形象。　　整体上市后发展提速。在公司独创的旅游地产模式中，旅游和地产业务存在天然的内在联系，通过整体上市将房地产业务全部置入上式公司，有利于进一步协调旅游与地产业务的关系、提升综合竞争力。公司已明确了区域核心城市布局的战略方向，天津、武汉项目的签署标志着华侨城第二轮全国布局已经启动。
盈利预测与评级
我们认为，公司积极布局二线城市，发展战略提速，未来五年仍是其快速发展期。短期内，公司楼盘旺销对2009年业绩构成较强支撑；中期方面，欢乐谷模式和东部华侨城模式比翼齐飞、项目储备继续增加；长期来看，旅游结合商业的欢乐海岸模式及自然景区的发展模式仍在积极探索中，有望成为再下阶段的扩张模式之一。
预计公司2009-2011年每股收益分别为0.56、0.65、0.76元，维持"强烈推荐-A"的投资评级，目标价28-30元。
【出处】招商证券【作者】苏平林，周勇

结合自身的研究，同时学会“潜力”，这是百家争鸣的地方，尤其是一些重要券商的研究报告，是有专业水平的，所以一些内容是值得重视的，如上面圈中的“短、中、长”未来发展战略的总结，就是很好的总结

图 145

华侨城的各方观点综合评价都还不错，只是更多都是从基本面的宏观层面去剖析，对于比较深层次的微观层面，没有得到体现，因此，就缺乏自己研究“财务分析”从而得出对中长期有所担忧的结果了。整体而言，华侨城在“百家争鸣”与“港澳分析”这两个环节中的各方观点评价不错，这会加深其良好形象，对股价的阶段性稳定是有帮助的。

F10中的"港澳分析"

【2.港澳投资圈点】
【2009-04-03】港澳资讯提供:
华侨城A(000069)投资圈点:
投资亮点:

1、公司以深圳欢乐谷开业十周年为契机，大力推广宣传欢乐谷连锁品牌，在市场宣传、主题活动策划等方面进行了有益的尝试，为欢乐谷连锁经营建设奠定基础。

2、广东省已出台《关于促进我省房地产市场平稳健康发展的若干意见》，指导房地产市场稳健发展。这些政策措施为公司主营业务的长期持续发展提供了保障，也坚定了公司继续做强做大旅游地产主营业务的决心。

3、公司将坚持和深化"旅游+地产"商业模式，把握节奏，积极寻求在国内区域中心城市的发展机会，为在全国开展第二轮战略布局储备战略资源。

负面因素分析:

受金融危机影响，国内宏观经济下滑，收入预期降低，市场需求可能持续疲软，公司旅游和房地产两大业务的恢复性增长将受到考验。

港澳资讯综合评价:

公司多年来已形成了"旅游+高端地产"的独特"华侨城模式"，该模式的重要特征是通过开发旅游项目来带动区域内高端房地产项目；公司将通过成都、上海两个新的欢乐谷的开园，以及深圳东部华侨城的全面开业，进一步扩大和提升华侨城在主题公园和旅游地产方面的影响力，从而进一步提高在国内市场的占有率；前景较好，可关注。

结合自身的研究，同时学会"潜力"，这是百家争鸣的地方，尤其是一些重要券商的研究报告，是有专业水平的，所以一些内容是值得重视的，如上面圈中的"短、中、长"未来发展战略的总结，就是很好的总结

图 146

10. 分红扩股 —— 潜在能量

"分红扩股"中一看潜力，二看是否是"铁公鸡"，在这里，华侨城有潜力且值得尊重。

"分红扩股"中：

一是为了更好地了解品种是否具有继续扩张的潜力，毕竟资本市场对于那些扩张比较迅速的公司是比较欢迎的，这代表着高成长，容易被炒作，容易出现疯狂的波动。从图 147 中可以发现，华侨城是具备这种潜能的。

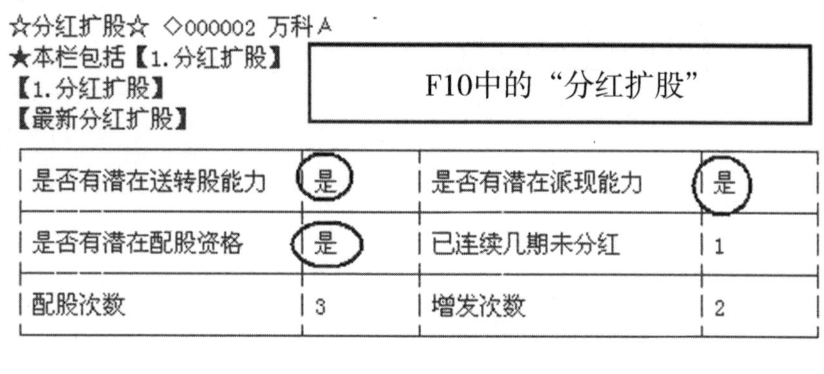

☆分红扩股☆ ◇000002 万科A
★本栏包括【1.分红扩股】
【1.分红扩股】
【最新分红扩股】

是否有潜在送转股能力	是	是否有潜在派现能力	是
是否有潜在配股资格	是	已连续几期未分红	1
配股次数	3	增发次数	2

送股能力也好，派现能力也好，配股资格也好，都是“是”，就是阶段性公司良好的体现。华侨城这方面显然都不错

图 147

二是可以从中透过一些统计数据清楚该公司是否是“铁公鸡”。如果是“铁公鸡”，要不就是经营不善无法分红，要不就是只懂圈钱索取，不懂回报二级市场股东，这样的上市公司至少是难以获得尊重的。从图 148 中，我们可以发现，华侨城在这点上显然是值得尊重的。

【统计比较】

总融资额(万元)	95200.00
总派现额(万元)	134639.79
总派现额与总融资额之比	1.41
上市公司排名	83
股本扩张倍数	17.46
上市公司排名	92

派现额大于融资额，类似这样的上市公司其实并不多见。很多都是“铁公鸡”，常常一毛不拔，或者只懂疯狂圈钱不懂回馈二级市场股东
华侨城在这方面做得很好，这也从一个侧面反映出其一直以来经营相对良好同时热心回报二级市场股东，股本扩张达到17倍以上也正说明其发展的“深圳速度”。
这里的统计数据总的结果是良好甚至可以说是优秀的

图 148

11. 关联个股 —— 全面感知

（1）把视野放宽，透过关联个股去感知大股东的思路。

除了对研究品种本身的研究剖析外，此时，你的视野是相对较窄的，到了最后，你又必须把视野放宽，一是放大到研究品种中的大股东身上，就如图 149 一样，从另一个角度去感知主力的思路，看看它在其他品种上是怎么做的，它为何选择自己研究的品种。这种把视野放宽的方法，会让你对研究品种有另一种感悟。

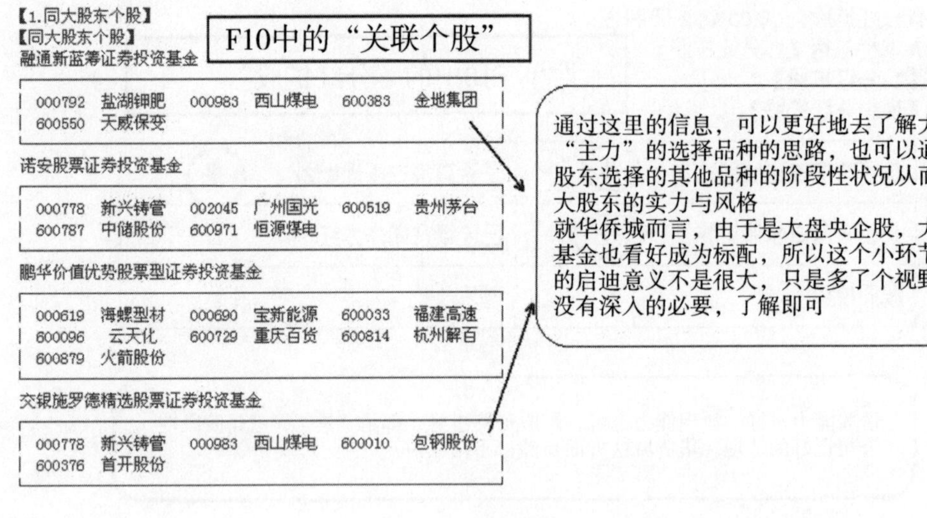

图 149

大盘央企的特殊性，决定了华侨城大股东基本肯定是基金等主流机构，所以有时候，你会比较难以发现其特性，毕竟主流大机构在当下整体上还是比较同质化。不过，对大股东多点了解，对具体作战是有帮助的。

（2）放宽视野，从关联个股中找出“联动”品种，更别忘记大盘，形成完整印象。

视野放宽，也意味着要多关注与其“联动”的上市公司，从“联动”的上市公司的波动去寻找机会。图 150 与图 151 就体现了这种思路，在那里，你至少可以更方便地寻找到关联企业。

【2.同行业个股】

000033	新都酒店	000069	华侨城A	000428	华天酒店
000430	ST张家界	000524	东方宾馆	000610	西安旅游
000613	ST东海A	000802	北京旅游	000888	峨眉山A
000978	桂林旅游	002033	丽江旅游	002059	世博股份
002159	三特索道	200613	ST东海B	600054	黄山旅游
600138	中青旅	600258	首旅股份	600358	国旅联合
600593	大连圣亚	600754	锦江股份	601007	金陵饭店
601888	中国国旅	900929	锦旅B股	900934	锦江B股
900942	黄山B股				

同行业品种的集中营，一旦该行业品种大面积爆发，从这里可以更好地去寻找关联品种
就华侨城而言，由于其本身是“地产加旅游”的特点，而且地产的份额更多些，所以很多时候其倒是更多跟随地产板块的联动，而不是旅游板块

图 150

【房地产板块】

代码	名称	代码	名称	代码	名称
000002	万科A	000003	PT金田A	000005	世纪星源
000006	深振业A	000007	ST达声	000008	ST宝利来
000009	中国宝安	000011	深物业A	000014	沙河股份
000023	深天地A	000024	招商地产	000029	深深房A
000031	中粮地产	000032	深桑达A	000036	*ST华控
000040	深鸿基	000042	深长城	000043	中航地产
000046	泛海建设	000048	ST康达尔	000049	德赛电池
000056	深国商	000069	华侨城A	000090	深天健
000150	宜华地产	000402	金融街	000415	汇通集团
000426	富龙热电	000502	绿景地产	000505	*ST珠江
000507	粤富华	000511	银基发展	000514	渝开发
000526	旭飞投资	000537	广宇发展	000540	中天城投
000546	光华控股	000548	湖南投资	000554	泰山石油
000558	莱茵置业	000567	海德股份	000572	海马股份
000573	粤宏远A	000584	友利控股	000592	中福实业

这里的关联分类型是比较正确的，房地产板块也放进来方便投资者查找，这是很好的。
至少可以对房地产板块的品种有个更为清晰的认识，由于品种太多，只是截取一部分，不过，需要注意的是，由于华侨城本身地处深圳，其关联最大的房地产品种仅仅是深圳而已，所以真正要关注的也就大大缩小了，就是深圳的地产相关品种。
如果他们出现较为积极的机会，对华侨城而言，是有刺激作用的。

图 151

当然，我们不能够忘记大盘，也就是整个大环境，没有大环境的配合，再好的上市公司最终也是难以走出大行情的。这就回到了开头，研究分析也是如此，从什么地方开始，最后就要回到什么地方去，从而完成一个轮回，形成一个完整体系。

（3）从“薄”到“厚”再到“薄”的过程，每次出战都要看成大战役。

当经历了对 F10 系统研究分析后，再回到市场，你的思路至少会变得更清晰。这其实也就是从“薄”到“厚”再到“薄”的过程，只是此“薄”非彼“薄”而已，这时你会感到升华的感觉。

作为操盘手，每一次作战前，都要让自己明白这是一次大的战役，对待 F10，不能随意，要有系统地轮回一次，只有这样，才具备赢的基础，否则，贸然出战，结果如何，就只有靠天了。战役的结果，有靠天的成分，但更多要靠自己，只有这样，才能走得长远，成为常胜将军，最后的大赢家。

三、温故知新

（1）建立系统是要经历“有招”的过程，最后才能达到“无招胜有招”。

F10 中本应有 16 个大环节，除去“风险因素”（因其基本所有内容都在“公司大事”或其他环节上重复，为避免太多重复而除去），只有 15 个大环节，在具体研究过程中，按照第一章从“恋爱到结婚的过程”，共分成十大部分，分别是：

第一印象（最新提示与公司概况）

开始了解（股东研究）

深入了解（主力追踪）

继续深入（公司大事与行业分析）

回归现实（股本股改）

接触家长（高层治理）

了解家底（经营分析）

综合比较（财务分析、公司报导、百家争鸣与港澳分析）

潜在能量（分红扩股）

全面感知（关联个股）

虽然不一定合理，但这是为了研究起来更有系统和章法而设立的，不是说就一定要按照这样的顺序去研究“F10”。

我的思路很简单，作为系统的建立，先要“有招”，等你达到相当的境界，就是“无招胜有招”了。怎么做都可以，但切记当自己还没达到那个境界的时候，需要“有招”。

（2）注意大盘央企的独特性，系统图文并茂为的是让读者更好地理解与感知。

华侨城是大盘央企的代表，很多内容也是大盘央企独有的，所以在学习的过程中，这是务必要注意的。

面对“F10”，我把整个系统的环节依次都展现出来，不仅要注意操盘论道里的内容，同时更别忘记截图里的解读文字。图文并茂的方式展现出来，就是要让读者更好地去理解与感知系统的价值，锻炼剖析的思维。

这个章节其实就是整个思路的具体体现了，前面两章都是基础。

（3）有系统与无系统的总结分量是不一样的。

透过上面 F10 整个系统对华侨城的剖析研究，我们得出的一些结论应该是更贴近华侨城本身的。

比如从“财务分析”中感知到其中长期的隐患与风险；从“分红扩股”中能感知到其是值得尊重的上市公司；从“股东研究”、“主力追踪”中能感知到其受到主流资金的高度关注，筹码不断集中；从“行业分析”中能感知到其仍有不足；从“百家争鸣”与“港澳分析”中又能感知到前景值得期待……

每一个大环节都能给我们这样或那样的感知，综合起来，华侨城是一个值得尊重、中长期有隐患、主力关照、未来值得期待的上市公司。虽然综合起来的话语显得很简单，字数也并不多，但这背后隐藏着很多的研究与信息。没有系统与有系统的人，总结出来的结论，分量是不一样的。

四、课后习题

（1）把 F10“恋爱到结婚”系统的顺序依次背诵出来？并大概谈下每个大环节的要点。

（2）用 F10 体系研究大盘央企股，要注意些什么？

（3）类似华侨城这样的大盘央企你还能找到几个？

（4）为何大盘的状况放在第一位？研究“F10”目的能谈谈你的看法吗？

（5）在大盘央企的 F10 研究过程中，你觉得什么是最重要的？

（6）在 F10 体系中，怎么理解“无招胜有招”？

（7）透过这里的感受与学习，如果有收获的话，能否谈谈自己心得，以文字的形式（不少于 1000 字）表达出来？

五、市场随笔

1. 别让自己“走火入魔”

人很容易受到情绪影响从而作出一些非自己原本意识的行为，用简单点的话来说就是人很容易冲动。对资本市场而言，则可以解释为人的情绪往往很容易被市场的波动状况所影响，从而做出一些原本没打算要做的操作，换句简单的话来阐述就是资本市场中人很容易“操作冲动”。这是几乎所有人都很难回避的问题，只要是人，只要是有七情六欲，就很难避免，只不过那些具有相当水平的人可以达到相当的克制，甚至利用别人的冲动来获取胜利的果实。

很多人都很喜欢盯着盘面去分析这个市场的趋势，但这种动态的盘面观察往往就是最容易让人“操作冲动”的，很多错误往往都是由此产生。因此，面对这样的现实，我的方式就是在做这种动态观察的时候，一定要让自己提前充分消化静态观察的结果，而且要让自己对结果有充足的自信，也只有如此，才可以在动态观察的过程中把对自己情绪的负面影响降到尽可能低的程度，否则，一个不小心，就真的可能被动态盘面观察牵着鼻子走，从而让自己“走火入魔”！

2. 看财经新闻的关键

财经新闻在资本市场上往往具有难以估量的价值，从财经新闻中我们不仅可以了解到宏观政策方面的动向，更能从中了解到微观产业中的变动状况。部分内容如果被资本市场有效放大，完全有可能带给市场一场地震或暴风雨。因此，如何很好地去解读财经新闻，本身也就成了一门艺术，只不过需要提醒大家的是，在具体解读的过程中，有一点是非常重要的，那就是要学会发现一些一般人很难察觉的细微点。有时候，很可能就是个细微点，就给你带来意想不到的巨大收获。

现在，每天早晨我都养成了在开盘前好好浏览各类财经新闻的习惯，这个习惯有助于我在具体操作过程中提供非常重要的“情报”。很多人往往都觉得财经新闻由于公开化，本身价值可能并不是特别突出，但我要告诉你的是，有些重要的财经新闻，或许你已经提前知晓，但也只有透过真正的全社会公开化，才有可能产生真正巨大的作用，毕竟这个市场的波动都由人的情绪影响而成。只有真正公开化，大部分人情绪因此受到影响，才有可能产生应有的效果。

当然，提前知晓可以给你带来先机，但并不就意味着最终的结果就一定如愿，这还要有个真正公开的过程。财经新闻很多，在不可能一一研读的背景下，一定要懂得有的放矢，别全部都抓过来。专门抓那些自己熟悉的，可能最为敏感的信息，看财经新闻的艺术性也就由此开始体现出来了。有些人面对明明可能是具有金子般价值的财经信息，由于没充分理解或把握好，最终失去了；有些人，则是恰如其分地理解和把握住了，最终抓住了机会；这就是个人看财经新闻艺术造诣了。因此，看财经新闻虽然很重要，但重要的是你要从中能够真正挖掘出有价值的东西出来，这才是关键之所在！

第二节　中盘股——云南白药全面操盘论道

（学习切记：文中云南白药研究时间为 2009 年 8 月，仅代表过去不代表当下也不代表未来）

一、基础认识

（1）中盘股资金进出方便同时还容易把控，是兵家必争之地。

中盘股，由于其盘子适中，不大也不小，资金进出方便，最重要的是，对于大资金而言，这种适中盘子的品种，更容易把控，很多资金面对中盘都会情有独钟，阶段性走出大牛行情的概率往往也就比较高。

不论是私募资金还是公募资金，中盘这种适合资金进出且容易走出阶段性大牛行情的品种，尤其是在凸现操盘个性之时，都将成为兵家必争之地。因此，很多时候，中盘股都成为各路资金的重仓品种。

截至 2009 年 8 月 17 日，云南白药的流通盘不到 5 个亿，完全符合中盘股的特征。

（2）把握中盘股机会需要注意三点。

第一，中盘股比大盘股波动大。当中盘股重要的“唯一”特性被市场放大进行炒作的时候，中盘股的波动要比大盘股疯狂不少，因为流通盘适中，更容易起波澜。

第二，大盘趋势放在第一位。当然，在把握中盘股机会的时候，把大盘的趋势放在第一位依然是最重要的，大盘阶段性处于熊市，坚决空仓或轻仓试探性出击；只有大盘阶段性处于牛市中，才可大胆重仓出击。

第三，中盘股出击成功吃大波段。一旦出击成功，且脱离成本区之时，除非大盘出现极度恶劣的转势状况，否则最好采取坚定信心吃大波段的策略。此时，可能需要付出相当的耐心，但值得。

因为中盘股往往都是机构重仓的品种，既然你出击成功，也就意味着很可能有机构深入其中。有机构深入其中的中盘股，一旦爆发行情，不论空间还是运作周期往往都不会太小，毕竟有机构“深度介入”。作为操盘手，此时要清晰自己所处的位置，是跟随者还是主导者，跟随者要做的可能仅仅是耐心，主导者要做的则不仅要有耐心更要有信心。

二、操盘论道

1. “对比大盘”

（1）“大盘上升通道刚刚遭受破坏，选择标的整体依然健康”时，应对思路注意两个要点。

对比图 152 与图 153，很容易就发现云南白药圈中部分走得比大盘强；从整体图形看，云南白药则是处于一种区间震荡相对强势运行的格局，大盘则处于一种上升通道刚刚遭受破坏的状况。

此时，首先要思考的是，大盘是否还能回到上升通道？对于上升通道刚刚遭受破坏，而选择标的整体依然健康的状况，我们该如何应对？注意两点：

第一，上升通道刚刚遭受破位，一般都会出现反抽动作，反抽的力度大小也就很大程度上会影响到大盘接下来的趋势，是保持相对区间震荡呢？还是强势反转向上？或者是继续选择向下？

相对区间震荡与强势反转向上，对整体健康的选择标的都是有利的，只有继续选择向下才是非常不利的；前两者采取选择标的形态不破位不走人的策略，后者则选择不管破不破位都规避市场风险为上的策略。

第二，上升通道刚刚遭受破位，不出现反抽动作继续向下的状况。此时，虽然大盘的形态意味着进一步走弱，但采取的策略建议形态不破不走的策略，为何呢？破位后一去不复返疯狂的快速下跌，往往也就意味着短期过度超跌，有利于调整一步到位，这反而有可能带来后市的大反攻动作。因此，此时只要形态不破位，就不妨大胆继续拿，因为市场只要一个大反攻，

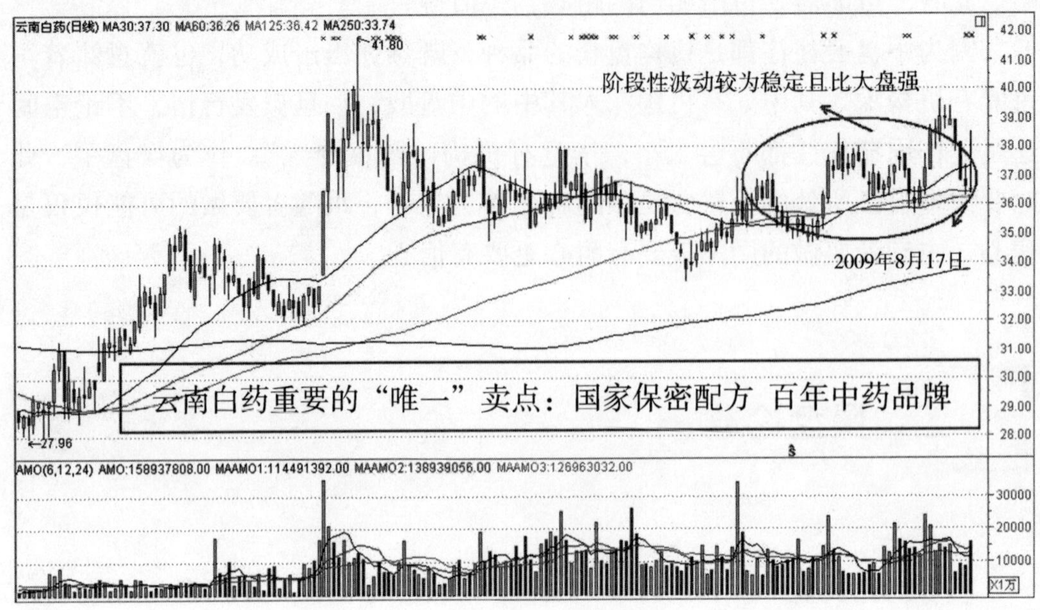

图 152

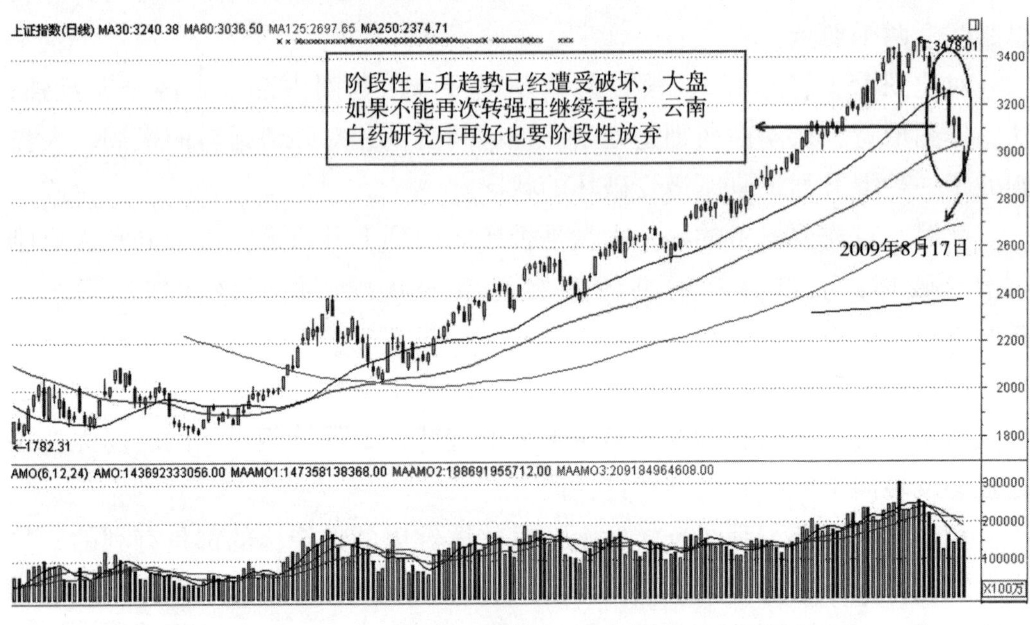

图 153

就很可能让选择标的迅速脱离震荡区域。

（2）部分中盘股在大盘暴跌中屹立不倒的两大理由。

优质的中盘股，一旦机构资金完全把控，往往是比较容易走出独立行情的。这很容易理解，盘子适中，只要各路机构抱团取暖、一致对外，就算市场暴跌都完全有可能屹立不倒。

一方面是由于对该上市公司未来基本面的坚定信心所致。

另一方面，适中的流通盘使得各路做多资金能较为从容地应对非常时期的考验。

因此，我们可以发现，真正能够在大熊市中挺过来的品种，虽然是凤毛麟角，但这些品种都有个突出特点，那就是基本上都是中盘股，而且是主流机构把持的中盘股。

2. “最新提示”与“公司概况”—— 第一印象

（1）“业绩”“净资产”以及“股权转让”三大信息如何去看？

图 154 与图 155 是“最新提示”，图 156 与图 157 则是“公司概况”，在云南白药“最新提示”中，其实可以知晓三个重要信息：“业绩”、“净资产”以及“股权转让”的公告消息。

☆最新提示☆ ◇000538 云南白药 更新日期：2009-08-17
★本栏包括【1.最新报道】【2.最新异动】【3.最新运作】
【最新指标】

F10中的“最新提示”

★最新主要指标★	09-06-30	09-03-31	08-12-31	08-09-30	08-06-30
每股收益(元)	0.5000	0.2120	0.9600	0.6300	0.4200
每股净资产(元)	6.0700	6.0900	5.8700	3.3700	3.1500
净资产收益率(%)	8.2200	3.4900	14.8400	18.7100	13.1900
总股本(亿股)	5.3405	5.3405	5.3405	4.8405	4.8405
实际流通A股(亿股)	4.8399	2.4484	2.4484	2.4484	2.4484
限售流通A股(亿股)	0.5000	2.8921	2.8921	2.3917	2.3917

09-06-30 每股资本公积：2.611 主营收入(万元)：355236.52同比增30.13%
09-06-30 每股未分利润：2.049 净利润(万元)：26629.06同比增33.81%
★最新公告:08-15公布2009年半年报(详见后)
★最新报道:08-17云南白药(000538)09年上半年业绩增逾三成(详见后)

★最新分红扩股和未来事项：
【分红】2009中期 中期利润不分配(实施)
【分红】2008年度 10派3(含税)(实施) 股权登记日:2009-06-25 除权除息日:2009-06-26
【增发】2008年度5000.00万股 增发价格27.87元/股(实施)

★特别提醒：

2009年中期每股收益达到5角，对比2008年中期的数据有明显增长，说明经营保持健康发展的态势
净资产达到6元，已算比较高，说明抵御风险能力比较强

图 154

【最新公告】
【2009-08-15】公布2009年半年报
云南白药公布2009年半年报：基本每股收益0.5元，稀释每股收益0.5元，每股收益（扣除）0.5元，每股净资产6.07元，净资产收益率8.22%，加权平均净资产收益率8.14%，扣除非经常性损益后净利润264698865.77元，营业收入3552365150.4元，归属于母公司所有者净利润266290583.79元，归属于母公司股东权益3240843909.92元。
云南红塔集团拟整体协议转让所持云南白药股权公开征集受让方公告
2009年8月14日，云南白药收到第二大股东-云南红塔集团有限公司通知，云南红塔集团已于2009年8月14日收到云南中烟工业公司意见，同意云南红塔集团以公开征集受让方方式整体协议转让所持公司全部股权65,813,912股，占总股本的12.32%。
云南红塔集团本次拟转让的标的股份为云南红塔集团持有的全部云南白药股份65,813,912股，占云南白药集团股份有限公司总股本的12.32%，均为无限售条件流通股（A股）。
本次转让为整体转让。本次转让完成后，云南红塔集团持有云南白药的股份数量为0股。

业绩的亮点前面已经知晓，来到这更引人关注的反倒是股权公开征集受让公告，股权转让的背后是什么，倒是需要思考的

【1.最新报道】
【最新公司报道】
【2009-08-17】云南白药(000538)09年上半年业绩增逾三成
云南白药（000538）公告，上半年实现净利润2.66亿元，同比增长33.81%，基本每股收益0.5元。
公司表示，上半年实现营业收入35.52亿元，同比增幅为30.11%，其中销售额超过亿元的自产产品为4个，自产产品的毛利率为72.08%，比上年同期提高了2.8个百分点；商业板块的盈利能力提高，毛利率上升了0.21个百分点，达到6.2%。
受通货膨胀预期的影响，公司预计主要原材料的价格将继续处于上涨态势，而伴随销售规模的扩展以及普药生产的增量，产能问题仍会时时受困扰。（张楠）

图 155

业绩如何分析？

一看每股收益。是5分还是5角或者亏损，每股收益越多代表经营越精彩。当然，这也是相对的，成长性公司每股收益几块也可能，一般性的公司几分几角也正常。所以要结合其净资产来看，也就是第二个指标。

二看净资产收益率。这里有个标准，那就是一般一年达到8%以上就算良好。云南白药这里半年的净资产收益率就已经达到8.22%，如果用一年，翻一番来算，至少16%，这就不仅仅是良好那么简单了，简直就是优秀。

净资产如何去看？

一看绝对数字。看是1元还是10元甚至负资产，数字越大就说明其本身的基础越牢固，抗风险的能力也就随之越强。

二看同行业对比。看看同行业其他公司的净资产是处于什么状况，选择标的是处于什么样的水平，这样就有个横向对比，从而更容易清晰选择标的的状况。一般情况下，达到同行业平均水平以上才算及格，大幅超越则为优秀。

“股权转让”如何去看？

一看转让的比例。比例的大小决定转让的性质。看看是第一大股东全部转让还是其他中小股东的全部转让。涉及控股权的转让那就等于具有重组的含义，否则，不涉及控股权的转让，那更多的都是优化股东结构或者套现。

二看转让给谁。

如果是大股东转让，那么就要密切关注转让的受让方，看看到底是何方神圣，其实力将很大程度上决定最终转让成功后新公司的未来。

如果是其他小股东转让，那就是看是否转让给大股东，实现股权的进一步集中？实现股权的进一步集中是有利于公司长远发展的，至少大股东跟公司的利益会更紧密，不更卖力也很难。如果是转让给其他方，则要看对方到底是谁，实力如何，目的为何，是财务投资还是准备未来争夺控股权等，很多信息都可以从中挖掘出来，从而更有利于去评判公司。

不管如何，股权转让在优质中盘股中带来的更多是机会。

（2）再次强调，“公司概况”重点在关联企业部分。

图156与图157是云南白药的“公司概况”部分。

真正能够发现价值的是图157，从中可以找到参股公司涉及“证券”与“创投”，同时还有个关联企业为“研究所”。总的来说，在本身中药题材具有独特唯一性的背景下，其他具有一定想象空间的题材能够包括进来，这对股价波动具有相当积极的意义。

至于图156，除了网站在查找过程中有一定价值外，其余都是早已知道的内容。

这里再一次告诉我们，“公司概况”的重点是关联企业部分，更多价值都在其中。

【1.基本资料】
【基本资料】

公司名称	云南白药集团股份有限公司		
证券简称	云南白药	证券代码	000538
曾用简称	云南白药 G云白药		
相关指数	沪深300指数 深证100指数 道中指数 道深指数		
行业类别	医药制造业	相关股票	
证券类别	深圳A股	上市日期	1993-12-15
法人代表	王明辉	总 经 理	尹品耀
公司董秘	吴伟	独立董事	徐飞,曲晓辉,任德权,项兵
联系电话	(0871)8324116 8350538 8323680	传 真	(0871)8324169
万维网址	www.yunnanbaiyao.com.cn		
电子信箱	ynby@ynby.cn		
注册地址	昆明市国家高新技术产业开发区		
办公地址	昆明市二环西路222号		
经营范围	化学原料药、化学药制剂、中成药、中药材、生物制品、保健食品、化妆品及饮料的研制、生产及销售；糖、茶，建筑材料，装饰材料的批发、零售、代购代销；科技及经济技术咨询服务；物业经营管理。医疗器械(二类、医用敷料类、一次性使用医疗卫生用品),食品、日化用品。		

F10中的“公司概况”

这里的信息没有发现真正具有价值的信息，“医药业”，云南昆明”以及“网站”，这三者其只有网站是需要专门来寻找，其余信息基本都是不说也知道的状态。谁叫它的名字叫“云南白药”呢

图156

圈中的四个参股公司中有“创投”题材，也有“参股证券”题材，这让本身在中药题材方面已经很突出的背景下，又多了些可供借题发挥的炒作题材，这对其中长期的波动无疑是有积极意义的
“云南药物研究所”也有关联，特定情况下不排除也有借“研究所”充分发挥本身题材效应的可能，所以也需要关注，甚至可以去看看这“研究所”到底怎么样，是否有可能为未来带来文章。任何值得关注、带来想象的关联企业都不要放过

【3.关联企业】
【关联企业】

关联方名称	关联关系	所占权益（万元）	比例（%）	是否控制
云南云药科技股份有限公司	参股公司	1000.00	24.67	否
云南红塔创新投资股份有限公司	参股公司	1000.00	2.50	否
云南红塔证券股份有限公司	参股公司	2000.00	1.44	否
云南白药先进中草药芯片有限公司	参股公司	282.00	41.00	否
云南云药有限公司	控股股东	22175.72	41.52	是
云南紫云统神生物技术有限公司	控股孙公司	-	-	是
云南白药大药房有限公司	控股孙公司	-	-	是
云南白药集团中药材优质种源繁育有限责任公司	控股子公司	2100.00	100.00	是
云南白药集团文山七花有限责任公司	控股子公司	882.00	50.98	是
昆明金殿制药有限公司	控股子公司	-	100.00	是
云南白药集团大理药业有限责任公司	控股子公司	1551.50	100.00	是
云南紫云生物科技有限公司	控股子公司	769.56	100.00	是
云南白药集团医药电子商务有限公司	控股子公司	3000.00	100.00	是
上海云南白药透皮技术有限公司	控股子公司	500.00	100.00	是
云南广得利胶囊有限公司	控股子公司	1494.20	45.00	是
昆明兴中制药有限责任公司	控股子公司	3700.00	100.00	是
云南白药集团无锡药业有限公司	控股子公司	3904.27	100.00	是
云南白药集团天紫红药业有限公司	控股子公司	1640.00	100.00	是
云南白药置业有限公司	控股子公司	1000.00	100.00	是
云南白药集团丽江药业有限公司	控股子公司	3971.30	92.29	是
云南省医药有限公司	控股子公司	48771.52	100.00	是
昆明云健制药有限公司	控股子公司	1300.00	100.00	是
云南省药物研究所	同一控股股东	-	-	否

图 157

3. “股东研究”

（1）学会具体情况具体分析。

图 158 与图 159 是“股东总户数”的对比以及“实际流通 A 股占比”的对比，从图中可以看出的信息在图中的解说已经很清楚。

截至日期:2009-06-30 十大流通股东情况 股东总户数:27416 户均流通股:17656

股东名称	持股数(万股)	占流通股比(%)	股东性质	增减情况(万股)
云南云药有限公司	22175.72	45.81 A股	公司	新进
云南红塔集团有限公司	6581.39	13.60 A股	公司	1740.88
中国银行—大成蓝筹稳健证券投资基金	1160.32	2.40 A股	基金	359.79
中国银行—嘉实主题精选混合型证券投资基金	1049.46	2.17 A股	基金	999.46
中国工商银行—华安中小盘成长股票型证券投资基金	800.97	1.65 A股	基金	353.47
通乾证券投资基金	611.60	1.26 A股	基金	未变
中国银行—嘉实稳健开放式证券投资基金	457.09	0.94 A股	基金	未变
中国人寿保险股份有限公司—分红—个人分红-0051-fh002深	426.87	0.88 A股	保险公司	未变
中国工商银行—广发策略优选混合型证券投资基金	383.66	0.79 A股	基金	64.53
中国工商银行—广发稳健增长证券投资基金	324.99	0.67 A股	基金	未变

合计持有33972.06万流通A股,分别占总股本63.61%,流通A股70.18%

F10中的“股东研究”

十大流通占比应为八大流通占比。因头两大股东都为国企一般不会减持。这里更多是看基金的占比，实际流通A股应为=70.18%-(45.81%+13.6%)=10.77%

图 158

截至日期:2009-03-31 十大流通股东情况 股东总户数:22045 户均流通股:11106

股东名称	持股数(万股)	占流通股比(%)	股东性质	增减情况(万股)
云南红塔集团有限公司	4840.51	19.77 A股	公司	未变
中国银行—大成蓝筹稳健证券投资基金	800.52	3.27 A股	基金	687.73
通乾证券投资基金	611.60	2.50 A股	基金	536.55
中国工商银行—景顺长城精选蓝筹股票型证券投资基金	579.89	2.37 A股	基金	-52.03
大成价值增长证券投资基金	578.70	2.36 A股	基金	-326.82
中国工商银行—嘉实策略增长混合型证券投资基金	548.56	2.24 A股	基金	-52.19
中国工商银行—南方绩优成长股票型证券投资基金	500.98	2.05 A股	基金	10.65
中国银行—嘉实稳健开放式证券投资基金	457.09	1.87 A股	基金	402.61
中国工商银行—华安中小盘成长股票型证券投资基金	447.50	1.83 A股	基金	274.93
中国人寿保险股份有限公司—分红—个人分红-005L-FH002深	426.87	1.74 A股	保险公司	未变

合计持有9792.21万流通A股,分别占总股本18.34%,流通A股39.99%

实际十大流通股东应为九大流通股东因其中第一大流通股东是国企一般不会减持，实际流通A股占比=39.99%-19.77%=20.22%。2009年3月31日股东总户数为22045，对比2009年6月30日的27416，显然筹码有所分散

图 159

只是，我们需要清楚的是，图 158 的实际流通 A 股中出现了大股东的解禁股，因此，实际流通的盘子是大大增大了。这样，作为机构前十大的具体状况对比，显然，并没有图中所显示的那么大。具体如何，这需要更多的数据信息，但可以肯定的是绝对没有那么大。

(2) 中盘股基金数量不多并非坏事。

图 160 是 2009 年中基金的持股情况，持股并不多的状况要不就是其本身的数据统计不完全，要不就是基金之间最后的博弈结果就是如此。

【2.基金持股】
【基金持股情况】
【截至日期】2009-06-30

基金名称	持股数量(万股)	持有市值(万元)
中国银行—大成蓝筹稳健证券投资基金	1160.32	未披露
中国银行—嘉实主题精选混合型证券投资基金	1049.46	未披露
中国工商银行—华安中小盘成长股票型证券投资基金	800.97	未披露
通乾证券投资基金	611.60	未披露
中国银行—嘉实稳健开放式证券投资基金	457.09	未披露
中国工商银行—广发策略优选混合型证券投资基金	383.66	未披露
中国工商银行—广发稳健增长证券投资基金	324.99	未披露
交银施罗德保本混合型证券投资基金	80.98	2834.44

按照这里的数据显示，截止2009年6月30日，参与云南白药的基金只有8只。
这一方面虽然说明主流机构关注度有所减低，多少抑制其活跃性
但另一方面却说明比较好避免“鬼打鬼”现象，阶段性更容易被部分机构所把持走出独立行情。
此信息剖析属于偏中性

图 160

一个中盘股，基金数量不多，其实并非坏事，这在前面的学习中已经谈及，这样不会出现太多的利益冲突，很容易就达成阶段性的共识，容易把控整个盘面。

所以，当中盘股基金数量不多的时候，千万别就此忽视它，反而要更加重视它。因为，如果其基本面能够继续支持其走下去，那么，其中的运作主力势必就会促使其爆发新的行情。

一旦新的行情爆发，外围的其他基金必将争先恐后涌入。那时，对于早已潜伏进去的资金，就可进也可退了。

4. “主力追踪”

(1) “主力追踪”中，面对各种情况，把握两大原则。

图 161 与图 162 与图 163 其实就是“股东研究”的延续与深入，在具体研究过程中，会碰到各种各样的不同情况，此时，要把握两大原则：

【1.机构持股汇总】
【机构持股汇总】　　　　　　　　　　　　　　　　　　　　　　单位（万股）

报告日期	2009-06-30	2009-03-31	2008-12-31	2008-09-30
基金持股 占流通A比 持股家数及 进出情况	4869.06 10.06 共计8　新进4 增持2	5311.64 21.69 共计12　新进7 增持2　减持3	14857.60 60.68 共计123　新进11 4 减持4	5576.88 22.78 共计14　新进9 增持1　减持3
保险持股 占流通A比	426.87 0.88	426.87 1.74	426.87 1.74	426.87 1.74

注：以上数据取自基金持股和公司十大流通股，季度数据未包含基金持股明细
　　最近一期数据可能因为基金投资组合或公司定期报告未披露完毕，导致汇总数据不够完整。

F10中的“主力追踪”

基金持股占流通A股比，半年报比第一季相比出现大幅萎缩，说明筹码是确实有所分散的

图 161

【2.股东户数】

截止日期	股东户数	户均持股	较上期变化	筹码集中度
2009-09-30	16064	30132	趋向集中	非常集中
2009-06-30	27416	17655	趋向集中	非常集中
2009-03-31	22045	11106	趋向分散	非常集中
2008-12-31	13291	18421	趋向集中	非常集中
2008-09-30	17059	14355	趋向集中	非常集中
2008-06-30	26423	9367	趋向分散	非常集中
2008-03-31	17318	12742	趋向集中	非常集中

股东户数的变化说明筹码出现分散的状况，但户均持股的变化，却是说明筹码进一步集中的状况，怎么会自相矛盾呢
这点需要从大股东新增流通股中去找答案，流通盘变大了，虽然户数多了，但均数却不一定变小

图 162

【3.机构持股明细】
【机构持股明细】
截止日期：2009-06-30

股东名称	持股数(万股)	占流通股比(%)	股东性质	增减情况(万股)
中国平安人寿保险股份有限公司一自有资金	5000.00	0.00	保险公司	未变
中国人寿保险股份有限公司一分红一个人分红-0051-fh002深	426.87	0.88	保险公司	未变
中国银行一大成蓝筹稳健证券投资基金	1160.32	2.40	基金	359.79
中国银行一嘉实主题精选混合型证券投资基金	1049.46	2.17	基金	新进
中国工商银行一华安中小盘成长股票型证券投资基金	800.97	1.65	基金	353.47
通乾证券投资基金	611.60	1.26	基金	未变
中国银行一嘉实稳健开放式证券投资基金	457.09	0.94	基金	未变
中国工商银行一广发策略优选混合型证券投资基金	383.66	0.79	基金	新进
中国工商银行一广发稳健增长证券投资基金	324.99	0.67	基金	新进
交银施罗德保本混合型证券投资基金	80.98	0.17	基金	新进

从机构持股这里可以看出，新进的基金出现不少新面孔，这说明有人离去，也有人抢着进来
有进有出，谁对谁错，就看未来谁的力量更大了，不管如何，机构有出有进是好事，最怕就是机构只出不进

图 163

（2）基金流通占比要怀疑，抓住本质。

很多时候，看似基金的流通占比出现大幅萎缩，如果把大股东的新增流通盘排除在外，结果大相径庭。

这时候要看清前十大流通基金的真实比例是怎样的，自己去计算，别看到统计结果就信以为真，要有怀疑精神，尤其是当你觉得有点不太可能的时候，更是如此。

如果结果跟自己预期的差距太大，研究的价值就体现出来了，要知道，如果没研究，就不知道差距会如此之大。

（3）机构进出很正常，抓住根本。

面对一只中盘股，当你发现很多机构在一个季度内进进出出的时候，别惊讶，这很正常。

机构也要做波段，思路不同采取的策略也就不同。为何有机构出去，这点不用太考究，毕竟那有太多的理由。

为何机构新进来，这点需要思考，感知其到底是为什么。

面对机构进出的根本是什么，看谁的力量大固然重要，但最重要的还是品种本身，重要的是它是否具有足够的魅力吸引资金进来，最终让股价更上一层楼。

总之，根本问题就是基本面是否够力量！别想太多，研究透基本面，机构的进出仅仅只是一个过程而已。

5. “公司大事”与“行业分析”

（1）不是每个环节都要有亮点，研究追求的是收获而不仅仅是亮点。

图 164 中，“公司大事”无亮点，仅仅是前面最新提示内容的重复，所以采取浏览一下马上跳过去的策略。

F10中的“公司大事”

【2009-08-15】
公布2009年半年报
云南白药公布2009年半年报：基本每股收益0.5元，稀释每股收益0.5元，每股收益（扣除）0.5元，每股净资产6.07元，净资产收益率8.22%，加权平均净资产收益率8.14%，扣除非经常性损益后净利润264698865.77元，营业收入3552365150.4元，归属于母公司所有者净利润266290583.79元，归属于母公司股东权益3240843909.92元。
云南红塔集团拟整体协议转让所持云南白药股权公开征集受让方公告
2009年8月14日，云南白药收到第二大股东-云南红塔集团有限公司通知，云南红塔集团已于2009年8月14日收到云南中烟工业公司意见，同意云南红塔集团以公开征集受让方方式整体协议转让所持公司全部股权65,813,912股，占总股本的12.32%。
云南红塔集团本次拟转让的标的股份为云南红塔集团持有的全部云南白药股份65,813,912股，占云南白药集团股份有限公司总股本的12.32%，均为无限售条件流通股（A股）。
本次转让为整体转让。本次转让完成后，云南红塔集团持有云南白药的股份数量为0股。

【2009-08-14】
刊登临时股东大会决议公告
云南白药临时股东大会决议公告
云南白药2009年第二次临时股东大会于2009年8月13日召开，选举项兵先生为公司独立董事，选举杨勇先生为公司董事。
关于云南红塔集团有限公司拟整体协议转让所持云南白药股权的提示性公告
我司今日接到公司第二大股东-云南红塔集团有限公司关于拟整体协议转让所持云南白药股权的通知，内容如下：
云南红塔集团有限公司（以下简称"云南红塔集团"）持有云南白药集团股份有限公司全部流通股股份65813912股（以下简称"标的股份"），占云南白药集团股份有限公司总股本的12.32%，标的股份全部为无限售条件流通股（A股）。云南红塔集团拟通过公开征集受让方的方式协议转让标的股份，并及时就本次股权转让事项报相关国有资产监督管理机构审批。本次转让须经相关国有资产监督管理机构审核批准后方能组织实施。云南红塔集团将根据《国有股东转让所持有上市公司股份管理暂行办法》、深交所信息披露相关规定及时通知股权转让事项的进展情况。我司将及时披露此事项的进展情况。

公司大事里的事情在最新提示中就已经知晓，所以当面对信息重复的时候，采取的办法就是赶快跳过去，去下一个大环节

图 164

很多时候，我们研究 F10，并不是说一定要在每个环节里找到亮点，而是透过较为系统的研究，能发现一些东西，找到一些忽略的东西。不管是亮点还是暗点，都是收获。有收获就意味着对研究品种的认识加深，机会也就更容易把握，风险则更容易回避。

（2）“三要点”把握行业地位等数据的对比。

图 165 与图 166 是“行业分析”中行业地位等数据的对比。该如何去把握呢？建议记住“三要点”：

第一，逐个浏览。数据有很多，逐个浏览的目的是建立大致的印象。在

【截止日期】2009-06-30

代码	简称	总股本（亿股）	实际流通A股	总资产（亿元）	排名	主营收入（亿元）	排名	净利润增长率	排名
000919	金陵药业	5.04	1.94	23.63	9	10.27	9	189.91	1
600976	武汉健民	1.53	1.53	12.60	18	7.04	13	155.65	2
000591	桐君阁	1.96	1.08	17.90	12	20.06	3	119.00	3
600993	马应龙	1.66	1.22	17.20	13	5.21	18	116.35	4
600285	羚锐制药	2.01	2.01	10.49	24	2.35	25	111.72	5
600518	康美药业	16.94	16.94	58.45	3	11.95	8	72.61	6
000650	仁和药业	2.20	0.86	4.19	31	4.86	20	72.32	7
600351	亚宝药业	3.16	3.16	19.32	11	7.08	12	61.14	8
000999	三九医药	9.79	3.38	51.54	5	21.96	2	55.41	9
600773	*ST雅砻	2.29	1.66	0.68	37	0.14	37	54.67	10
600535	天士力	4.88	4.88	35.86	8	18.37	5	40.25	11
002107	沃华医药	0.82	0.22	7.61	26	1.07	30	34.25	12
000538	云南白药	5.34	4.84	56.71	4	35.52	1	33.81	13
600557	康缘药业	3.20	2.36	13.14	17	4.36	23	29.53	14
000623	吉林敖东	5.73	4.95	64.56	2	4.91	19	27.47	15
600085	同仁堂	5.21	2.33	49.80	6	17.28	6	24.45	16
000423	东阿阿胶	5.24	4.02	19.38	10	9.11	10	20.97	17
002118	紫鑫药业	1.22	0.38	5.62	29	0.98	32	17.50	18
600594	益佰制药	2.35	2.35	11.32	22	5.87	15	15.67	19
002275	桂林三金	4.08	0.00	10.81	23	4.80	21	13.34	20
600422	昆明制药	3.14	3.14	12.13	20	6.56	14	12.62	21
600329	中新药业	3.70	0.86	36.32	7	13.50	7	4.48	22

F10中的“行业分析”

不比不知道，一比吓一跳，没想到云南白药的主营收入既然达到35个多亿，在行业对比表中排名第一

图 165

逐个浏览的过程中看能否发现问题，无则过，有则记住，迟点解决。

第二，重点突破。透过浏览过程，如果发现有问题的地方，在第二环节也就是解决问题的时候，可以重点关注，突破它。当然，这里本身有两大数据对比是必须要作为重点的，那就是“主营收入”以及“销售毛利率”。至于原因，在前面第二节有所提及，可以回顾温习。

第三，综合评价。重点环节突破后，其结果如何并不能就此作为这个小环节最后的评价结果。此时，要再结合全部数据的对比，做个综合分析。单一数据只是为了更好地了解其重点，综合数据评价则是为了更为全面客观地去看待研究品种。

（3）二级市场表现的数据对比为的是更好地感知研究品种当下的状况。

图 167 则是“行业分析”中二级市场表现的数据对比。此处是属于有需要的时候才运用。如中盘股，当你发现其整体走势较为独立难以一下子看透

【截止日期】2009-06-30

代码	简称	销售毛利率(%)	排名	销售净利率(%)	排名	净资产收益率(%)	排名	每股收益(元)	排名
000623	吉林敖东	66.02	5	131.93	5	11.78	5	1.13	1
600993	马应龙	36.32	37	19.85	37	11.81	4	0.62	2
000538	云南白药	29.56	2	7.50	2	8.22	12	0.50	3
600436	片仔癀	38.24	24	19.25	24	8.85	10	0.47	4
600329	中新药业	43.05	21	11.37	21	10.94	6	0.42	5
002275	桂林三金	76.12	16	33.34	16	20.86	1	0.39	6
000999	三九医药	50.38	11	14.78	11	9.79	9	0.33	7
600085	同仁堂	45.57	18	9.85	18	5.83	22	0.33	8
600750	江中药业	62.97	32	10.87	32	10.58	8	0.32	9
000423	东阿阿胶	43.02	1	17.43	1	10.88	7	0.30	10
600535	天士力	32.01	27	7.50	27	7.43	14	0.28	11
600479	千金药业	59.75	25	12.82	25	6.92	16	0.27	12
000989	九芝堂	59.33	10	13.92	10	6.25	18	0.25	13
002107	沃华医药	82.87	12	37.23	12	5.89	21	0.24	14
002219	独一味	56.66	15	14.56	15	6.23	19	0.22	15
600557	康缘药业	75.62	28	16.13	28	7.15	15	0.22	16
000919	金陵药业	26.29	9	10.95	9	6.19	20	0.22	17
600351	亚宝药业	35.26	22	9.86	22	8.44	11	0.22	18
600594	益佰制药	72.95	30	8.53	30	7.94	13	0.21	19

“销售毛利率”在同行业中竟然排在了末几位，“销售净利率”好一些，“净资产收益率”再好一些，“每股收益”则排在了前列。四个数据从综合的角度来说还是可以的，但单一指标而言，尤其是“销售毛利率”在同行根本没有优势，作为具有相当定价权的公司，要市场就得奉献出毛利，有得有失。不过，只要市场占据住了，长期而言，这个指标是有提升空间的，这里的结果评价应为中性

图 166

的时候，可以来到这个小栏目好好研究一下，看看近一年中其各个阶段对比“大盘”波动以及“行业”波动有何差异，从差异中去感知其当下的状况。

【二级市场表现】
截止日期：2009-08-15

统计区间	累计涨跌幅(%)	振幅(%)	同期大盘累计涨跌幅	行业平均涨跌幅(%)
1周	-6.03	7.90	-6.55	-6.19
1个月	-2.37	10.42	-4.44	-5.00
3个月	4.10	18.63	15.19	7.46
6个月	-3.68	22.85	31.29	16.80
年初至今	7.30	28.85	67.34	47.67
1年	13.70	48.60	24.34	38.95

这里的数据很清晰地告诉我们，过去1年中（截至2009年8月15日），云南白药除了1个月内的数据比大盘以及同行业强以外，其余时间都是远输大盘与同行业的

这说明什么？说明其近1年基本都是相对低迷，只是最近一个月有走强迹象，结合其相对低迷的位置（历史相对高位），说明其在历史相对高位已经构筑了相当长时间的震荡横盘，最终是上是下，看基本面。不过这很像长牛的特征，以时间换空间，在相对历史高位运行，因此，对其而言，这不失为好事。短期有所走强，是否是新行情的开始，这需要结合更多的信息才能判断

图 167

6. “股本股改”

（1）实际流通 A 股变化的两大要素。

实际流通 A 股的变化，往往就取决于两个要素：

第一，股改后限售股的解禁。

第二，本身股本的扩张（送股或转增股以及配股等）。

（2）具体研究过程中关键是要学会“联系”。

图 168 与图 169 显然总股本并没有变化，真正变化的是实际流通 A 股，为何突然增大近一倍，原因也很容易看出来，就是股改后限售股的解禁。

F10中的“股本股改”

【1.股本结构】
【股本结构】

单位（万股）	2009-06-30	2008-12-31	2007-12-31	2006-12-31
总股本	53405.11	53405.11	48405.11	48405.11
流通A股	53405.11	53405.11	48405.11	48405.11
实际流通A股	48399.17	24483.65	22062.93	18664.22
限售的流通股	5000.00	28921.47	26336.86	29740.89
暂锁定人民币普通股	5.95	-	5.32	-

2009年中比2008年底实际流通A股整整几乎多了一倍，难怪前面“股东户数”拉回的同时“户均股数”出现大幅增长

图 168

【2.股本变化】

变更日期	总股本	流通A股	实际流通A股	变更原因
2009-06-11	53405.11	53405.11	48399.17	有限售条件的流通股上市
2008-12-31	53405.11	53405.11	24483.65	增发
2008-06-16	48405.11	48405.11	24483.65	有限售条件的流通股上市
2007-05-29	48405.11	48405.11	22062.93	有限售条件的流通股上市
2006-07-13	48405.11	48405.11	18664.22	送转股
2006-05-29	32270.08	32270.08	12442.82	股权分置
2005-06-07	28987.60	9165.08	9160.52	送转股
2004-06-18	24156.34	7637.56	7633.77	送转股
2002-08-28	18581.80	5875.05	5875.05	股权转让
2000-08-03	18581.80	5875.05	5875.05	转配股上市
2000-04-27	18581.80	5821.20	5821.20	股权转让
2000-01-21	18591.24	5821.20	5820.54	配股
1999-09-27	16818.49	4851.00	4851.00	送转股

实际流通A股大幅增加原来就是因为有限售条件的流通股上市，很显然，更多的来自大股东的股权解禁

图 169

透过这里，不仅要看到股本以及实际流通 A 股的变化，最重要的是要联系前面的“股东研究”以及“主力追踪”，找到关于“股东户数”以及“户均股数”的具体数据变化的原因，从而把一些不是很清晰的问题解决。

这里的关键就是要学会“联系”。

7. “高层治理”

三点说明为何薪酬制度不合理。

图 170 与图 171 是云南白药“高层管理”这大环节，透过“薪酬的状况”可以发现不合理的地方，透过“任职起始日”则可以发现潜在的积极信号。不管如何，这里是个重要环节，看出问题的同时，还需要懂得背后的原因。

【2.高管列表】

姓名	性别	公司职务	学历	年薪(万元)	持股数(万股)
王明辉	男	董事长,董事	研究生	38.51	-
尹品耀	男	总经理,董事	本科	-	-
吴伟	男	董秘,财务总监	本科	-	-
徐飞	男	独立董事	博士	-	-
曲晓辉	女	独立董事	博士	-	-
任德权	男	独立董事	本科	-	-
项兵	男	独立董事	博士	-	-
刘会疆	男	副董事长	本科	2.76	-
张荣球	男	监事会主席	本科	-	-
戚太云	男	董事	大专	32.92	-
杨昌红	男	董事,常务副总经理	本科	33.49	-
杨勇	男	董事,副总裁	本科	-	-
陈德贤	男	董事		-	-
蔡琨	男	职工监事	大专	10.90	-
李双友	男	监事	大学	1.80	-
赵逸虹	女	监事	本科	-	-
何映霞		职工监事		-	-
钟祖华	男	副总裁	大学	28.45	2.50
蒋钤	男	副总裁	大专	28.19	2.16
秦皖民	男	副总裁	硕士	-	-
赵勇	男	副总裁	硕士	-	-
王锦	女	副总裁	研究生	-	-
赵雁	女	证券事务代表	本科	-	-
合计				177.02	4.66

F10中的“高层治理”

作为一个中药行业举足若轻的上市公司,董事长年薪既然还不到50万，持股数竟然没有。这显然是很不合理的，不论是薪酬制度或者是激励机制显然都有不尽合理之处，必须改革。否则，对云南白药的长期发展是肯定会有所制约的。这里透露出来的数据可以说是“利空”

图 170

【4.高管简介】

姓名	王明辉	性别	男	学历	研究生
职位名称	董事长，董事	任职起始日	2004-05-26	年薪	385100
持股数					
简历	男，生于1962年4月，研究生，高级经济师。历任宾川县医药公司主持工作副经理；昆明制药厂经营科副科长；昆明制药厂劳动服务公司经理；中美合资昆明贝克诺顿制药有限公司副总经理；昆明八达实业总公司董事长、总经理；昆明制药股份有限公司董事、副总裁。现任云南白药集团股份有限公司董事长、总裁，兼任云南白药集团医药电子商务有限公司、上海云南白药透皮技术兼总经理有限公司、云南白药大药房有限公司董事长及云南医药集团有限公司副董事长。				

姓名	尹品耀	性别	男	学历	本科
职位名称	总经理，董事	任职起始日	2009-04-24	年薪	
持股数					
简历	男，生于1969年5月，大学本科，会计师。历任昆明制药股份有限公司财务部副经理、销售管理部经理；昆明制药药品销售有限公司财务部经理、销售服务部经理；云南白药集团医药电子商务有限公司财务部经理、云南白药集团股份有限公司资产财务部部长、财务总监。				

董事长从2004年5月任职，不过总经理是从2009年4月新换。很显然，换总经理是想求变，寻求新突破，毕竟总经理负责具体事务，从这点来说，云南白药的这个人事变动，对其而言，是有积极意义
只是，如果薪酬制度以及激励机制未来没有实质突破，最终对云南白药而言不是好事。这新的变动有可能隐含新的气象也说不定，毕竟这里很多数据不齐全，所以只能剖析较为表层的部分

图 171

比如，为何说云南白药董事长不到50万元的年薪不合理？

第一，不妨对比一下。其领导的上市公司一年主营收入超过50个亿，薪酬竟然跟一般个体户一年营业收入几百万元的利润相当。也就是说，薪酬可能仅仅等于云南白药下面一个小经销商一年的利润，合理吗？

第二，很容易滋生腐败。当薪酬制度不合理，跟社会的现实形成极大落差的时候，思想稍微有动摇，就很容易走上腐败这条路。

第三，给公司发展带来不稳定因素。董事长年薪都不到50万元，可以想象下面的人的薪酬再怎么高也有限，面对竞争日益激烈的市场，没有吸引

力的薪酬制度最终使得人才流失严重，从而导致公司的没落。

上面三点已经足以说明问题，当然，还可以有更多理由，但这些已经足够，就不一一阐述。不管如何，行为行业龙头之一，如此薪酬制度必须改革才能让企业走得更好更远，否则长远来说，还是有相当风险的。

作为操盘手，当研究其他上市公司时，质疑不合理薪酬制度之时，我们也可以参考上面的思路。

8. “经营分析”

(1) “经营分析”中“主营构成”的重要意义有两点。

图 172 是云南白药的“主营构成”，里面详细的数据可以让我们很容易清楚毛利率低的原因。图 173 是云南白药的半年报摘要，虽然没有发现亮点，但却是必看环节。

【2.主营构成分析】
【2009年中期概况】

F10中的“经营分析”

项目名称	营业收入(万元)	营业利润(万元)	毛利率(%)	占主营业务收入比例(%)
工业销售收入(行业)	126354.00	91005.00	72.02	35.57
商业销售收入(行业)	228738.00	14180.00	6.20	64.39
合计(行业)	355092.00	105185.00	29.62	99.96
自产产品(产品)	126181.00	90948.00	72.08	35.52
批发零售产品(产品)	228738.00	14180.00	6.20	64.39
酒店及其他(产品)	173.00	57.00	32.95	0.05
合计(产品)	355092.00	105185.00	29.62	99.96
云南省内(地区)	251935.00	-	-	70.92
云南省外(地区)	102073.00	-	-	28.73
境外(地区)	1084.00	-	-	0.31
合计(地区)	355092.00	-	-	99.96

很明显，为何毛利率低，很大程度上就是由于商业销售收入这块的毛利率低大幅拖累平均毛利率
这块作为占比最大的主营收入，如何进一步提升其毛利率是关键，销售环节涉及的费用如果能够很好控制，对其应是有明显效果的，这里虽然低，但很显然有很大的改善空间

图 172

【2009年半年报】

董事会报告

(一)报告期内公司经营情况

1．报告期内公司经营情况回顾

2009年上半年，全球流动性充裕，伴随通胀预 逐步走强，公司主要原辅材料尤其是中药材价格大幅上涨，伴随经营规模不断扩大，产能所带来的压力在搬迁项目完成前将一直存在。面对上半年新医改方案正式推出，公司决策层未雨绸缪，提前应对，进一步理顺普药生产、打假工作、技术质量、信息系统等各方面工作。上半年，公司经营班子坚持科学发展观，领导全体员工严格执行董事会确定的“整合资源、适度调整、抓实重点、协调发展 ”的经营方针，认真贯彻“以强制强、以变应变、现金为王、终端为王”的经营理念，克服困难，强力开拓市场，提升终端控制力，不断完善内部管理，有效应对不利因素，公司各项主要经济指标继续保持了健康、快速的增长态势，为全年各项经济指标的完成奠定了良好的基础。

(1)报告期内公司主营业务收入、营业利润(毛利)的构成情况

(单位 万元)

分行业	营业收入	营业成本	毛利率(%)
工业销售收入	126,354	35,349	72.02%
商业销售收入	228,738	214,558	6.20%
合　　计	355,092	249,907	29.62%

分行业	营业收入比上年同期增减(%)	营业成本比上年同期增减(%)	毛利率比上年同期增减(%)
工业销售收入	35.92%	23.20%	2.88%
商业销售收入	27.42%	27.13%	0.21%
合　　计	30.32%	26.56%	1.99%

半年报表达得中规中矩，没有发现潜在亮点，不过看过后让人对公司的具体状况会有更为细致的了解。切记，类似这些报表不管如何是必须要好好研究的

图 173

很多人喜欢忽略“主营构成”数据，更喜欢忽视年报或半年报等信息。这其实是非常不可取的。“主营构成”的重要意义就在于：

第一，它可以告诉我们主营收入背后的故事。透过这背后的故事我们就可以明白其到底是依靠什么来获得最后的结果，有没有值得进一步研究的地方，有的话，该怎么去看待等。

第二，它可以让我们知其一也知其二。主营收入仅仅是表面的，内在到底是如何构架的，这里可以一一揭开答案，也就是让我们知其一也知其二。什么叫深入研究，这就是深入研究的一种体现。

(2)“经营分析”中半年报或年报必看的两点意义。

第一，半年报或年报是“官方信息”。很多人喜欢小道消息，但小道消息有个致命弱点就是往往假的居多，不准确。但是如果是上市公司本身的权威信息，那就绝对是真，至少表达的内容是上市公司表达的，至于能不能做到是另一回事。半年报或年报其实就等于这样一个权威的声音，就等于我们常看到的“官方信息”一样，来不得半点儿戏，是很严肃的东西。

第二，半年报或年报内容丰富，隐藏玄机。作为上市公司，制作好半年报或年报是有制度约束的，这不仅要花费成本，也是比较考究的。因此，涉及的内容也好，思路也好，都会较为全面清晰，一般很少打太极，这样才是一份合格的半年报或年报。难得上市公司花心思去完成它，我们能不好好研究吗？最重要的是，在研究的过程中，很多玄机可能隐藏其中。

9. 财务分析，公司报导、百家争鸣与港澳分析

这一节包括两大部分："财务分析"部分以及"公司报导"、"百家争鸣"与"港澳分析"部分。

（1）面对"财务分析"，重点不是分析有多深，而是能够看清一些重要问题。

很多专家都很看重"财务分析"，我们也不例外，但还是前面"大盘股操盘论道"中谈到一样，我们不是会计师，所以不求精深，只求明白。把握"财务分析"的根本是不是究竟分析有多深入，而是透过"财务分析"能够看清一些重要问题。

图 174 至图 179 共六幅图皆为"财务分析"，可以说是在小环节中图形最多的部分。图中的说明，不妨好好去理解对比，那代表一种研究思路。

【历年简要财务指标】

财务指标(单位)	2009-09-30	2009-06-30	2009-03-31	2008-12-31
每股收益(元)	0.7700	0.5000	0.2120	0.9600
每股收益扣除(元)	0.7600	0.5000	0.2090	0.9200
每股净资产(元)	6.3400	6.0700	6.0900	5.8700
调整后每股净资产(元)	-	-	-	-
净资产收益率(%)	12.1300	8.2200	3.4900	14.8400
每股资本公积金(元)	2.6113	2.6113	2.6177	2.6160
每股未分配利润(元)	2.3197	2.0494	2.0632	1.8508
主营业务收入(万元)	531042.14	355236.52	152292.82	572319.87
主营业务利润(万元)	-	-	-	-
投资收益(万元)	441.55	493.56	-16.61	561.22
净利润(万元)	41062.21	26629.06	11342.47	46542.02

F10中的"财务分析"

这个栏目的数据在前面研究的过程中已经非常清晰，此处起到的作用只是再次回顾加深点印象而已

图 174

【每股指标】

财务指标(单位)	2009-09-30	2008-12-31	2007-12-31	2006-12-31
审计意见	-	标准无保留意见	标准无保留意见	标准无保留意见
每股收益(元)	0.7700	0.9600	0.6800	0.5600
每股收益扣除(元)	0.7600	0.9200	0.6900	0.5700
每股净资产(元)	6.3400	5.8700	2.9400	2.1700
每股资本公积金(元)	2.6113	2.6160	0.3107	0.1152
每股未分配利润(元)	2.3197	1.8508	1.2663	0.7486
每股经营活动现金流量(元)	0.6554	1.5108	0.1467	0.6035
每股现金流量(元)	-0.0495	3.1096	0.0097	0.3531

"每股资本公积金"与"每股未分配利润"告诉我们的是其潜藏的能量还有多大，数据越高越好，"每股经营活动现金流量"以及"每股现金流量"告诉我们的是经营状况是否健康安全，数据也是越高越好

图 175

【利润构成与盈利能力】

财务指标(单位)	2009-09-30	2008-12-31	2007-12-31	2006-12-31
主营业务收入(万元)	531042.14	572319.87	426326.86	320436.56
主营业务利润(万元)	-	-	-	-
经营费用(万元)	87060.40	98347.66	64383.55	40939.68
管理费用(万元)	16448.75	18793.19	19244.17	16134.82
财务费用(万元)	-2008.72	167.64	-198.70	151.21
三项费用增长率(%)	42.01	40.61	45.79	43.37
营业利润(万元)	48215.47	52888.48	39098.65	33312.99
投资收益(万元)	441.55	561.22	212.99	-389.15
补贴收入(万元)	-	-	-	-
营业外收支净额(万元)	266.74	2636.49	-145.26	-75.73
利润总额(万元)	48482.22	55524.97	38953.38	33237.26
所得税(万元)	7150.45	9171.79	5793.35	5293.01
净利润(万元)	41062.21	46542.02	33020.98	27218.13
销售毛利率(%)	28.98	30.84	31.14	29.02
主营业务利润率(%)	-	-	-	-
净资产收益率(%)	12.13	14.84	23.20	25.90

此栏目的重点就是"三项费用"以及"三项费用增长率"，在主营业务收入并没有太大增长背景下，数据持续正增长并非好事。理想状态时主营收入额度不变背景下，费用控制越低越好

图 176

【经营与发展能力】

财务指标(单位)	2009-09-30	2008-12-31	2007-12-31	2006-12-31
存货周转率(%)	2.63	3.36	3.44	3.95
应收账款周转率(%)	19.08	31.67	24.36	22.67
总资产周转率(%)	1.00	1.43	1.63	1.69
主营业务收入增长率(%)	29.28	34.24	33.05	30.88
营业利润增长率(%)	31.91	35.27	17.37	20.48
税后利润增长率(%)	34.58	40.95	21.32	18.11
净资产增长率(%)	107.58	120.38	35.47	27.78
总资产增长率(%)	58.70	62.43	38.87	36.74

“周转率”越高说明效率越高，沃尔玛为何能够那么成功，本质上就是把握住了“周转率”的秘密，高速的“周转率”保证了每年的高收益
云南白药周转率显然仍有提升空间

图 177

【资产与负债】

财务指标(单位)	2009-09-30	2008-12-31	2007-12-31	2006-12-31
资产总额(万元)	565114.26	493716.96	303954.62	218869.47
负债总额(万元)	221387.99	175053.31	153838.45	104492.54
流动负债(万元)	219404.84	172852.73	148324.11	100869.41
长期负债(万元)	-	-	-	-
货币资金(万元)	230889.51	233533.40	67459.58	64369.69
应收帐款(万元)	39547.36	16128.49	20015.04	14991.65
其他应收款(万元)	9965.33	14538.02	6699.16	5720.90
坏帐准备(万元)	-	-	-	-
股东权益(万元)	338517.54	313724.47	142358.28	105081.11
资产负债率(%)	39.1757	35.4562	50.6123	47.7419
股东权益比率(%)	59.9024	63.5433	46.8353	48.0108
流动比率(%)	2.1632	2.5966	1.7561	1.7955
速动比率(%)	1.4507	1.8436	1.0438	1.1504

在我看来，50%的“负债率”就是一道分水岭，高了则相对危险，低了则相对安全。云南白药低于50%的“负债率”。显然还是相对安全的

图 178

【4.财务预警】
【Z值预警】
截至日期：2009-06-30

指标名称	指标值	Z值	警度
净营运资金/资产总计	0.4431		
留存收益/资产总计	0.2314		
息税前利润/资产总计	0.0532	1.8762	轻警
股东权益合计/负债合计	1.3621		
主营业务收入/资产总计	0.6264		

主营业务收入/资产总计的指标值虽然不算高，但能达到0.6264至少比前面大盘股的数值时好很多了，其他指标值也是不算差但也不算好，整体还是比较正常稳健的警度给了个“轻警”的评价，这也多少反映云南白药的内在的风险还是比较低的，好事

图 179

（2）图 180 是云南白药的“公司报导”，图 181 是“百家争鸣”，图 182 则是“港澳分析”。面对这些外在的信息，需要把握三个原则：

【2009-08-17】
云南白药(000538)09年上半年业绩增逾三成

云南白药（000538）公告，上半年实现净利润2.66亿元，同比增长33.81%，基本每股收益0.5元。

公司表示，上半年实现营业收入35.52亿元，同比增幅为30.11%，其中销售额超过亿元的自产产品为4个，自产产品的毛利率为72.08%，比上年同期提高了2.8个百分点；商业板块的盈利能力提高，毛利率上升了0.21个百分点，达到6.2%。

受通货膨胀预期的影响，公司预计主要原材料的价格将继续处于上涨态势，而伴随销售规模的扩展以及普药生产的增量，产能问题仍会时时受困扰。（张楠）

【出处】中国证券网【作者】

【2009-08-15】
红塔集团开出云南白药(000538)股权转让条件

云南白药今日发布的公告显示，在云南中烟工业公司同意红塔集团以公开征集受让方方式整体协议转让云南白药6581.3912万股股权（占总股本的12.32%）后，红塔集团为云南白药股权受让方开出了条件。

总体来看，这些条件较为“泛泛”，并无特别苛求之处。若拟受让方为法人，必须满足外商投资企业除外的中国法人、近两年内无重大违法违规行为、已就本次受让履行了必要的内部决策程序、具备按时足额支付股权转让价款的资金实力等4个基本条件。而若拟受让方为自然人的话，则必须不存在大额逾期未偿还债务、具备按时足额支付股权转让价款的资金实力等四个条件。

同时，意向受让方应在提交受让申请的同时，向红塔集团支付缔约保证金2亿元，且必须自取得本次拟转让股份之日起18个月之内不得通过证券交易系统或以其他方式转让标的股份。

不过，此次公开征集的时间却并不宽裕。公告称，符合条件的拟受让方应于2009年8月19日17:00 时之前向云南红塔集团提交全部资料，上述材料包括了《受让意向书》、拟受让方的基本资料、受让方案等。拟受让方若是法人，其基本资料除拟受让方及其实际控制人简介等资料外，还需要拟受让股份的内部决策文件等等。而云南白药公布红塔集团退出意向是在8月14日，也就是说，如果有企业在14日得到消息想要参与征集，也仅有4个工作日准备材料，时间上并不宽裕。

公告同时披露，红塔集团将根据拟受让方提出的受让方案并综合考虑各种因素，择优选择受让方。

云南白药今日同时披露半年报，公司上半年实现营业总收入35.5亿元，归属于上市公司股东净利润2.66亿元，分别较上年同期增长30.13%、33.81%，基本每股收益0.5元。公司称，下半年受通胀预期影响，公司主要原材料价格预计将继续处于上涨态势。伴随销售规模的扩张以及普药生产的增量，产能问题仍会时时困扰。公司将在上半年持续稳定增长的基础上，下半年确保公司全年既定目标完成。

【出处】上海证券报【作者】

一般情况下，“公司报导”又是一个浏览一下就可以跳过去的大栏目，毕竟基本重复的信息除了加深点印象没太大作用，当然，有时候能有“温故知新”的效果，但毕竟是新闻而已，效果有限

图 180

【2009-08-17】

F10中的“百家争鸣”

业绩增长强劲，超出预期

上半年收入35.52亿元，同比增长30.11%；净利润2.67亿元，同比增长33.50%，每股收益0.50元，超出我们EPS0.48元的预期。业绩优异的主要因素是工业、商业收入增长强劲超出预期，毛利率提升促使主营利润增速40%超越收入增速，销售和管理费用率有所提升但财务费用贡献正收益，最终净利润增幅与收入增幅基本保持同步，销售净利率提升。第2季度工业收入大幅增长促使毛利同比增长54%、环比增长94%。上半年经营现金流6.82亿元，运营质量优异。

工业商业比翼起飞；资源整合与创新，不断培育出新增长点

医药工业：上半年收入12.64亿元，同比增长36%。我们估计中央型产品超过5亿元，同比增长约13%；两翼产品约5.4亿元，同比增长约62%，其中牙膏销售估计翻番。两翼产品收入已经超过了中央型产品，成为增长强劲动力，其规模效益也快速体现，同时拉动中央型产品销售，形成协同效应。

医药商业：完成整合处于高速增长期--利润增速远高于收入增速。上半年收入22.87亿元，同比增长27%；净利润4303万元，同比增长58%。

公司仍处于高速成长期，上调09-11年业绩预测5.5%-15%

两翼产品的快速成功，以及整合集团工业、省内商业的能力，展示了公司管理团队的智慧和创新精神、以及卓越的战略执行能力。业绩每次"惊艳"亮相使我们相信，新基地将会是一个新的增长契机而非短期平台。判断公司仍处于高速成长期，上调09-11年EPS至1.15/1.50/1.87元，预计09年整体收入70亿元，2011年有望达100亿元，其中工业44亿元，成为规模最大的中药企业。

估值优势显现，提高投资评级至"推荐"，目标价48元

09-11年动态PE32x/24x/20x。年底市场将以10-11年估值做参考，给予2010年PE32x，则一年期目标价48元，距目前价位有33%稳健收益空间。今年以来股价滞涨，目前估值优势显现，建议逢低买入，攻守兼备。

【出处】中国证券网【作者】

市场其他人的具体点评，有利于把一些思路进一步理清，同时可以发现一些值得关注的结论，从而结合自己的研究成果，综合判断下，对公司的把握就更到位与准确

图 181

【2.港澳投资圈点】

【2009-04-30】港澳资讯提供：

投资圈点：云南白药（000538）

F10中的“港澳分析”

投资亮点：

1本公司生产经营是以云南白药系列产品和天然植物药系列产品为主，云南白药系列产品为独家经营；药品批发零售额在云南省排第一名。

2.公司盈利能力始终保持强劲势头，营运能力和管理效率居于同行业领先水平，经营规模不断跃上新台阶，从2006年起，公司经营业绩跃居中国中医药行业首位，使云南白药从一个地方性的企业成长为一个全国性的企业，从一个行业的挑战者成长为行业领跑者。

3.公司制定“稳中央、突两翼”战略，一方面强化了以白药系列为主的专业治疗药物在企业的核心，这一战略的实施，使白药在较短时间内迅速壮大，并从一个单纯的传统中药企业逐步转变为一个拥有丰富产品线的、横跨制药和个人护理产品领域的专业公司。

负面因素：

1.公司所用原材料价格继续处于上涨趋势，人工成本、能源价格及物流成本的上升均对成本控制形成较大压力。

2.在国家银根紧缩的宏观大环境下，商业客户尤其是中小客户资金严重短缺，对公司的产品销售及回款工作带来一定程度的影响。

综合评述：

云南白药是中国最优秀的中药企业，公司制定“稳中央、突两翼”战略，一方面强化了以白药系列为主的专业治疗药物在企业的核心，这一战略的实施，使白药在较短时间内迅速壮大，并从一个单纯的传统中药企业逐步转变为一个拥有丰富产品线的、横跨制药和个人护理产品领域的专业公司。投资者可中线关注。

从“港澳分析”中去找出一些值得关注的亮点或信息，辩证去看待，取其精华即可。这里的突出特点就是梳理相对清晰

图 182

第一，辩证看待。外在的信息有好有坏，具体如何影响上市公司，要具体问题具体分析，把握的关键就是其是否能够影响到中长期，如果仅仅是短期影响可以不用太在意。

第二，学会借力。外在的信息是他人智慧的结晶，太过主观性的结论可以不去理会，但对于较为客观的描述或评论则不妨拿来好好借鉴。

第三，不要依赖。很多人很喜欢看这些信息，总是希望从中找到自己期待的内容，只是，这样的结果最后就是失去自我。要学会独立分析，要有一套自己的系统，我之所以用心去写这套书，其实就是希望帮助投资者建立一套属于自己的系统。

10. “分红扩股”

(1)“潜在能量”带来的三个原因。

“分红扩股”算不上重点环节，但透过这里却多少可以感受到其内在的潜力。图183主要就是看“是”有没有三个，少于三个“潜在能量”则会大打折扣。为何？原因有三个：

【最新分红扩股】

是否有潜在送转股能力	是	是否有潜在派现能力	是
是否有潜在配股资格	是	已连续几期未分红	1
配股次数	2	增发次数	1

F10中的“分红扩股”

三个“是”足以说明“潜在能量”了

图183

第一，市场喜欢炒送转股题材。图中谈到是否有潜在送转股题材。这里有“是”的话，说明有那样的机会，阶段性可以给予市场想象的空间。

第二，市场阶段性喜欢炒作派现能力强的品种。图中谈到是否有潜在派现能力。这里有“是”，至少说明派现没有问题，可以给市场阶段性的憧憬，从而对股价有积极意义。

第三，市场阶段性喜欢配股题材。图中谈到是否有潜在配股能力。这里有“是”，至少说明公司的状况还可以，一旦开始配股，有望进入新一轮发展阶段。

透过上面三个原因，我们应该明白，很多时候内在能量其实就是未来阶段性的炒作题材，必须要有所了解，这样一旦上市公司有所动作，才能先知后觉，从容应对。

（2）“统计比较”注意别冤枉“好人”。

图184是云南白药在“分红扩股”中的“统计比较”，透过这里关键是看其是否重视二级市场股东回报，是否真正值得尊敬；同时看其上市以来扩张的速度到底有多快。

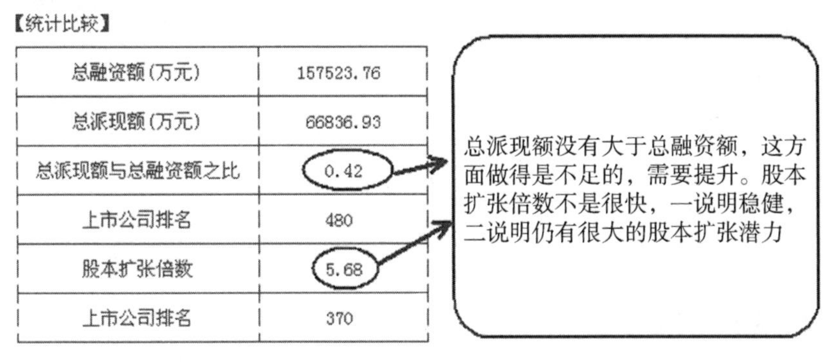
【统计比较】

总融资额(万元)	157523.76
总派现额(万元)	66836.93
总派现额与总融资额之比	0.42
上市公司排名	480
股本扩张倍数	5.68
上市公司排名	370

图184

结果很显然，只能说勉强值得尊敬，总派现额与总融资额差一点才到50%，比下有余，比上不足，所以“勉强”。

这里需要特别强调的是，这里的“统计比较”有效范围必须是老公司，上市时间至少超过5年，否则，上市没一两年，你要它总派现额远大于总融资额那也不现实。如果对新股也这样套用，有可能错过“好股”。

扩张速度则是适中，比上不足，比下有余，正是如此，说明未来一旦进入新的发展状态，很容易再上一个台阶，进一步扩张，这对于炒作而言，无疑是“利好”。

11. “关联个股”

（1）面对“关联个股”中四个小环节的关键。

图185至图188皆为云南白药“关联个股”环节中的图，涉及面比较

广，透过这里，不仅可以发现一些亮点，也可以大大拓展视野。在此，做一些思路归类，方便以后可以举一反三：

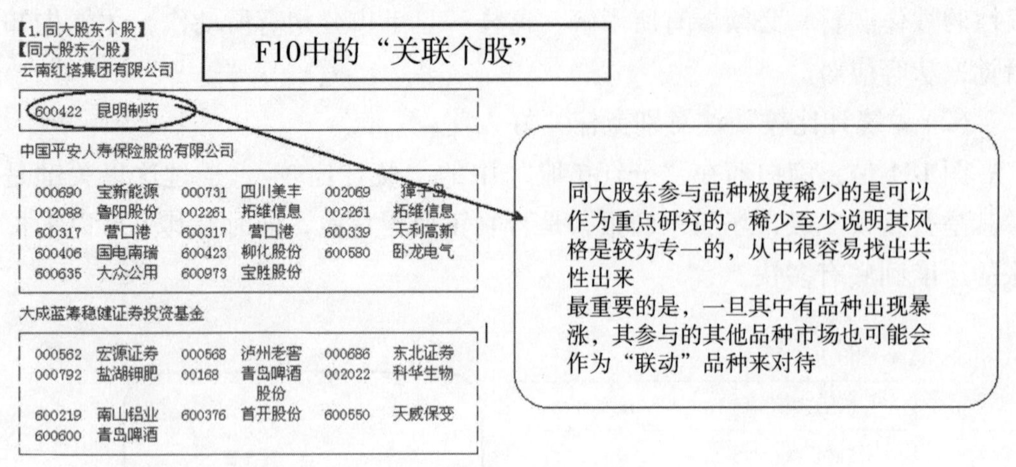

图 185

【2.同行业个股】

000423	东阿阿胶	000538	云南白药	000590	紫光古汉
000591	桐君阁	000623	吉林敖东	000650	仁和药业
000766	通化金马	000809	中汇医药	000919	金陵药业
000989	九芝堂	000999	三九医药	002107	沃华医药
002118	紫鑫药业	002198	嘉应制药	002219	独一味
002275	桂林三金	002287	奇正藏药	600085	同仁堂
600277	亿利能源	600285	羚锐制药	600329	中新药业
600351	亚宝药业	600422	昆明制药	600436	片仔癀
600479	千金药业	600518	康美药业	600535	天士力
600557	康缘药业	600572	康恩贝	600594	益佰制药
600613	永生数据	600750	江中药业	600773	*ST雅砻
600781	上海辅仁	600869	三普药业	600976	武汉健民
600993	马应龙	900904	永生B股	TIAN.SI	中新药业

众多医药类品种一览无遗，有需要非常方便寻找。软件帮我们整理的好处就在于方便，节省时间

图 186

【3.股本相近个股】

股票代码	股票名称	总股本(万股)	实际流通A股(万股)
000006	深振业A	50718.33	49202.97
000407	胜利股份	49940.93	49585.77
000422	湖北宜化	54237.81	48156.10
000501	鄂武商A	50724.86	50719.93
000537	广宇发展	51271.76	51271.76
000594	国恒铁路	56111.62	49090.20
000599	青岛双星	52482.85	44094.47
000607	华立药业	48773.20	48751.00
000623	吉林敖东	57335.80	49518.16
000731	四川美丰	49984.00	47750.31
000910	大亚科技	52750.00	52750.00
000968	煤气化	51374.70	51374.56
600060	海信电器	49376.78	49376.78
600120	浙江东方	50547.35	50547.35
600161	天坛生物	48825.00	48825.00
600191	华资实业	48493.20	48493.20
600212	江泉实业	51169.72	50969.72
600260	凯乐科技	52764.00	52764.00
600361	华联综超	48480.79	48480.79
600426	华鲁恒升	49575.00	49575.00
600535	天士力	48800.00	48800.00
600621	上海金陵	52408.24	52408.24
600622	嘉宝集团	51430.38	45246.68
600710	常林股份	48620.00	48620.00
600740	山西焦化	56570.00	45683.28

相近的股本很多机会都有可能类似，这里的整理数据很显然是可以让我们更好地去发现其他机会。如果市场证明这研究品种有大行情的话，那就更不妨作为研究备选基地来关注

图 187

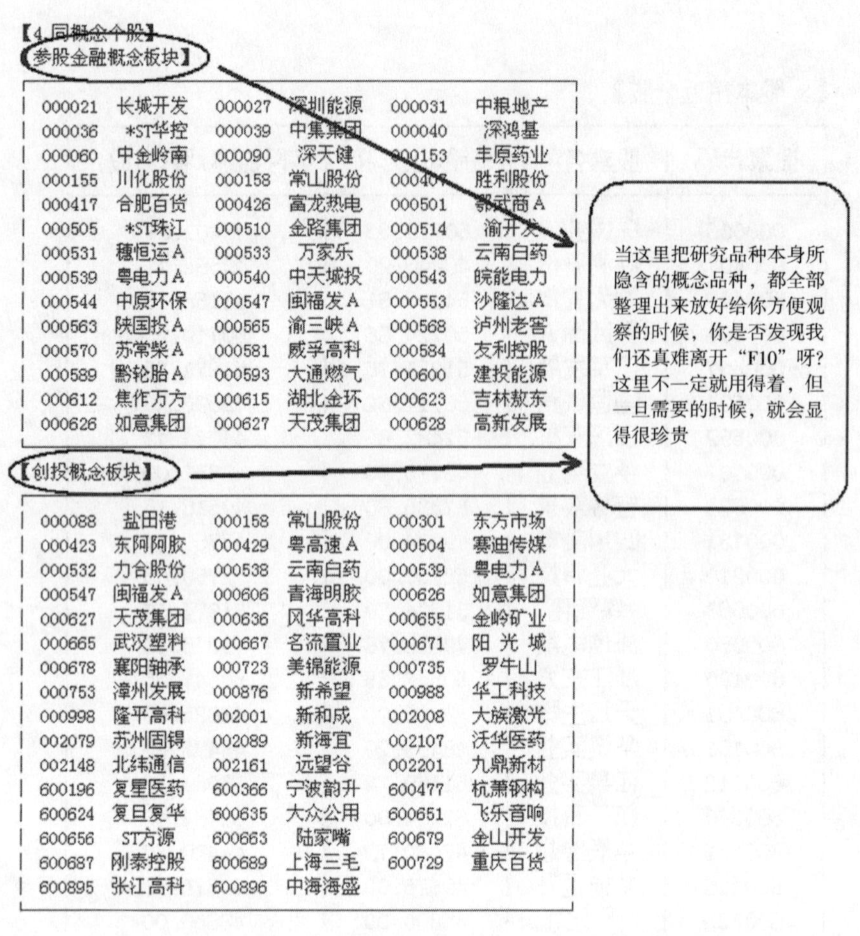

【4.同概念个股】

【参股金融概念板块】

000021	长城开发	000027	深圳能源	000031	中粮地产
000036	*ST华控	000039	中集集团	000040	深鸿基
000060	中金岭南	000090	深天健	000153	丰原药业
000155	川化股份	000158	常山股份	000407	胜利股份
000417	合肥百货	000426	富龙热电	000501	鄂武商A
000505	*ST珠江	000510	金路集团	000514	渝开发
000531	穗恒运A	000533	万家乐	000538	云南白药
000539	粤电力A	000540	中天城投	000543	皖能电力
000544	中原环保	000547	闽福发A	000553	沙隆达A
000563	陕国投A	000565	渝三峡A	000568	泸州老窖
000570	苏常柴A	000581	威孚高科	000584	友利控股
000589	黔轮胎A	000593	大通燃气	000600	建投能源
000612	焦作万方	000615	湖北金环	000623	吉林敖东
000626	如意集团	000627	天茂集团	000628	高新发展

【创投概念板块】

000088	盐田港	000158	常山股份	000301	东方市场
000423	东阿阿胶	000429	粤高速A	000504	赛迪传媒
000532	力合股份	000538	云南白药	000539	粤电力A
000547	闽福发A	000606	青海明胶	000626	如意集团
000627	天茂集团	000636	风华高科	000655	金岭矿业
000665	武汉塑料	000667	名流置业	000671	阳 光 城
000678	襄阳轴承	000723	美锦能源	000735	罗牛山
000753	漳州发展	000876	新希望	000988	华工科技
000998	隆平高科	002001	新和成	002008	大族激光
002079	苏州固锝	002089	新海宜	002107	沃华医药
002148	北纬通信	002161	远望谷	002201	九鼎新材
600196	复星医药	600366	宁波韵升	600477	杭萧钢构
600624	复旦复华	600635	大众公用	600651	飞乐音响
600656	ST方源	600663	陆家嘴	600679	金山开发
600687	刚泰控股	600689	上海三毛	600729	重庆百货
600895	张江高科	600896	中海海盛		

图 188

第一，面对“同大股东个股”的关键（参考图 185）：稀缺的才是有价值的。当一个机构选择品种太多太杂的时候，会让人无从下手分析，但是当一个机构选择较为集中的时候，是最容易下手研究的，也是最容易找到价值的，因此，稀缺的才是有价值的。

第二，面对“同行业个股”的关键（参考图 186）：相似且能联动的才是有价值的。同行业品种有时候会很多，但真正各方面都差不多的不会太多，或者同一行业具体领域的不会太多，或者是具体是竞争对手的也不会太多，从这些不会太多中去寻找相似且能联动的品种，这样，在具体操盘过程中，才是最有价值的。

第三，面对“股本相近个股”的关键（参考图 187）：行业地位相近的才有价值。股本相近个股虽然选择范围并不是太多，当然也有选择范围广的时候，但不管如何，要把握一个原则，如果非同行业品种，其行业地位也要跟目前研究标的相近才具有研究价值。否则，就如过去结婚一样，不够门当户对总是难免出问题的（现代社会自由恋爱，不存在这个问题，仅仅是拿来比喻）。

第四，面对“同概念个股”的关键（参考图188）：找到概念中的龙头才有价值。既然是概念，那么，在具体炒作过程中，就必然会有相应的龙头品种诞生，需要在盘面去发现，去积累，看看哪些品种是曾经作为该概念的龙头品种出现过的，重点关注它。这样，一旦其有所动作，自己研究的品种不就有了跟随表现的机会吗？当然，如果自己的研究品种已经是相应概念的龙头，那就省去了不少工夫，或者找找那些第二龙头等以做观察盘面时对比用。

（2）“倒带”，形成清晰的形象，第一大步，儿戏不得。

中盘股F10中研究的最后大环节，就是“倒带”，把前面每一个大环节剖析的要点都充分结合起来，看看选择标的到底是一个什么样的状况。形成清晰的形象，这样也就基本完成F10的任务了，从而可以进入其他要素如形态等进一步深入分析了。不管如何，F10是第一大步，这里如果都通不过，其他进一步的研究也就没有必要了。人生第一步很关键，所以，最后要告诉你的是，千万别把F10当儿戏，形成体系才能真正有收获。

三、温故知新

（1）建立系统是要经历“有招”，最后才能达到“无招胜有招”。

F10中一共有16个大环节，除去“风险因素”（因其基本所有内容都在“公司大事”或其他环节上重复，为避免太多重复而除去），所以只有15个大环节，在具体研究过程中，按照第一章从恋爱到结婚的过程，共分成十大部分，分别是：

第一印象（最新提示与公司概况）

开始了解（股东研究）

深入了解（主力追踪）

继续深入（公司大事与行业分析）

接触家长（高层治理）

了解家底（经营分析）

综合比较（财务分析、公司报导、百家争鸣与港澳分析）

潜在能量（分红扩股）

全面感知（关联个股）

虽然不一定合理，也并非一定要按照这样的顺序去研究“F10”，但这是为了研究起来更有系统与章法而设立的。

我的思路很简单，作为系统的建立，先要“有招”，等最后达到相当的境界，就是“无招胜有招”，怎么做都可以了，但切记，当自己还没到那个境界的时候，需要经历个“有招”的阶段。（重复是因为重要）

（2）回顾前面，归类十三大要点。

云南白药是中盘股的代表，注意学会举一反三，懂得研究云南白药是为了更好地去研究其他品种。在中盘股的研究中我更强调的是归类分析，因此，我们在这过程中看到很多不同的归类，这些都是有价值的。在此不妨回顾一下前面十三大归类要点：

第一，把握中盘股机会需要注意三点。

第二，“上升通道刚刚遭受破坏，选择标的整体依然健康”时应对思路上的两个要点。

第三，部分中盘股在暴跌中屹立不倒的两大理由。

第四，“业绩”，“净资产”以及“股权转让”三大信息如何去看？

第五，“主力追踪”中，面对各种情况，把握两大原则。

第六，“三要点”去把握行业地位等数据的对比。

第七，实际流通 A 股变化的两大要素。

第八，说明为何薪酬制度不合理的三点。

第九，“经营分析”中“主营构成”的重要意义有两点。

第十，“经营分析”中半年报或年报必看的两点意义。

第十一，面对外在的信息，需要把握三个原则。

第十二，“潜在能量”带来的三个原因。

第十三，面对“关联个股”中四个小环节的关键。

回顾的过程其实就是“倒带”的过程，要让学习的内容真正融会贯通，反复“倒带”是必需的。

（3）F10 就如一道至关重要的筛选大门，云南白药通过了。

通过对云南白药F10系统的剖析后，我们可以发现，除了薪酬制度不合理对长期经营埋下一定隐患外，其余都很难挑到明显的毛病。

正如其股价波动一样，云南白药的公司经营显得很稳健。2009年股权的准备转让以及总经理新上任，都给其未来带来新的气象。这求变的气象给其稳健的性格带来一种激情。未来在新进机构主力的照顾下，逐步脱离盘整区更上一层楼的概率比较大（前提是大盘要阶段性配合）。上面的结论不算全面也不算具体，但是能够反映综合后的一种思路，也是我们研究后作出的综合判断。这是异常宝贵的，至少这种总结的背后是有深刻内涵的，而不仅仅是直观总结，这就是拥有“系统”的好处。

这里仅仅是从F10这一角度来剖析，作为判断研究品种的最终走向还需要更多的因素，但作为F10这一角度，云南白药显然是通过了。通过第一大关才有可能进入更深的层次，F10就如一道至关重要的筛选大门！

四、课后习题

（1）能否把F10“恋爱到结婚”系统的顺序依次背诵出来，并大概谈下每个大环节的要点。

（2）能否对上面“温故知新”中十三大归类要点的具体内容作出自己的理解，可以采用自己的语言？

（3）类似云南白药的品种你还能找到几个？找到品种后试说明理由。

（4）在中盘股云南白药中的研究体系中，你觉得哪几个环节是最重要的？

（5）“业绩”，“净资产”以及“股权转让”三大信息如何去看？

（6）为何中盘股中容易走出独立行情的大牛品种？

（7）具体在操作过程中，对中盘股上的机会把握上有什么问题吗？怎么处理。

（8）F10研究体系的形成重要性在哪里？

（9）透过这里的感受与学习，如何有收获的话，能否谈谈自己心得，以文字的形式（不少于1000字）表达出来？

五、市场随笔

1. 房价与股市波动的背后

房价波动的背后很有意思。

房价疯狂上涨时，很多人埋怨政府没控制好房价，让穷人更穷，富人更富；

房价疯狂下跌时，很多人则盼望房价能有个回稳的走势，再这样下去，很多人都会成为房子的“负人”，很多贷款买房的人都被房价疯狂下跌逼疯，身心会受重创。

不论涨或跌，总有各种各样的声音冒出来，但有一点是可以肯定的，不论其涨跌，总是有那么一群受到伤害的人。因此，可以断定，房价的波动是不可能照顾到所有人群的，政府不论出台什么样的政策，最终都会让一群人生出抱怨来。

正如股市一样，不论管理层是否出台政策干预，市场都会发出不一样的声音，最终也是肯定会令一部分人受到伤害。

事物都是存在两面性，完全往一面倒的状况几乎是不可能出现的。我们的房市与股市，肯定不可能照顾到所有群体的利益。但就算如此，作为管理层，还是要在其波动的过程中，充当市场监护者、守卫者、建设者的角色，发挥其应有的职责，直接计划经济式的干预方式固然不可取，但至少要采取一些具有引导性的政策，让市场自行解决问题。

市场环境的建设、维护与保障是让市场自行解决问题的前提，如果连这个前提都没有很好地实现，那么，市场自行波动的过程中就难免会出现这样那样的问题了，而且是很难让市场自行解决的问题。

我们需要健康的房市与股市。实现这个目标，在具体波动过程中，无疑需要市场监护者、守卫者、建设者的大智慧。但不管如何，最终是不可能照顾所有方面的，这就是现实，世界本如此。

2. 学会捕捉消息面去操作

如果我们可以很好地去挖掘每天市场的消息面，完全可以从中找到金子。做股票就是一定要挖掘出某些信息背后存在的市场价值。

其实每一条消息对市场的影响或者对个股的影响都分为两大类，一类为主要偏向中长期的影响，另一类则偏向短期。如果是第一类，那么投资者就可以短中线开始准备介入了，而如果是第二类，那么要做的就是尽可能第一时间反应。

对于消息面影响的具体操作，我想说，这需要从主力操作思路去具体分析。如果这个消息非常利好，它目前的股价也处于相对低位，那么，开盘前用涨停板价去抢筹码的激进策略完全可以采纳。而如果这个消息虽然非常利好，但股价的运行状况已经处于相对高位，那就不妨了解主力的操盘动作后再作打算，如果无量拉升，那么可坚定跟随进去，否则，宁愿放弃。

市场中的敢死队往往就是很好地捕捉住了某些个股的短线利好消息，在市场上采取较为激进的策略从而激发投资者的跟进热情，最终快进快出成功做个短差。所以从这个方面去看，投资者一定要对消息有一个比较敏锐的感觉，这就需要在平时的生活中多留意一下，多去跟这个市场联系。或许有时候一个股票的涨停捕捉成功就在于生活中看到某商品突然畅销而得到的启示。

具体如何去看盘面从而去捕捉市场机会呢？我建议，这一点投资者最好要慢慢从众多技术指标分析中脱出身来，专注于两到三个就够了。有些时候，复杂并不一定就好，简单往往更有效。均线，成交量有时候就已经够了。股票的涨跌归根结底都是受人的情绪影响。因此，我们在对具体个股的操作上一定要跟大众的情绪联系起来，分析透彻，反散户思维操作就可以了。

第三节 小盘股——熊猫烟花全面操盘论道

（学习切记：文中熊猫烟花研究时间为2009年8月，仅代表过去不代表当下也不代表未来）

一、基础认识

（1）小盘股容纳资金有限，更多是游资或私募基金的选择标的。

小盘股由于其本身所能容纳的资金有限，因此，很多时候，其不是机构资金研究的重点，除非该小盘股真的非常有亮点，即使如此也仅仅是作为一种配置，不会作为全身心投入的选择标的。道理很简单，就如做生意一样，小盘股在机构资金眼中，就等于是做小生意的，人家动辄几十上百亿的规模，小盘股放在他们眼前，实在是有点难以上台面。所以，除非小盘股变成中盘股了，机构资金才会正式考虑进入深度研究把握其中的机会。只要一直是小的状态，那更多的就是一种配置而已。

所以小盘股的主力往往更多都是游资或私募基金，他们的规模比较适合把握小盘股的机会，也正因为盘子不大，一旦把控，就很容易出现天马行空式的状况。为何说游资私募有时候操作风格比较凶悍，这也跟他们把持的品种盘子大小紧密关系。

（2）小盘股，机会大风险也大，讲究阶段性机会，要注意流动性不足的风险。

小盘股，正是由于其小，也就造就了其内在的抗风险能力会较弱，企业的发展过程中很容易出现大起大落的状态，对应股价也必然是大起大落。因此，其中蕴涵的机会与风险都会成倍放大。我们可以发现，一旦小盘股有行情的时候，就真的可能天马行空，毕竟资金把机会彻底放大了。相反，一旦小盘股进入低迷阶段，那就真的可能是无人问津，无底洞一样地往下跌。此时，市场就把其风险彻底放大了。

所以，面对小盘股，是很讲究阶段性的。市场低迷之时，千万不要贸然去把握小盘股的机会。那时候，你可能进去容易，出来难。相反，市场热闹之时，则可以考虑积极去把握小盘股的机会。那时候，可能就是进难，出容易了。

作为操盘手，你一定要充分考虑自己的资金状况，一般把握不是特别大的情况下，都只建议配置，而不建议重仓。一旦市场转势，其中蕴涵的流动性不足的风险将很可能把自己彻底套进去，最终无法翻身。这不比中盘股或大盘股，就算市场转势，流动性都至少能够让人从容出局，但小盘股有时候很难做到。

二、操盘论道

1. “对比大盘”（见图189至图190）

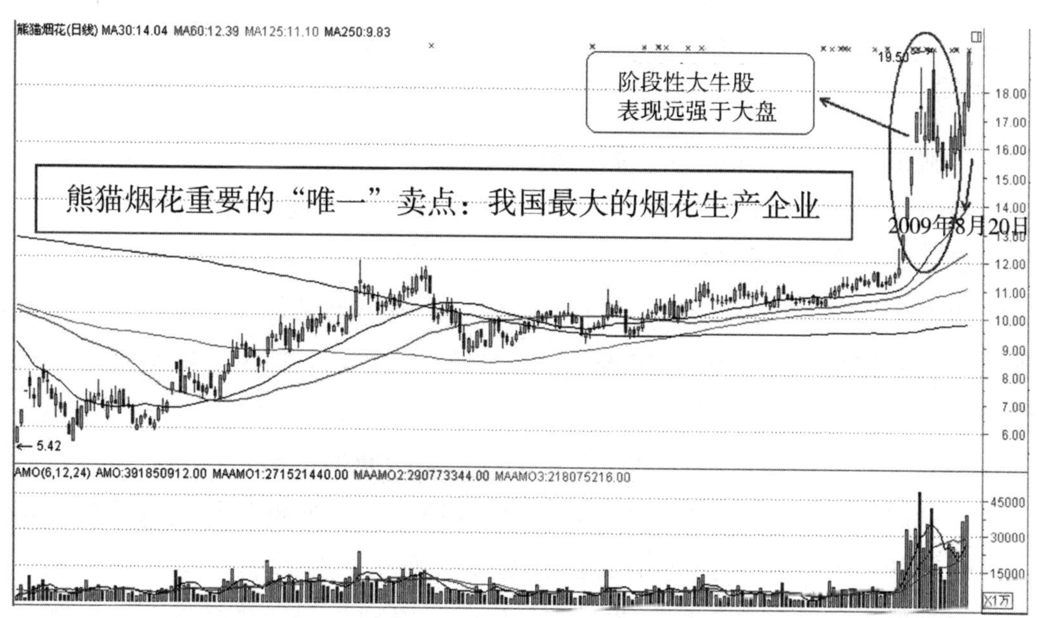

图189

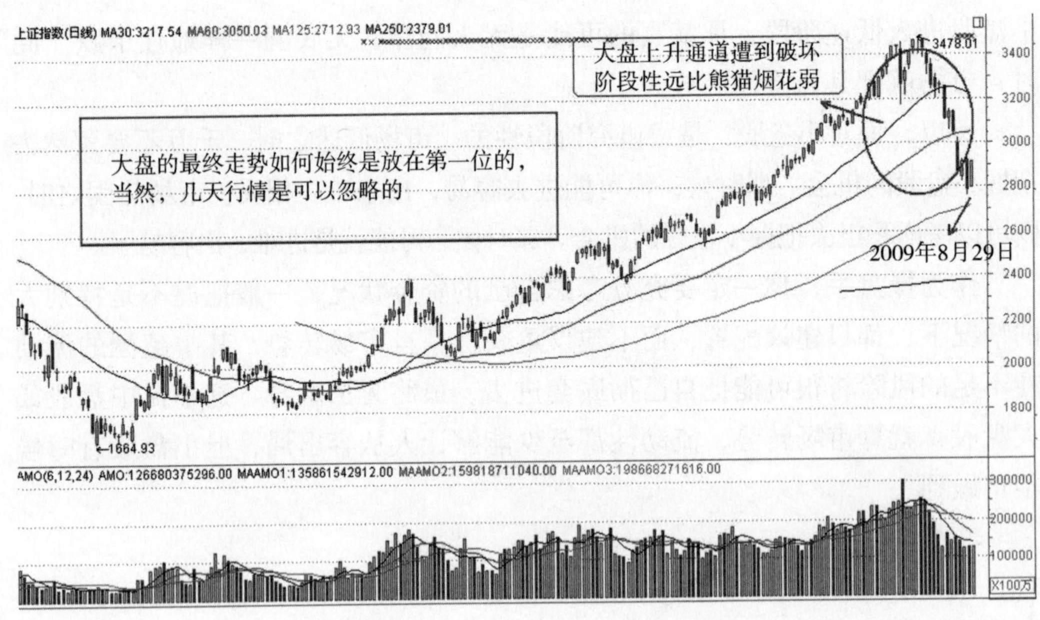

图 190

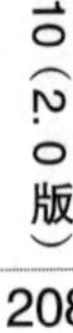

（1）大盘阶段性没有彻底进入熊市，小盘股往往敢于逆势冒险表演。

在小盘股的机会把握上，只要大盘阶段性不是彻底进入熊市的状况，那么，部分高控的小盘品种随时就会给你带来巨大的惊喜。

道理也不复杂，其中运作资金只有靠这种疯狂的表演才能吸引眼球，最终才能有全身而退的可能，这就是以退为进的策略。其中最大的风险就是曲高无人应，大盘不配合，如此，其所需要的退出土壤就不具备。那么，最终的结果就很有可能出现从哪里涨上来就跌回到哪里去的状况。

当然，其最大的机会，就是在其逆势疯狂后，市场最终还能活跃一阵，给其最后全身而退赢得时间。

图 189 与图 190 其实就是最好的阐释，熊猫烟花疯狂，大盘则刚开始出现调整，但没有确定已经再次进入彻底的熊市阶段，小盘股抓的就是这个缝隙。

（2）大盘风险难以把控时，面对个股机会的两种策略。

不管如何，大盘的最终走向始终是放在第一位。如果你对大盘的阶段性走势很迷茫，或者你对最终走向极其悲观，那么，要做的其实不是考虑机会，而是把风险放在第一位。此时，如你已经发现类似熊猫烟花可能出现的阶段性机会，该怎么办？

第一，你完全可以采取为大盘而放弃个股机会的策略，但这需要相当的毅力与坚定。

第二，你也可以采取轻仓上阵博弈的策略。这样就算输也有限，但同时能有机会真切地去感受你认为的个股机会。这只需要你保持平和的心态即可，不以输赢去影响自己的心情。

总之，千万不可重仓出击，那样就无异于赌博，而且是大赌，赢了固然可喜，输了可能就难以承受了，何必呢？你要知道，市场的机会多的是，何必争在一时呢！

作为操盘手，风险始终放在第一位，机会放在第二位。当认为市场风险难以把控的时候，切记，面对个股机会，更多的是要冷静，采取上面两种策略的其中之一即可。

2. “最新提示”与“公司概况”（图 191 至图 196）

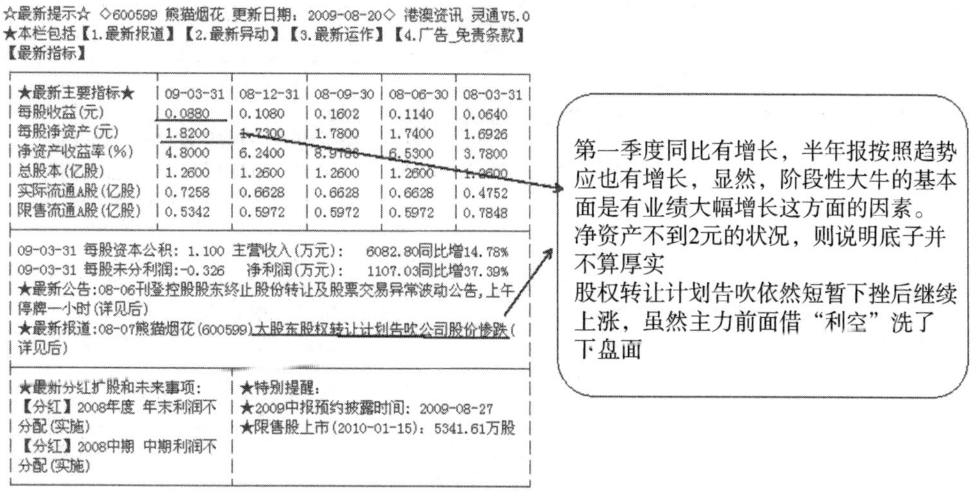

☆最新提示☆ ◇600599 熊猫烟花 更新日期：2009-08-20◇ 港澳资讯 灵通V5.0
★本栏包括【1.最新报道】【2.最新异动】【3.最新运作】【4.广告_免责条款】
【最新指标】

★最新主要指标★	09-03-31	08-12-31	08-09-30	08-06-30	08-03-31
每股收益(元)	0.0880	0.1080	0.1602	0.1140	0.0640
每股净资产(元)	1.8200	1.7300	1.7800	1.7400	1.6926
净资产收益率(%)	4.8000	6.2400	8.97[illegible]	6.5300	3.7800
总股本(亿股)	1.2600	1.2600	1.2600	1.2600	1.2600
实际流通A股(亿股)	0.7258	0.6628	0.6628	0.6628	0.4752
限售流通A股(亿股)	0.5342	0.5972	0.5972	0.5972	0.7848

09-03-31 每股资本公积：1.100 主营收入(万元)： 6082.80同比增14.78%
09-03-31 每股未分利润:-0.326 净利润(万元)： 1107.03同比增37.39%
★最新公告:08-06刊登控股股东终止股份转让及股票交易异常波动公告,上午停牌一小时(详见后)
★最新报道:08-07熊猫烟花(600599)大股东股权转让计划告吹公司股价惨跌(详见后)

★最新分红扩股和未来事项：	★特别提醒：
【分红】2008年度 年末利润不分配(实施)	★2009中报预约披露时间：2009-08-27
【分红】2008中期 中期利润不分配(实施)	★限售股上市(2010-01-15)：5341.61万股

第一季度同比有增长，半年报按照趋势应也有增长，显然，阶段性大牛的基本面是有业绩大幅增长这方面的因素。
净资产不到2元的状况，则说明底子并不算厚实
股权转让计划告吹依然短暂下挫后继续上涨，虽然主力前面借“利空”洗了下盘面

图 191

【最新公告】

【2009-08-06】刊登控股股东终止股份转让及股票交易异常波动公告上午停牌一小时

熊猫烟花控股股东终止股份转让公告

根据熊猫烟花集团股份有限公司控股股东广州攀达国际投资有限公司(下称：广州攀达)于2009年7月6日与邓仁春签订的《资产(股权)置换协议》(下称：置换协议)，广州攀达将其持有的970万股公司股份(占公司股本总额的7.7%)与邓仁春持有的江西省李渡烟花集团有限公司(下称：江西李渡)36.89%的股权进行等值置换。公司现收到广州攀达通知，由于江西李渡股东之间就股权置换事宜无法达成一致，导致置换协议无法履行。经协商，广州攀达于2009年8月4日与邓仁春签订了《终止协议》，同意终止置换协议。

股票交易异常波动公告

熊猫烟花集团股份有限公司股票于2009年8月3日-5日连续三个交易日收盘价格涨幅偏离值累计达20%，属于股票交易异常波动。

经核实，到目前为止并在可预见的三个月之内，除公司于同日公告的有关事项外，无其它应披露而未披露的事项，包括但不限于：公司股权转让、非公开发行、债务重组、业务重组、资产剥离或资产注入等重大事项。

董事会确认，除上述事项外，截止目前公司没有任何根据有关规定应披露而未披露的事项或与该事项有关的筹划、商谈、意向、协议及重大合同等和对公司股票及其衍生品种交易价格产生较大影响的信息。

股权转让的失败，让股价稍微停歇下继续大涨，转让的对方是“兄弟企业”李渡烟花，这种背景最终却让“转让”宣告结束，背后是否还有故事是值得思考的。不管如何，转让是个题材，炒作已经形成，这才是真理。从这里可以感觉得到，熊猫烟花是比较喜欢资本运作的。

【1.最新报道】

【最新公司报道】

【2009-08-07】熊猫烟花(600599)大股东股权转让计划告吹公司股价够跌

本报讯 （记者丁蕊）近期因连续4涨停而备受市场关注的熊猫烟花并未延续飙涨的态势，其昨日公告称，控股股东广州攀达国际投资有限公司一个月前公布的股权转让计划被迫搁浅。受此影响，公司股价昨日跌5.62%。

股权置换方案搁浅

7月初，熊猫烟花公告称，公司控股股东广州攀达国际投资有限公司以其持有的970万股熊猫烟花股份（占熊猫烟花股本总额的7.7%）与邓仁春持有的江西省李渡烟花集团36.89%的股权进行等值置换，置换资产作价8533万元。

但最终这笔交易因李渡烟花股东的反对而告吹。熊猫烟花公告称，由于李渡烟花股东之间就股权置换事宜无法达成一致，因此经协商后交易双方同意终止置换协议。

此前李渡烟花发表声明称，公司对本次股权转让事宜并不知情，李渡烟花与熊猫烟花属同业竞争关系，根本无意转让股权。

昨日，记者就此事致电李渡烟花，工作人员称公司近期没有任何可以公布的消息。熊猫烟花董秘办人士则表示，这是大股东的事，和上市公司没有关系。

分析师称游资推动4涨停

二级市场上，该股昨日低开后快速跳水，截至收盘报16.47，跌5.62%，换手率高达20.83%。在此前的5个交易日中，熊猫烟花曾出现连续4个涨停。“此轮熊猫烟花的异动显然是游资推动。”湘财证券湖南当地营业部分析人士表示。

记者了解到，李渡烟花为“兄弟企业”，邓仁春及其兄长分别拥有该公司36.89%和63.11%的股权。去年北京奥运会期间，李渡烟花与熊猫烟花一起，在比赛场馆绽放异彩。此前，有媒体报道，李渡烟花拿下国庆焰火晚会70%燃放任务，昨日记者致电公司办公室，工作人员告诉记者，最终的结果还没有出，熊猫烟花董秘办人士亦表示，没有可以披露的内容。

图 192

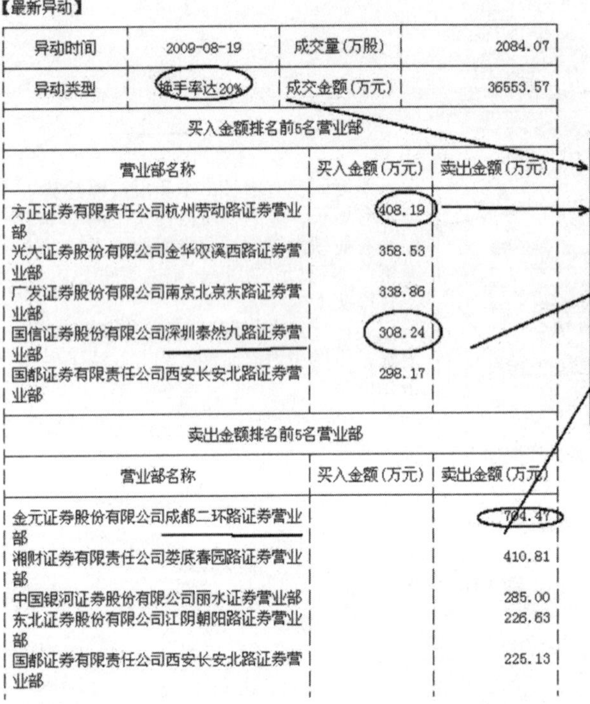

【最新异动】

异动时间	2009-08-19	成交量(万股)	2084.07
异动类型	换手率达20%	成交金额(万元)	36553.57

买入金额排名前5名营业部		
营业部名称	买入金额(万元)	卖出金额(万元)
方正证券有限责任公司杭州劳动路证券营业部	408.19	
光大证券股份有限公司金华双溪西路证券营业部	358.53	
广发证券股份有限公司南京北京东路证券营业部	338.86	
国信证券股份有限公司深圳泰然九路证券营业部	308.24	
国都证券有限责任公司西安长安北路证券营业部	298.17	

卖出金额排名前5名营业部		
营业部名称	买入金额(万元)	卖出金额(万元)
金元证券股份有限公司成都二环路证券营业部		704.47
湘财证券有限责任公司娄底春园路证券营业部		410.81
中国银河证券股份有限公司丽水证券营业部		285.00
东北证券股份有限公司江阴朝阳路证券营业部		226.63
国都证券有限责任公司西安长安北路证券营业部		225.13

换手很高，说明多空双方博弈较为激烈，整体持股成本也由此推动上升。是好事还是坏事，要结合更多的信息才能作出判断

8月9日的异动上涨显然，参与其中的更多都仅仅是游资而已，没有机构，很显然，这是游资把持的品种，很容易出现暴涨暴跌

图 193

☆公司概况☆ ◇600599 熊猫烟花 更新日期：2009-07-06◇ 港澳资讯 灵通V5.0
★本栏包括【1.基本资料】【2.发行上市】【3.关联企业】
【1.基本资料】
【基本资料】

F10中的“公司概况”

公司名称	熊猫烟花集团股份有限公司		
证券简称	熊猫烟花	证券代码	600599
曾用简称	*ST花炮 S花炮 浏阳花炮		
相关指数			
行业类别	化学原料及化学制品制造业	相关股票	
证券类别	上海A股	上市日期	2001-08-28
法人代表	赵伟平	总 经 理	赵伟平
公司董秘	黄叶璞	独立董事	文孟婵,韩丽伟,单汨源,舒强兴
联系电话	(0731)3620963 3620966	传　　真	(0731)3620966
万维网址	www.pandafireworks.com		
电子信箱	lyhp599@163.com		
注册地址	湖南省浏阳市金沙北路589号		
办公地址	湖南省浏阳市金沙北路589号		
经营范围	开发、生产销售烟花鞭炮及其原材料；提供烟花鞭炮燃放服务；		

从熊猫烟花的“曾用简称”中就可以看出其过去到现在是非常坎坷的，浏阳花炮到熊猫花名字的转变，多少有点亮丽转身的味道，毕竟熊猫烟花比起浏阳花炮可是好听多了
从注册地址与办公地址可以看出，其大本营在湖南浏阳，就是隶属湖南板块而已。更多的内容倒是可以从其“万维网址”中去查阅获取。这个小环节最有价值的是“曾用简称”那带来的启迪

图 194

【发行上市】

网上发行日期	2000-07-31	上市日期	2001-08-28
发行方式	上网定价发行	每股面值(元)	1.00
发行量(万股)	2200.00	每股发行价(元)	10.000
发行费用(万元)	1002.20	发行总市值(万元)	22000.00
募集资金净额(万元)	19280.00	上市首日开盘价(元)	25.03
上市首日收盘价(元)	27.09	上市首日换手率(%)	77.10
上网定价中签率	0.3228	二级市场配售中签率	-
发行当年净利润预测(万元)	1540.7800	发行当年实际净利润(万元)	1185.4714
每股摊薄市盈率	45.4500	每股加权市盈率	36.7600
主承销商	中信证券股份有限公司		
上市推荐人	中信证券股份有限公司 湘财证券有限责任公司		

这个小环节仅仅是为了顺便了解下其发行时的状况，毕竟是小盘股，看看其历史有多长，以及当时发行的规模
从图中可以看出，2001年8月上市，当时的发行量2200万股，发行价格为10元。距离2009年已经有8年的历史，不算短但也不算长，初期发行规模不算大，过去发行价格研究就没太大意义了
知道这些信息是为了跟研究时的状况有个对比，更清晰其小盘的背景

图195

这里最有意思的就是其控股股东了，既然是广州公司，而且是投资有限公司，这公司的背景显然是有研究价值的。不管如何这种非常明显带来资本运作性质的公司，对股价而言，阶段性是有利的，但对于公司的具体经营到底影响如何，这就需要进一步的分析了

大本营在湖南，控股股东是广州公司，很显然，有点想象空间

【3.关联企业】

【关联企业】

关联方名称	关联关系	所占权益(万元)	比例(%)	是否控制
广州攀达国际投资有限公司	控股股东	6488.21	51.49	是
北京市熊猫烟花艺术燃放有限公司	控股子公司	-	100.00	是
醴陵熊猫烟花有限公司	控股子公司	-	100.00	是
浏阳安全环保烟花制造有限公司	控股子公司	-	98.00	是
广州市熊猫烟花艺术燃放有限公司	控股子公司	-	80.00	是
熊猫烟花有限公司	控股子公司	-	100.00	是
武汉市熊猫烟花有限公司	控股子公司	-	70.00	是
北京市熊猫烟花有限公司	控股子公司	-	100.00	是
太原市熊猫烟花有限公司	控股子公司	-	55.00	是
万载县熊猫烟花有限公司	控股子公司	-	100.00	是
浏阳市熊猫烟花有限公司	控股子公司	-	80.00	是
浏阳花炮安全环保青草出口礼花制造有限公司	联营公司	-	45.00	否
湖南攀达投资有限公司	同一控股股东	-	-	否
万载县攀达烟花制造有限公司	同一控股股东	-	-	否

图 196

（1）千万别沉迷于小盘股，面对小盘股消息的三点建议。

面对小盘股，很多人喜欢从其消息中寻找一些战机，因为其盘子小，所以不大的利好或利空，就有可能被买盘或卖盘影响，从而出现较大动荡。很多人喜欢看小盘股的消息，就是看看有没利好或利空，然后趁机买入或卖出，从而去抓住机会或避免风险。这种自以为是的想法是非常危险的，尤其是在小盘股身上，想这样靠消息来进行运作，最终极有可能就是输在消息上。如何面对消息，这里特指小盘股的消息，建议三点：

第一，小盘股从不缺乏消息，别太认真。

小盘股本身企业不大，很容易发生很多所谓的大事件，比如重组、业绩大幅提升或下滑、公司取得一些重要成绩等。道理很简单，船小好调头，真要折腾，是能折腾很多事来。不比大船，想折腾，也不容易，一折腾就肯定

不是小事。

另外，由于小盘股本身流通盘小，适合部分资金把控，而把控资金为了更好地达到其目的，往往会利用一些消息来进行配合。

所以，小盘股的本质就告诉你其不会缺乏消息，但别太认真，毕竟这里的“折腾”含金量是远不如中大盘股的。

第二，消息向来都真真假假，要辩证对待。

由于小盘股本身的“折腾”成本并不算太高，所以很多时候，上市公司也喜欢真真假假，假假真真地去做一些事情，因此，消息也就变得真假难辨了。这是正常的，也不要太过在意，辩证对待就是。

好的消息或坏的消息都不需要过多去研究，知道就好，真正要去研究的倒是其内在的基本面以及其阶段性的技术状况，有机会或没机会其实都已经蕴涵在其中了。

第三，小盘股消息保持平和，逆反思维。

面对小盘股消息，总的一个心态就是平和，不以利好而喜，也不以利空而悲，更多的是要带着逆反思维去面对。道理不复杂，既然折腾成本一般不会很高，就不排除会有把控资金跟上市公司进行配合，吸纳筹码阶段就放利空，派发筹码阶段则放利好。这种状况在小盘股身上有时会表现得尤为突出，这是需要重点注意的。

总之，不管如何，小盘股的机会都是适当把持，没有必要太把小盘股的机会当一回事，主战场依然放在中盘或大盘股身上，那里才是真正的战争！这里，可以练兵，但切不可沉迷，毕竟这里的策略很多时候都有一种赌性，小赌怡情，大赌则伤身了。

当然，还有一个最重要的原因就是，这里所能容纳的资金量毕竟有限。这仅仅是湖，千万别做井底之蛙，更广阔的海洋在中大盘股身上呢。作为操盘手，请切记。

（2）小盘股不妨从三点着手，抓住重点才能让研究创造价值。

一旦小盘股放在眼前，除了消息外，我们更应去关注哪些基本面的状况呢？具体的态度该如何呢？建议不妨从三点着手：

①净资产。这是我反复强调的，一个公司其净资产状况如何，很大程度能够反映其抵御风险的能力，最重要的是从中也可以感知其当家底有多厚。就小盘股而言，对净资产的重视程度建议放在首要位置，千万不要忽视它。

②业绩的增减状况。对于这个，其实上市公司是很容易做文章的。道理

不复杂，毕竟盘子小，只要业绩稍微上一个台阶，平均到每股上，增长可能就比较惊人。相反，只要稍微下一个层次，平均到每股上，下降也会比较惊人的。因此，这里面对业绩的态度就如面对消息的态度一样，保持平和就是。只是，我们要清楚，这业绩的增长或下降是否具有很大的持续性。这非常关键，这在很大程度上能够影响到小盘股炒作的最终状况。因此，在看业绩的增长或下滑时，看看到底是因什么因素导致的。原因发生在主营业务层面是正常的，如果是投资等其他环节的话，那就非常不正常，那样的业绩增长或减少都具有很大的阶段性，不具备持续性。也就是说，那样的状况我们只能看题材或烟幕弹，别太当真。具体操盘上，千万别拿一般的市盈率去套小盘股，那样是根本无法套出什么意义出来的，从其炒作的思路出发才有意义。

③看看异动上榜的到底是何方神圣。我们都知道，小盘股的主力往往是游资或私募。但是，游资或私募也有很多风格，所以，我们就需要透过一些信息去感知主力的风格，从而把握住其阶段性可能出现的脉络。当然，我们也不能够完全否认主流机构对小盘股的兴趣。透过异动上榜的状况，尤其是放巨量的时候，我们就可以透过一些信息，揣摩出到底是何方神圣在其中积极运作了。就如图 193 一样，从熊猫烟花高换手率的异动上榜信息得知，一是没有主流机构参与；二是一些短线游资参与其中；三是参与的资金量都不算大。综合来说，没有主流机构参与且游资参与的量也不算大，但是股价波动却是如此精彩，显然，隐藏了真正的主力，那就是私募基金，只是没有露出脸来而已。这样，行情反而有可能走得更远。

总之，对小盘股，看就要看到关键之处，找到重点，揣摩或推测出一些有价值的信息出来，这才是研究之道。作为操盘手，切记，面对小盘股，抓住重点才能让研究创造价值。

3. **“股东研究”（图 197 至图 199）**

截至日期:2009-03-31 十大流通股东情况 股东总户数:18437 户均流通股:3937

股东名称	持股数(万股)	占流通股比(%)	股东性质	增减情况(万股)
广州攀达国际投资有限公司	1030.80	14.20 A股	公司	514.20
吴新华	340.77	4.69 A股	个人	未变
李伟杨	42.61	0.59 A股	个人	-13.19
傅立为	37.48	0.52 A股	个人	新进
陈竹梅	32.97	0.45 A股	个人	未变
李新	28.19	0.39 A股	个人	未变
朴今玉	26.00	0.36 A股	个人	新进
费同庆	24.37	0.34 A股	个人	新进
梁跃进	21.26	0.29 A股	个人	新进
袁佩君	19.03	0.26 A股	个人	新进

合计持有1603.48万流通A股,分别占总股本12.73%,流通A股22.09%

备注:2009年7月9日公告,控股股东广州攀达国际投资有限公司于2009年7月6日与邓仁春签订了《资产(股权)置换协议》,广州攀达将其持有的公司970万股股份与邓仁春持有的江西省李渡烟花集团有限公司36.89%的股权进行等值置换,本次置换协议后,广州攀达将持有公司5291.014万股股份,占公司总股本的41.99%,仍为公司的第一大股东;邓仁春将持有公司970万股股份,为公司的第二大股东。

F10中的"股东研究"

第一大流通股东为上市公司大股东,一般情况下不会轻易减持
除了大股东本身外,其余前十大流通股东都为个人,很明显,这是没有机构深度参与的品种,更多的是游资或私募基金所把持的品种
7月9日的公告已经没有太大意义,因为前面最新提示在8月的公告中谈到股权置换已取消

图 197

截至日期:2008-12-31 十大流通股东情况 股东总户数:21284 户均流通股:3114

股东名称	持股数(万股)	占流通股比(%)	股东性质	增减情况(万股)
广州攀达国际投资有限公司	516.60	7.79 A股	公司	-113.40
吴新华	340.77	5.14 A股	个人	未变
金狄	111.27	1.68 A股	个人	-226.80
戴巍	53.38	0.81 A股	个人	新进
李伟扬	49.00	0.74 A股	个人	2.70
陈竹梅	32.97	0.50 A股	个人	-2.13
卜虹围	31.40	0.47 A股	个人	新进
舒晶	31.21	0.47 A股	个人	新进
舒新阁	29.82	0.45 A股	个人	新进
李新	28.19	0.43 A股	个人	新进

合计持有1224.61万流通A股,分别占总股本9.72%,流通A股18.48%

前面第一季度报表跟这里一对比就已经非常明显,"股东总户数"是大幅减少的,说明筹码进一步集中,流通A股占比也是增加不少的,而且是在大股东流通盘有所增加的背景下
这里大股东显示是有所减持的,很显然这里的大股东是有套现欲望的

图 198

广州攀达国际投资有限公司

广州攀达国际投资有限公司始创于1989年，多年来一直处于烟花爆竹行业发展变革的最前沿。经过十七年的稳步发展，已逐步形成建立在烟花爆竹研发、生产、销售及定制服务（艺术燃放）整条产业链上的专业化、综合性企业集团，成为中国花炮行业的领军者。2005年，广州攀达凭借强大的综合实力，经过不懈的努力，成功收购全球唯一的花炮上市公司——湖南浏阳花炮股份有限公司（股票代码：600599）。

经过重组后的浏阳花炮目前拥有多家高标准的烟花鞭炮专业生产工厂，在湖南醴陵、江西万载建有大型生产基地，与国内外上百家专业的大中型烟花生产企业建立了紧密的战略伙伴关系，并与超过300家烟花生产企业建立长期购销关系。生产和经营的烟花鞭炮产品品种齐全，涵盖消费类和专业类所有类别，共近3000余个品种。为不断向中外消费者提供品种新颖、更精工艺、安全环保的烟花产品，公司正与国内外相关大学及科研机构进行紧密的技术洽谈与合作，拟建成国内一流水平的烟花鞭炮新材料、新工艺、新产品研究中心和产品质量检测实验室。

浏阳花炮以“全球视野，全球战略”的眼光，准确把握市场需求，公司通过一系列高效的海外营销和并购战略，在全球主要的烟花消费大国（英国、瑞典、丹麦、美国、德国和意大利）建立了自己的销售公司、销售网络或战略伙伴。以质量为先，浏阳花炮致力于为各国消费者提供质量可靠的产品和优质的服务，深受国内外客户的青睐。“熊猫烟花”、“PANDA”、“WINDA”、“BRIGHT STAR”和“浏花”等品牌在全球各主要烟花消费国家享有很高的市场占有率和美誉度。浏阳花炮已成为中国最大的花炮出口商和全球最大的花炮生产和贸易商之一，其中“浏花”牌商标，早在2001年就被评为花炮行业著名商标。而“熊猫烟花”更是快速渗透在国内消费者市场和专业燃放市场，欲为国内烟花爆竹品牌树立“品牌领袖”。

为了更好去了解大股东，进行一定的信息查找。透过信息，很显然，湖南浏阳花炮有限公司是上市公司的原身，广州攀达国际投资有限公司是在2005年对其进行的收购行为，还有一些具体的简介，这样对该公司就更明晰了。这样也就能解释为何大股东要进行一定的减持行为了，毕竟收购本身背后就是带来这种套现思路的，否则仅仅是收购也就没有意义了。二级市场是个很好的退出平台，在保持控股情况下，适当减持无可厚非

图 199

小盘股中大股东进行过变更的情况是需要重点关注的。

在小盘股中，关注大股东的背景是非常重要的。很多小盘股往往都经历过重组，也就是说其现在的大股东可能都不是刚开始的大股东，这样的上市公司是最有可能阶段性诱发上涨行情的。道理不复杂，重组后，新的大股东既然敢于进来，肯定就多少有点底牌，而这底牌也就肯定能够为上市公司带来阶段性机会。

如熊猫烟花，其大股东为广州攀达国际投资有限公司。光是投资有限公司这名称，就多少感知到其是较为擅长资本运作的。透过图 197—图 199 的了解，我们很容易就可以看出其一则懂得减持，知道适时在二级市场套现；二则懂得包装经营，壮大收购上市公司的主业。多少也可以感知到其实业与资本市场相结合的高深操盘艺术，这样的上市公司是最容易被一些游资或私募基金进行爆炒的。

4. “主力追踪”（图 200 至图 202）

☆主力追踪☆ ◇600599 熊猫烟花 更新日期：2009-08-20◇ 港澳资讯 灵通V5.0
★本栏包括【1.机构持股汇总】【2.股东户数】【3.机构持股明细】【4.异动上榜】
【1.机构持股汇总】
【机构持股汇总】 单位（万股）

报告日期	2009-03-31	2008-12-31	2008-09-30	2008-06-30
券商持股				259.33
占流通A比				3.91

注：以上数据取自基金持股和公司十大流通股，季度数据未包含基金持股明细
最近一期数据可能因为基金投资组合或公司定期报告未披露完毕，导致汇总数据不够完整。

F10中的“主力追踪”

没有什么机构持股，再一次验证了其为游资或私募资金掌控的事实

图 200

【2.股东户数】

截止日期	股东户数	户均持股	较上期变化	筹码集中度
2009-09-30	41381	1754	趋向分散	非常分散
2009-06-30	18761	3868	无明显变化	较集中
2009-03-31	18437	3936	趋向集中	较集中
2008-12-31	21284	3114	趋向分散	较集中
2008-09-30	16508	4015	趋向分散	较集中
2008-06-30	11538	5744	趋向分散	非常集中

从“股东户数”的减少以及“户均持股”的增多，这里的数据清晰统计再次验证了筹码进一步集中的状况。当然，这是截至到2009年3月31日，但结合8月其凶悍的波动，几乎可以肯定半年报的数据只会更集中不会更分散

图 201

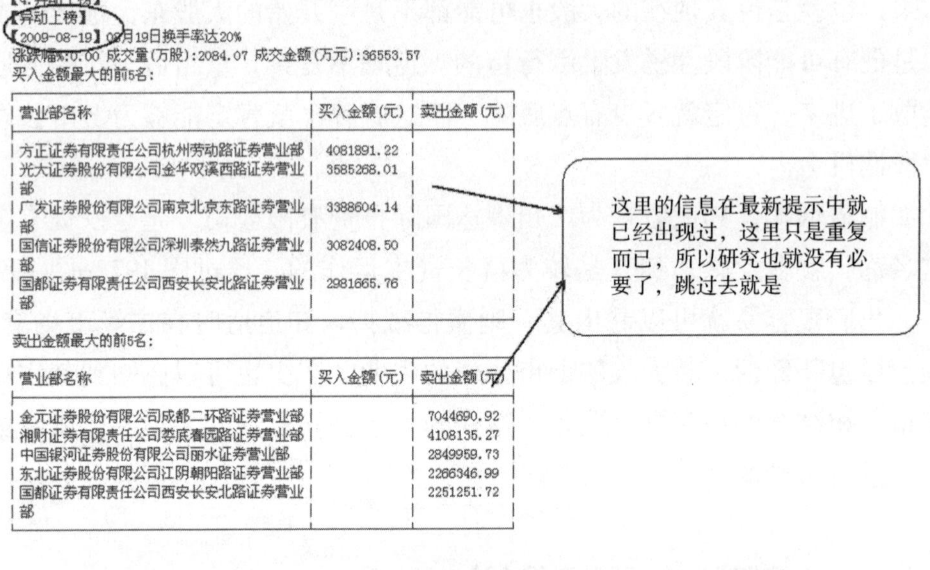

【4.异动上榜】

【异动上榜】

【2009-08-19】08月19日换手率达20%

涨跌幅%:0.00 成交量(万股):2084.07 成交金额(万元):36553.57

买入金额最大的前5名:

营业部名称	买入金额(元)	卖出金额(元)
方正证券有限责任公司杭州劳动路证券营业部	4081891.22	
光大证券股份有限公司金华双溪西路证券营业部	3585268.01	
广发证券股份有限公司南京北京东路证券营业部	3388604.14	
国信证券股份有限公司深圳泰然九路证券营业部	3082408.50	
国都证券有限责任公司西安长安北路证券营业部	2981665.76	

卖出金额最大的前5名:

营业部名称	买入金额(元)	卖出金额(元)
金元证券股份有限公司成都二环路证券营业部		7044690.92
湘财证券有限责任公司娄底春园路证券营业部		4108135.27
中国银河证券股份有限公司丽水证券营业部		2849959.73
东北证券股份有限公司江阴朝阳路证券营业部		2266346.99
国都证券有限责任公司西安长安北路证券营业部		2251251.72

图 202

（1）认清主流机构参与小盘股的特征，同时注意创业板是个特例。

一般情况下，小盘股主流机构参与的程度都不会很深，有，也仅仅是作为配置。

如果说哪天你发现有小盘股主流机构高度控盘的话，那可以肯定的是，这小盘股绝对是具有中盘股的特征，也就是其容纳的资金已经达到相当的程度，比如其盘子虽然不大，但价格却已经老高，这样，总的流通市值就不会

比一个中盘股差，资金进出也就会比较容易。

当然，最重要的特征就是其基本面绝对是可圈可点的，否则很难引起主流机构的高度关注。

最后，这一般会发生在新股身上，新股刚上市，很多优秀公司初期的发行量都是小盘状态的。

需要特别指出的是，创业板是个特例，由于在里面交易的基本都是小盘股，所以机构资金只要参与创业板了，就肯定会成为部分品种的主力机构。

（2）从小盘股看似简单的“股东户数”与“户均持股”数据中嗅出味道。

由于小盘股在主板上一般以游资或私募基金为主力机构，因此如果你要从十大流通股中去发现蛛丝马迹，是有点难度的，毕竟基本都是个人股东。

因此，在这背景下，“股东户数”与“户均持股”这两个数据就显得更加重要，从这两个数据中去发现问题，看看筹码是否有进一步集中的状况，而且要看看这筹码集中的速度，从而感知主力运作的一些蛛丝马迹。

作为操盘手，除了要能从盘面的波动状况嗅出味道外，对于一些看似简单的数据也要能够嗅出味道，这种能力更多是建立在对小盘股的运作本身已经相当熟悉的基础上。

5.“公司大事”与“行业分析”（图203至图205）

小盘股的题材要不就是没有对比性，要不就很有对比性而成为重要行业中很有特色的一员。

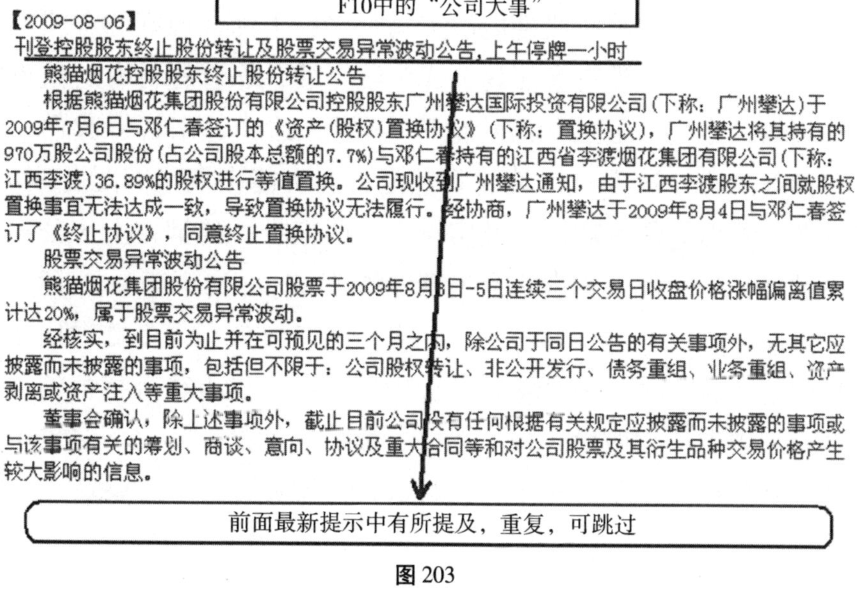

F10中的“公司大事”

【2009-08-06】

刊登控股股东终止股份转让及股票交易异常波动公告，上午停牌一小时

熊猫烟花控股股东终止股份转让公告

根据熊猫烟花集团股份有限公司控股股东广州攀达国际投资有限公司（下称：广州攀达）于2009年7月6日与邓仁春签订的《资产（股权）置换协议》（下称：置换协议），广州攀达将其持有的970万股公司股份（占公司股本总额的7.7%）与邓仁春持有的江西省李渡烟花集团有限公司（下称：江西李渡）36.89%的股权进行等值置换。公司现收到广州攀达通知，由于江西李渡股东之间就股权置换事宜无法达成一致，导致置换协议无法履行。经协商，广州攀达于2009年8月4日与邓仁春签订了《终止协议》，同意终止置换协议。

股票交易异常波动公告

熊猫烟花集团股份有限公司股票于2009年8月3日-5日连续三个交易日收盘价格涨幅偏离值累计达20%，属于股票交易异常波动。

经核实，到目前为止并在可预见的三个月之内，除公司于同日公告的有关事项外，无其它应披露而未披露的事项，包括但不限于：公司股权转让、非公开发行、债务重组、业务重组、资产剥离或资产注入等重大事项。

董事会确认，除上述事项外，截止目前公司没有任何根据有关规定应披露而未披露的事项或与该事项有关的筹划、商谈、意向、协议及重大合同等和对公司股票及其衍生品种交易价格产生较大影响的信息。

前面最新提示中有所提及，重复，可跳过

图203

【1.行业地位】
【所属行业】化学原料及化学制品制造业
【行业地位】
【截止日期】2009-03-31

F10中的“行业分析”

代码	简称	总股本(亿股)	实际流通A股	总资产(亿元)	排名	主营收入(亿元)	排名	净利润增长率	排名
600818	中路股份	2.66	1.71	7.52	4	1.64	4	235.91	1
600599	熊猫烟花	1.26	0.73	3.00	5	0.61	5	37.39	2
002105	信隆实业	2.68	1.31	10.32	3	2.74	1	23.10	3
600679	金山开发	3.54	1.82	11.92	2	2.13	3	5.06	4
000043	中航地产	2.22	1.39	53.45	1	2.23	2	-154.89	5
000017	SST中华A	4.79	0.77	1.86	6	0.53	6	-888.59	6
与行业指标对比									
熊猫烟花		1.26	0.73	3.00	5	0.61	5	37.39	2
行业平均		2.86	1.29	14.68		1.65		-123.67	
该股相对平均值%		-55.92	-43.57	-79.58		-63.06		-130.23	

第一，熊猫烟花是生产烟花的企业，截至2009年8月两市仅此一家，虽然原料属于化学原料看似可以归到这个领域，但实际上，在分类上更要看中的是实际销售的产品
这里的归类是不科学的，没有意义，因此，看这里主要就是看具体的数据，比如主营收入等
其余对比数据没有意义，这是特例，所以特为，所谓具体问题具体对待就是如此，研究是要多一分灵活与自我的。第二，主营收入一季度才六千多万，按照这样推算一年也就才2个多亿，2个多亿就达到全国第一，全球闻名，未免有点太不可思议了吧，但数据摆在眼前，不得不信。不管如何，一年2个多亿的主营，这样的上市公司风险是比较大的，有点像创业板的品种

图 204

【截止日期】2009-03-31

代码	简称	销售毛利率(%)	排名	销售净利率(%)	排名	净资产收益率(%)	排名	每股收益(元)	排名
600818	中路股份	10.26	7	15.97	7	7.35	1	0.10	1
600599	熊猫烟花	35.73	5	18.20	5	4.80	2	0.09	2
002105	信隆实业	19.94	3	2.63	3	1.46	3	0.03	3
600679	金山开发	10.94	6	-2.43	6	-0.90	5	-0.01	4
000043	中航地产	44.06	2	-2.58	2	-0.34	4	-0.03	5
000017	SST中华A	4.16	1	-56.13	1	-1.63	6	-0.06	6
与行业指标对比									
熊猫烟花		35.73	5	18.20	5	4.80	2	0.09	2
行业平均		20.85		-4.06		1.79		0.02	
该股相对平均值%		71.37		-548.70		168.08		356.35	

跟前面的策略一样，由于其是唯一，这里没有数据对比的价值，只有具体数据的研究，特殊情况特殊对待
“销售毛利率”35.73%不算高，销售净利率18.2%，不算低，整体就是不高不低。毕竟是传统行业，劳动密集型，这样的水平已经算可以

图 205

小盘股，如果要让其阶段性能够天马行空般上涨，最好的方式就是让其没有对比，成为唯一。没有参照物，成为唯一后，靠着题材有时候也能疯狂无极限。当然，这纯粹是“交易价值”。不过，这反过来告诉我们，研究小盘股是否具备阶段性爆发力，就要看其是否有可能出现没有对比成为唯一。如熊猫烟花，看似好像有对比，其实没有，两市唯一的烟花上市公司，就是冲着这一题材，阶段性就很有机会出现爆炒了。

如果不能成为没有对比的唯一，那么，就要成为有很多的对比才行。很多的对比的意思就是其是一个重要行业中的一员，也是很有特色的一员，就如在钢铁板块中的广钢股份一样。总之，最怕的就是，对比不多也不少，那样其实就是真的没特色了，至少在题材这方面就具有天生的缺陷。

总之，对于小盘股而言，题材就是生命，没有好的题材就等于没有强劲的生命力，很难在市场博弈中脱颖而出。不过，切记，题材终归是题材，正如烟花一样，璀璨夺目过后依然还是要重归平静。

6. **“股本股改”**（**图 206 至图 207**）

☆股本股改☆ ◇600599 熊猫烟花 更新日期：2009-10-28◇ 港澳资讯 灵通V5.0
★本栏包括【1.股本结构】【2.股本变化】【3.限售股份】【4.股改情况】
【1.股本结构】

单位（万股）	2009-09-30	2008-12-31	2007-12-31	2006-12-31
总股本	12600.00	12600.00	12600.00	12600.00
发起人国家股	-	-	-	5567.83
境内发起人法人股	-	-	-	2700.00
发起人自然人股		-	-	372.17
流通A股	12600.00	12600.00	12600.00	3960.00
实际流通A股	7258.39	6628.39	4752.00	3960.00
限售的流通股	5341.61	5971.61	7848.00	-

F10中的“股本股改”

由于过去股权被收购，发起人国家股等早已不见了，现在控股情况实际就是等于“私人控股”了
这是好事也是坏事，好的是如果发展会更灵活，也就带来更多机会，坏的是风险承受力相对会比较弱

图 206

【2.股本变化】

变更日期	总股本	流通A股	实际流通A股	变更原因
2009-01-15	12600.00	12600.00	7258.39	有限售条件的流通股上市
2008-04-21	12600.00	12600.00	6628.39	有限售条件的流通股上市
2007-01-15	12600.00	12600.00	4752.00	股权分置
2002-07-12	12600.00	3960.00	3960.00	送转股
2001-08-28	7000.00	2200.00	2200.00	新股上市
2001-07-31	7000.00	2200.00	2200.00	新股发行

2002年—2009年总股本就一直没有变化，新的大股东从2005年收购以来一直没有什么大的股本扩张动作，虽然有点并不合情理，没有充分运用好二级市场的功能，时机成熟要不增发，要不就送股等形势来实现股本扩张的目的。不论增发或送股只要市场阶段性行情配合，对该股股价而言就是有机会

图 207

面对小盘股的股本需要注意两点。

第一，小盘股的股权是“民营”还是“国有”。小盘股大多是“民营”，如果是国有，至少抗风险能力就会强很多；如果是“民营”，灵活性会大很多，但抗风险能力就会弱很多。不过，正是由于小盘股天生规模不大，大部分都出现了转型为民营来具体操盘的状况，至少新股发行中，大部分小盘股都已经成为民营企业的代表。至于那些老股票，由于历史问题，仍有一些是国有单位，但随着改革的推进，很多都进行过大股东变更，变更成为民营企业。我们在具体把握机会的过程中，国企单位可以关注其有可能的重组，民营单位则重点关注具体的运营题材。

第二，小盘股的股本变化隐藏机会。

小盘股的股本天生就小，这是人所共知的。只是，5000 万元也是小，2 个亿也是小，但是，对于一个上市公司从 5000 万发展到 2 个亿的规模，对其而言，这变化其实就不“小”了。所以，小中也有“大”。我们看待小盘股的时候，就是要看这小盘股目前是处于小的阶段还是处于其他状况，如果是处于 5000 万元即将转变为 2 个亿的状态，那么，请务必重点关注，阶段性机会会很精彩。另外，久没变化的总股本，其实本就是一种机会的隐藏。毕竟谁都想发展，风水也会轮流转，长久没有变化，要不就在沉静中死亡，要不就在沉静中爆发，而是否爆发从一些基本面的转变能够感知一两。所以，一旦发现基本面有转变，就要重点留意其股本情况是否有可能在未来发生变化。如变化带来的就是机会。

7. “高层治理”（图 208 至图 210）

【2.高管列表】

姓名	性别	公司职务	学历	年薪(万元)	持股数(万股)
赵伟平	男	董事长,总经理	硕士	-	-
黄叶璞	男	董秘,董事	本科	7.80	-
文孟婵	女	独立董事	硕士	-	-
韩丽伟	女	独立董事		-	-
单汨源	男	独立董事	博士后	5.00	-
舒强兴	男	独立董事	本科	5.00	-
李民	男	副董事长	研究生	14.58	-
于玲	女	监事会主席	大学	2.40	-
潘笛	女	董事,副总经理	硕士	-	-
肖江毅	男	董事,副总经理	大学	14.52	-
杨沅霞	女	董事,财务总监	大专	13.16	-
刘德强	男	董事	硕士	-	-
刘志轩	男	监事	大专	2.46	-
魏玉平	男	职工监事	大专	3.90	-
张三民	男	监事	本科	-	-
单超	男	副总经理	硕士	11.79	-
奉玮	女	证券事务代表	大专	-	-
合计				80.61	0.00

F10中的高层治理

董事长的信息这里没有数据，不过透过其他高管的年薪数据可以得知，作为一个主营收入有可能一年才2个多亿的上市公司，这样的薪酬还是基本合理的，再多也说不过去

图 208

【3.高管兼职】

姓名	任职单位名称	任职职务	任期情况	是否领取报酬
王国顺	中南大学	中南大学商学院教授、博士生导师，中南大学人文社科处处长		是
舒强兴	湖南大学工商管理学院	MBA财务会计课程主讲教师、硕士生导师		是
赵伟平	广州攀达国际投资有限公司	董事长	2002年7月9日	是
单汨源	湖南大学工商管理学院	教授、博士生导师、副院长		是

跟高校联系起来，这会大大增强公司人才的厚度，这是该公司比较有意思的地方。尤其是熊猫烟花董事长赵伟平的兼职状况，非常有意思，不仅高校有任职，而且还是第一大股东广州攀达国际投资有限公司的董事长，思路也清晰了，其实上市公司本身跟第一大股东公司的董事长都是一个人

图 209

【4.高管简介】

姓名	赵伟平	性别	男	学历	硕士
职位名称	董事长，总经理	任职起始日	2006-07-05	年薪	
持股数					
简历	男，1961年5月出生，在读工商管理硕士。先后在江西省奉新县东垦子弟学校、江西省奉新县东风垦殖厂、江西省宜春地区技工学校任英文教师、江西省土畜产进出口公司、广州市攀达国际有限公司工作。2002年至今担任广州攀达国际投资有限公司董事长。				

姓名	黄叶璞	性别	男	学历	本科
职位名称	董秘，董事	任职起始日	2007-10-28	年薪	78000
持股数					
简历	男，1981年8月出生，大学本科。先后在广州市攀达国际有限公司财务部，湖南浏阳花炮股份有限公司财务部、投资发展部工作。2006年4月至今在湖南浏阳花炮股份有限公司从事证券事务 代表工作。2007年10月至今担任熊猫烟花集团股份有限公司董事会秘书。				

任职起始日分别是在2006年跟2007年，初步的磨合期也过去了，2009年开始也是寻求突破的阶段

同时也进一步理顺了赵伟平这位身兼上市公司董事长与总经理的人物的状况，2002年开始就一直担任广州攀达国际投资有限公司董事长，如此有能耐的，确实不简单

另外，有个细节也值得注意，那就是此处的董秘是1981年的小伙子，很显然，这位董事长做事风格有点不拘一格降人才，敢于重用80后也多少说明了其做事的性格

高校任职，担任上市公司以及第一大股东公司董事长，同时重用80后人才，这位上市公司领军人物虽然具体怎么样还不清楚，但透过这些蛛丝马迹，感觉就是有点牛有点意思

图 210

（1）小盘股的高层意义更深远。

高层就是上市公司的灵魂，对于小盘股，高层的意义将显得更为深远，不仅仅是灵魂，更是一切。为何如此看重高层呢？道理很简单，小盘股正是由于小，容易折腾。而掌舵者如果是折腾高手，对企业而言，是否就具备了往前大发展的可能呢？对于中大盘股，由于其管理体系相对比较完善，高层虽然关键，但更多的仅仅是制定战略（这里特指董事长），公司少了他来指点经营也能很好运转，就如万科一样。但是，小公司不一样，很多事情都需要董事长来拍板，来负责，所以，其不能够完全做到仅仅是制定战略，必须进入到具体运营环节。因此，小盘股高层的意义就更为深远。

（2）判断小盘股董事长是否能够给上市公司带来阶段性机会的两原则。

小盘股的高层，尤其是董事长既然如此关键，那么，究竟怎么去判断小盘股的高层究竟合格与否呢？是否合格，并给上市公司带来阶段性机会，建议注意两原则：

第一，董事长本身的背景与经历是否能够体现其运营能力，如能，体现得越突出越好。

道理不复杂，折腾就意味着动作、题材、变化，这些都是上市公司股价可以阶段性上涨的要素。

在熊猫烟花中，董事长不仅仅任职上市公司董事长，还是上市公司控股公司的董事长，同时还是高校的博士生导师以及副院长等，可以说，“折腾”的能力是很突出的，因此，这样的董事长来到上市公司具体指挥，不“折腾”点事情出来是不现实的。

第二，董事长用人策略是否够灵活，甚至不拘一格。

这能反映出小盘公司是否具有灵活应变的特性，董事长敢于采取如此灵活大胆的用人策略，多少也就能够说明其做事是要求变化的，而且是大变化。这对小盘股而言，无疑就是机会的潜台词。熊猫烟花董事长就是做得很不拘一格，在董秘的任职上就可见一斑。

8. “经营分析”（图 211——图 212）

【2008年度概况】

项目名称	营业收入(万元)	营业利润(万元)	毛利率(%)	占主营业务收入比例(%)
烟花销售(行业)	14841.13	3679.34	24.79	85.91
烟花燃放(行业)	2367.07	1164.65	49.20	13.70
烟花销售(产品)	14841.13	3679.34	24.79	85.91
烟花燃放(产品)	2367.07	1164.65	49.20	13.70
出口销售收入(地区)	10954.73	-	-	63.41
国内销售收入(地区)	3886.40	-	-	22.50
国内燃放收入(地区)	2367.07	-	-	13.70

F10中的“经营分析”

从2008年的概况中可以发现，其一年的营业收入才1.7个多亿。虽然2009年按照第一季度6千多万的态势，会比2008年上一个台阶。但过去2008年才不到2个亿的状况也进一步说明这公司看上去挺大，其实挺小，抗风险能力较弱，也很好说明烟花产业现状的蛋糕不算大

一个亿左右是出口，这也说明只靠国内几乎无法生存。国内很多大城市禁止燃放烟花炮竹的政策，对该公司而言是无法回避的长期利空

图 211

在“经营分析”中，小盘股要更懂得“感知”与“发现”。

“经营分析”透过前面大中盘股的学习，已经清楚这是个重要环节，具体如何去看前面也有所提及，所以就不重复阐述。不过，作为小盘股，这里需要重点提及的是，我们要更懂得从数据或字里行间去揣摩上市公司的变化，也就是下面两点：

第一，主营构成中，透过数据更敏锐去“感知”。

因为小盘股企业相对较小，也就是说，其数据的变动对上市公司本身的影响会更大，也更敏感。所以，我们看数据的时候，必须要清楚，其变化的幅度有多大，关键是什么，透过这些去感知其当下的状态。熊猫烟花中（图211），从数据可以感知 2009 年第一季度的主营业务是有明显增长的，按照这种态势发展下去，整个 2009 年将比 2008 年有大进步。虽然这大进步就整体而言，依然不算大，但至少对其而言，却是未来发展的关键一步。因此，

【2008年年报】

（一）管理层讨论与分析

1、报告期内整经营情况的回顾

2008年是我国近年来宏观经济最为困难和复杂的一年。在这一年里，金融危机爆发、人民币升值、海运费上涨及出口通道受阻等众多不利因素对行业冲击较大，公司经营环境较为严峻。面对复杂多变的经济环境和不断加剧的行业竞争，公司继续坚持“稳定外销、发展内销”的战略，变压力为动力，化挑战为机遇，积极外拓市场，内抓管理，最大程度遏制外销业务下滑，实现了内销和燃放业务大幅度增长，提升了企业的竞争力，使公司保持了稳健地发展态势。

报告期内实现营业收入17,275.51万元，较上年同期增长4.11%；营业成本12427.73万元，较上年同期增加7.09%；实现营业利润877.15万元，较上年同期减少59.69%；实现净利润1,315.19万元，较上年同期减少35.77%。其中营业收入变动的主要原因是由于内销和燃放收入增长；营业利润变动的主要原因是资产减值、管理费用的增加和投资收益的减少。

以下为报告期内主要工作：

（1）公司摘帽，并顺利实施更名。经全体员工共同努力，公司于2007年顺利实现扭亏为盈，2007年度报告披露后，公司董事会即向上海证券交易所递交了关于撤销公司股票其他特别处理和退市风险警示的申请。经交易所审核批准，2008年6月18日上海证券交易所撤销了公司股票其他特别处理，股票简称变更为“浏阳花炮”。为了打造公司自有品牌，使公司名称更贴切地反映公司的品牌战略，同时也为了配合北京奥运燃放的品牌宣传，公司2008年第一次临时股东大会审议通过了公司更名的议案，经公司申请并经上海证券交易所审核，公司股票简称从2008年8月22日，由“浏阳花炮”变更为“熊猫烟花”，使得熊猫烟花在证券市场的形象和知名度得到进一步提升，为公司今后的品牌战略打下了坚实的基础。

（2）举世瞩目的奥运燃放，为公司后续发展奠定了坚实的基础。2008年公司成功取得第29届北京奥运会开、闭幕式主场馆鸟巢及长城焰火燃放资格和第13届北京残奥会开、闭幕式焰火燃放资格，完美展现了“熊猫烟花”特有的表现力，并实现了烟花燃放环保、科技、安全、实效四项世界之最。公司以此为契机，开展品牌营销，加大了“熊猫烟花”品牌的宣传力度，提升了公司品牌的价值，有力地促进了公司产品的销售，为公司后续发展奠定了坚实的基础。

（3）报告期内，受国家下调部分商品出口退税率、调整进出口比例等宏观调控政策的影响，加之人民币对美元汇率持续在高位运行，以及金融危机导致全球经济不景气等综合因素的共同影响，欧美市场的外贸订单需求量下降。公司经营团队在面临诸多不利因素的情况下，业务开展有序进行，通过开拓市场、调整销售价格、控制内部费用等措施，最大限度的消化了外部不利因素带来的影响，遏制了外销业务的下滑。

（4）内销业务持续增长。报告期内，公司强化营销和运营机制，坚持不懈地夯实市场基础，积极克服宏观经济形势以及严重自然灾害带来的不利影响，成功借助北京奥运实现了品牌推广，提高了公司品牌价值，在市场销售、品牌建设以及经营管理等工作中取得了较好的成绩，使公司内销的市场份额逐步扩大，销售较去年同期有所上升。同时，公司继续加大力度开拓内销网点，保证了内销业务的持续增长，增强了公司风险防范能力。

（5）燃放业务取得重大突破。公司2008年度燃放收入2367.07万元，较上年同期增长29488%，燃放业绩取得重大突破。公司近年通过收购、组建专业燃放公司，加强专业燃放队伍建设，调整营销策略，使公司燃放业务急剧增加，2008年更是取得了北京奥运开闭幕式的焰火燃放业务，极大的提高了公司的品牌效应和知名度。

（6）坚持“以完善公司治理促公司战略目标实现”为主旋律，积极建立健全公司内部组织架构，坚持以经济效益为中心，强化采购管理，降低运行成本，注重抓好过程管理和细节管理，提高运营效率。一是针对管理中的薄弱环节，制定了采购、质量、销售、存货等流程与制度，使公司各项管理工作走上了制度化和规范化轨道。二是公司治理不断完善，严格按照《公司法》和《公司章程》等相关法律法规的要求，进一步完善了公司内控制度，规范运作和风险防范能力有了较大提高。

透过2008年报的要点可以得知：
1.2008年其刚摘帽而且变更为熊猫烟花。此时说明实际变化时从2008年开始
2.奥运燃放焰火的业务由其负责。这确实如其所说将极大提升公司品牌与知名度
总的来说，奥运战略的成功是关键，这是个未来发展过程中极大的卖点，名字的变更也是相当重要，让人感觉很好听。未来能否极大提升其经营业务，进入风险承受力强的区域，这是其未来发展的关键，改名与奥运战略的成功带来了机遇，这是事实，但目前公司过小也是事实，风险机遇并存

图 212

从这里，就可以感知2009年对它的意义很不一般。另外，我们也可以看到其主要市场是在国外，国内市场比较有限，国内如何寻求进一步突破，国外如何保持好势头，这都是该上市公司要面对的问题。因此，这里可以感知其在发展过程中必然会遇到相当大的瓶颈，现实将阻力重重。

第二，半年报或年报中，透过字里行间更敏锐去“发现”。

小盘股由于小，所以很多东西其实研究起来不会像大或中盘股那么复杂，一些具体的策略或者成果往往都是能够立竿见影或影响深远的。因此，在年报或半年报中，我们透过文字，就能够比较从容去发现一些原因或问题。熊猫烟花中（图212），从其年报，我们很容易发现其2008年的具体成

果，而这些具体成果反过来则成为了 2009 年策略的原因，这样思路就会显得更为清晰了。因为小盘股不像中大盘股那样船比较大，就算有点成果或变化也未必能够一下子就让船调转过来，但小盘股不一样，船小，有时候可能就是那么一阵微风，方向就会发生明显变化，就如熊猫烟花中的改名一样，很小的动作，犹如微风，但整体企业未来的方向就已经开始发生明显的变化了。

9. 财务分析、公司报导、百家争鸣与港澳分析（图 213 至图 220）

★本栏包括【1.财务指标】【2.异动分析】【3.环比分析】【4.财务预警】
【1.财务指标】
【历年简要财务指标】

F10中的财务分析

财务指标(单位)	2009-03-31	2008-12-31	2008-09-30	2008-06-30
每股收益(元)	0.0880	0.1080	0.1602	0.1140
每股收益扣除(元)	0.0820	0.0520	0.0905	0.0430
每股净资产(元)	1.8200	1.7300	1.7800	1.7400
调整后每股净资产(元)	-	-	-	-
净资产收益率(%)	4.8000	6.2400	8.9783	6.5300
每股资本公积金(元)	1.1000	1.1000	1.1000	1.1000
每股未分配利润(元)	-0.3256	-0.4134	-0.3613	-0.4080
主营业务收入(万元)	6082.80	17275.51	12732.12	9802.71
主营业务利润(万元)	-	-	-	-
投资收益(万元)	-0.37	29.59	34.62	33.44
净利润(万元)	1107.03	1361.79	2018.78	1430.27

2009年的开局不错，能否持续下去需要观察，2008年奥运后的业绩能否有大提升也很大程度上可以反映其奥运战略成功后的影响是否立竿见影。这里的数据大部分都已知晓，知道了解即可

图 213

【利润构成与盈利能力】

财务指标(单位)	2009-03-31	2008-12-31	2007-12-31	2006-12-31
主营业务收入(万元)	6082.80	17275.51	16593.33	14901.54
主营业务利润(万元)	-	-	-	-
经营费用(万元)	264.90	842.11	792.94	901.91
管理费用(万元)	562.45	2029.45	1583.42	1431.38
财务费用(万元)	12.44	388.05	570.67	370.31
三项费用增长率(%)	-25.61	10.61	9.00	-66.27
营业利润(万元)	1311.92	877.15	2176.06	-526.53
投资收益(万元)	-0.37	29.59	565.57	44.72
补贴收入(万元)	-	-	-	-
营业外收支净额(万元)	62.08	575.45	25.97	12.02
利润总额(万元)	1374.01	1452.60	2202.03	-514.52
所得税(万元)	265.67	137.40	154.50	-32.49
净利润(万元)	1107.03	1361.79	2072.80	-474.40
销售毛利率(%)	35.73	28.06	30.06	19.45
主营业务利润率(%)	-	-	-	-
净资产收益率(%)	4.80	6.24	10.10	-2.55

2009年第一季度三项费用增长率为负25.61%，下降明显，这是好事。同时也可以发现销售毛利率同比过去有明显的增长，或许是2008年品牌战略后带来的实际好处，多少跟奥运战略成功有关系
总的来说，2009年开局这里的数据是良性的，值得进一步跟踪

图 214

【资产与负债】

财务指标(单位)	2009-03-31	2008-12-31	2007-12-31	2006-12-31
资产总额(万元)	29978.37	34640.98	29151.37	26465.46
负债总额(万元)	6259.89	12030.86	8402.13	7841.14
流动负债(万元)	6062.53	11833.50	8402.13	7841.14
长期负债(万元)	-	-	-	-
货币资金(万元)	7668.05	9808.33	5415.34	1935.73
应收帐款(万元)	4877.61	7578.54	9267.66	9768.50
其他应收款(万元)	3034.67	3047.98	1429.38	2001.93
坏帐准备(万元)	-	-	-	-
股东权益(万元)	22935.15	21828.12	20521.33	18594.61
资产负债率(%)	20.8813	34.7301	28.8224	29.6278
股东权益比率(%)	76.5056	63.0124	70.3957	70.2599
流动比率(%)	3.1997	2.0739	2.2106	2.2077
速动比率(%)	2.6351	1.7747	1.9972	2.1482

资产总额不到3个亿，作为上市公司，是明显偏小的，为何前面说其像创业板公司，从这里也可以看出，这种规模很难不跟创业板联系在一起。只是经营的行业又谈不上高增长的行业，所以很尴尬。这是其基本面内在的大问题

资产负债率20%左右，这点倒是值得肯定的，如果这里也很高的话，那这公司就真的可以说处处是风险，随时可能出现重大危机，还好，这里比较低

图 215

【4.财务预警】
【Z值预警】
截至日期：2009-03-31

指标名称	指标值	Z值	警度
净营运资金/资产总计	0.4449		
留存收益/资产总计	-0.1176		
息税前利润/资产总计	0.0454	2.1018	轻警
股东权益合计/负债合计	3.6638		
主营业务收入/资产总计	0.2029		

股东权益合计/负债合计的指标值3.6638能那么高，很大关键就是其负债相对比较低，分母比较低所致，而不是说其股东权益合计有多高

主营业务收入/资产总计的指标值0.2029是明显有点低的，这需要提升。

整体警度“轻警”则表明短期问题财务这块问题不会太大，这至少也给予了一些游资或私募阶段性大胆表现的底气

图 216

F10中的“公司报导”

【2009-08-07】
熊猫烟花(600599)大股东股权转让计划告吹公司股价惨跌

本报讯 （记者丁蕊）近期因连续4涨停而备受市场关注的熊猫烟花并未连续飙涨的态势，其昨日公告称，控股股东广州攀达国际投资有限公司一个月前公布的股权转让计划被迫搁浅。受此影响，公司股价昨日跌5.62%。

股权置换方案搁浅

7月初，熊猫烟花公告称，公司控股股东广州攀达国际投资有限公司以其持有的970万股熊猫烟花股份（占熊猫烟花股本总额的7.7%）与邓仁春持有的江西省李渡烟花集团36.89%的股权进行等值置换，置换资产作价8533万元。

但最终这笔交易因李渡烟花股东的反对而告吹。熊猫烟花公告称，由于李渡烟花股东之间就股权置换事宜无法达成一致，因此经协商后交易双方同意终止置换协议。

此前李渡烟花发表声明称，公司对本次股权转让事宜并不知情，李渡烟花与熊猫烟花属同业竞争关系，根本无意转让股权。

昨日，记者就此事致电李渡烟花，工作人员称公司近期没有任何可以公布的消息。熊猫烟花董秘办人士则表示，这是大股东的事，和上市公司没有关系。

分析师称游资推动4涨停

二级市场上，该股昨日低开后快速跳水，截至收盘报16.47，跌5.62%，换手率高达20.83%。在此前的5个交易日中，熊猫烟花曾出现连续4个涨停。“此轮熊猫烟花的异动显然是游资推动。”湘财证券湖南当地营业部分析人士表示。

记者了解到，李渡烟花为“兄弟企业”，邓仁春及其兄长分别拥有该公司36.89%和63.11%的股权。去年北京奥运会期间，李渡烟花与熊猫烟花一起，在比赛场馆绽放异彩。此前，有媒体报道，李渡烟花拿下国庆焰火晚会70%燃放任务，昨日记者致电公司办公室，工作人员告诉记者，最终的结果还没有出。熊猫烟花董秘办人士亦表示，没有可以披露的内容。

【出处】新京报【作者】

消息重复，知晓，跳过

图 217

【2009-08-14】

F10中“百家争鸣”

异动原因：

曾连续四个涨停的熊猫烟花在经过几天调整后今日卷土重来，快速上攻，早盘涨幅已达到近8%，强势特征明显。该股最大的概念就是烟花概念，08年承办了奥运会烟花项目，今年是国庆60周年，市场不少游资或许认为该股能再度承办国庆烟花典礼，至少在十一前，都给了该股以想像的空间。

投资亮点：

1、行业领先优势：浏阳是世界烟花的发源地，也是世界上最大的花炮产销基地，国际烟花协会的总部设在浏阳。公司生产、销售的花炮占全国第一位，主要出口国外。

2、发展国际市场：在德国汉堡成立熊猫烟花有限公司，计划注册资本为10万欧元，预计总投资100万欧元，该公司主要在德国从事鞭炮烟花的进出口和经营销售，预计在投资后第一个经营年度即07年可实现税后利润约16.48万欧元(折合人民币168.07万元)；08年可实现税后利润约28.18万欧元(折合人民币287.42万元)；09年可实现税后利润约39.88(折合人民币406.78万元)。

3、开拓生产经营：公司将积极拓展生产经营领域，充分利用国家扶持高科技产业的优惠政策，联合科研院校，涉足高新技术产业，适时通过并购、联营、合资、合作等方式扩大企业规模。

4、重组概念：广州攀达国际投资有限公司通过受让浏阳市财政局持有的公司股权，此前还通过司法拍卖收购公司股份，成为浏阳花炮第一大股东，在此之前广州攀达旗下公司也是以烟花业务为主，其入主后，除注销部分公司外，主要烟花业务并入公司，大大增强了公司的市场力量。

风险提示：

人民币升值，原材料涨价以及海运费用上涨。

相关板块：

化工

【出处】顶点财经【作者】

此处最大要点就是国庆60周年其可能承办烟花典礼这一题材，但不管如何，如果落实到具体业绩上，那依然是相对有限的。所以，结合其本质，现在的疯狂炒作已经进入题材大过实际的状况

图 218

【2.港澳投资圈点】

【2009-04-22】港澳资讯提供：

F10中的“港澳分析”

熊猫烟花(600599)

投资亮点：

1、公司是我国最大的烟花生产企业，形成了开发、生产销售烟花鞭炮及其原材料的体系，行业垄断优势明显。

2、燃放业绩增长较快。公司近年通过收购、组建专业燃放公司，加强专业燃放队伍建设，调整营销策略，使公司燃放业务保持快速增长，初具一定的品牌效应和知名度。

负面因素：

金融、经济危机导致国外订单需求下降，进而对业绩构成拖累。

综合评述：公司作为我国最大的烟花生产企业，经过长期发展，已形成了开发、生产销售烟花鞭炮及其原材料的体系，行业垄断优势明显，具备一定的抗经营风险能力，可适当关注。

没有什么新的信息，都是反复强调那几个卖点，这也从一个侧面说明熊猫烟花的题材也就这么多，再怎么挖也就这个样子。关键还是未来其能否质变

图 219

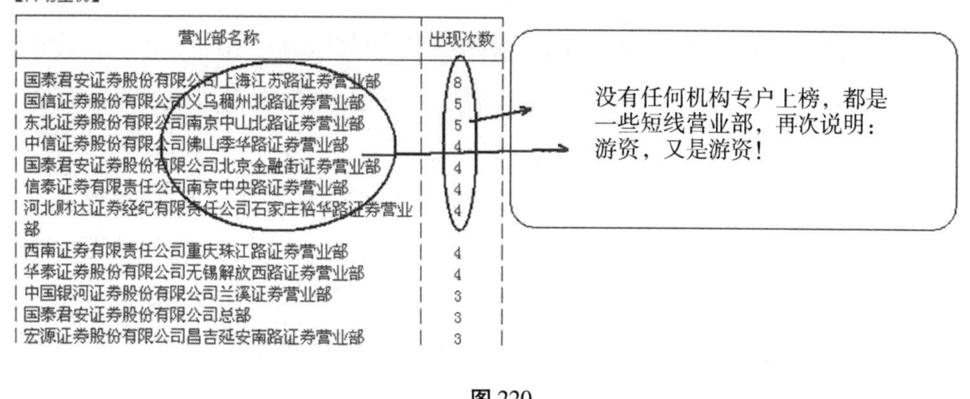
【异动上榜】

营业部名称	出现次数
国泰君安证券股份有限公司上海江苏路证券营业部	8
国信证券股份有限公司义乌稠州北路证券营业部	5
东北证券股份有限公司南京中山北路证券营业部	5
中信证券股份有限公司佛山季华路证券营业部	4
国泰君安证券股份有限公司北京金融街证券营业部	4
信泰证券有限责任公司南京中央路证券营业部	4
河北财达证券经纪有限责任公司石家庄裕华路证券营业部	4
西南证券有限责任公司重庆珠江路证券营业部	4
华泰证券股份有限公司无锡解放西路证券营业部	4
中国银河证券股份有限公司兰溪证券营业部	3
国泰君安证券股份有限公司总部	3
宏源证券股份有限公司昌吉延安南路证券营业部	3

图 220

面对小盘股，财务分析会让我们看透其本质，阶段性把握机会。

很多人，一旦小盘股疯狂起来，想象力就会变得无限丰富，对小盘股的未来充满憧憬，以至于其价格早已脱离“本身的价值”也浑然不觉，还总以为这仅仅是开始。疯狂的市场容易让人盲目，怎么样才能让人在疯狂中保持一份冷静呢？除了本身的心理素质要好外，“财务分析”这个环节也是让人看过后能够得以冷静的环节，尤其是小盘股，是非常有效果的。记住，当你觉得小盘股太疯狂，有点难以自已的时候，不妨好好去看看 F10 中的“财务分析”。

正如熊猫烟花一样，本身属于非常传统的行业，虽然财务里的不少数据都比较好，但本质是资产总额不到 3 个亿的上市公司跟一般的民营企业是很相似的，成长性看得到的背景下，股价过度炒作你说能没有泡沫在里面吗?!小盘股是机会也是风险，机会过度疯狂表现的时候往往就是风险凝聚过程，一旦市场出现微妙变化，最终跌起来也将异常凶悍。所以，如果纯粹以基本面去看待小盘股，很多人是无法看透的，只能结合技术面适当地参与波段性机会。当然，除非你发现一个公司很可能现在小，但未来有可能成为为微软或者 GOOGLE 这样的大企业，你可以采取大胆长期持有的策略。但是，这样的公司万中也难有一呀。所以，一般情况下，还是少做白日梦为好，更多的还是做一做阶段性机会则可。

因此，一般情况下，面对小盘股，一般原则就是：适当仓位把握阶段性机会，除非确实很有把握，才采取重仓策略。

虽然小盘股有时候会有很多消息，也是真真假假，但是在主流研究机构眼中，很多小盘股还是很难入其法眼。道理有两点：

一是确实觉得小盘股太小，没有太大的研究价值。

二是研究机构的服务对象是主流运作机构如基金等，它们对小盘股的兴趣小，在“客户就是上帝”的理念的制约下，也会缺乏对小盘股研究的欲望，顶多就是适当点评一下。

因此，我们在看待小盘股里的“百家争鸣”等信息时，要想发现主流研究机构对其的重要研究报告，不是很难的，请不要抱太大的期望。（这里所谓主流的研究机构是指券商等）。当然不少服务大众的咨询机构倒是会反复点评的，不过那些点评更多的也是流于表面，对一些题材或技术的深度研究分析，难以做到如主流研究机构那样入木三分。

所以，在面对这些研究分析的时候，尤其是小盘股，我们需要有更多自己的思想，千万别被那些外在的题材蒙蔽自己的双眼，那些都是过眼云烟，昙花一现，长久不了，真正要看的是其内在的经营！

10.“分红扩股”（图 221 至图 222）

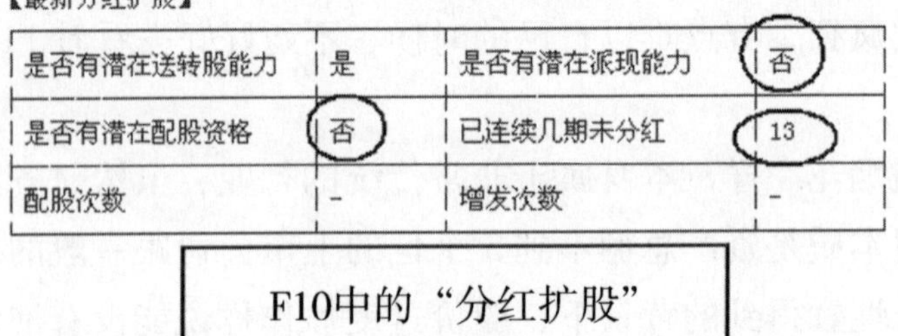

☆分红扩股☆ ◇600599 熊猫烟花 更新日期：2009-08-26◇ 港澳资讯 灵通V5.0

【最新分红扩股】

是否有潜在送转股能力	是	是否有潜在派现能力	否
是否有潜在配股资格	否	已连续几期未分红	13
配股次数	-	增发次数	-

图 221

【统计比较】

总融资额(万元)	22000.00
总派现额(万元)	2310.00
总派现额与总融资额之比	0.11
上市公司排名	1014
股本扩张倍数	1.52
上市公司排名	1122

总派现额与总融资额之比仅为0.11，少得可怜。这也难怪，上市以来就基本没有太好的日子，有段时间都还是ST品种，谈何分红啊。上市公司的排名也是相当落后的，不客气地说，等于是垃圾品种的状况。只不过，现在的公司出现了新气象，未来有质变可能

另外，这里最大的亮点就是其上市以来股本扩大比较慢，如果一旦进入新的发展阶段，那么，未来股本的迅速扩张是水到渠成的，那无疑多少会给其带来阶段性的炒作题材与机会

总体而言，这是垃圾中的战斗机，能否乌鸡变凤凰，是需要时间观察的，短期的疯狂只能说是题材大过实质

图 222

对于小盘股而言，“分红扩股”这个环节所透露的信号是非常有意思也是非常有价值的：

第一，透过这里你能够发现炒作的机会。

小盘股，很多时候，资金敢于疯狂炒作，冲的就是其股本一旦扩张带来的送转股机会。比如一个流通盘 1 个亿的股票，炒作到 30 元，看上去价格其实已经比较高了，但是，如果此时股本一旦扩张，比如推出 10 送 10 的送股方案，那么，结果变成如何呢？流通盘变成 2 个亿，但股价则变成 15 元了，看上去就不怎么高了，也就更容易完成疯狂后的套现了。所以，我们有些时候发现小盘股一涨起来很疯狂，尤其是在年报公布前夕，这背后有不少资金就是冲着年报有可能带来的送股题材而来的。

第二，透过这里你可以发现其中期是否真正具有希望。

辨别小盘股的中期是否有很大希望，在“分红扩股”中倒是有个非常简单的辨别方法。那就是看派现额与融资比例，如果派现额与融资比例远大于 1，这就说明该企业通过上市融资后，企业已经得到长足的发展，不仅把融资额全部返还给二级市场投资者，并且还大大超越。至于说有些小盘股企业长年不分红，或者说分红派现的额度远小于融资额度，这样的企业就等于长年停歇不前或者有所退步一样，仅仅是依靠所谓的重组题材或者低价题材等来维持其阶段性疯狂，这样的企业能真正具有希望吗？

11. “关联个股”（图 223）

【3.股本相近个股】 F10中的“关联个股”

股票代码	股票名称	总股本(万股)	实际流通A股(万股)
000004	*ST国农	8397.67	7030.74
000010	SST华新	14701.74	6779.38
000023	深天地A	13875.62	9183.47
000035	ST科健	15000.66	8539.26
000049	德赛电池	13682.92	7130.44
000156	*ST嘉瑞	11893.57	6393.57
000523	广州浪奇	17258.18	9415.44
000526	旭飞投资	9619.51	8018.13
000536	闽闽东	14466.08	6819.85
000555	ST太光	9062.77	9062.77
000582	北海港	14212.26	8369.87
000603	*ST威达	14036.25	5700.00
000622	S*ST恒立	14174.20	6596.96
000638	万方地产	15470.00	8840.00
000668	荣丰控股	14684.19	6982.89
000669	领先科技	9250.50	6529.47
000671	阳光城	16750.17	9436.78
000689	ST宏业	11128.00	4888.00
000710	天兴仪表	15120.00	6841.80
000711	天伦置业	10726.56	7869.56
000719	S*ST鑫安	12937.57	4917.12
000723	美锦能源	13959.92	7643.19
000802	北京旅游	13749.02	7209.71
000803	金宇车城	12773.09	9026.93
000810	华润锦华	12966.57	7650.93
000863	*ST商务	17462.03	7800.00

既然熊猫烟花可以阶段性疯狂，那么，按照这种思路，股本大小相近的品种，是否阶段性也有类似这样的机会呢？答案是肯定的。只是要有够好的导火索，不管如何，这个栏目，至少可能让我们更好地去寻找一些类似熊猫烟花这样大小的品种，从而把握一些机会
图中随便圈点的一些品种都是值得研究的。不过，不管如何，切记，小盘股的机会只存在阶段性，中期的风险依然是巨大的。一不小心，就可能深陷进去，千万别把小盘股当成唯一的选择群体，那最终会害了自己。你要知道，机构资金很少玩这些，一是不方便大资金进出，二则是本身品种存在的各种风险，一旦爆发会比中大盘股要大很多。小打小闹，可以适当进行一种机会捕捉，但如果真的是要大手笔运作，小盘股绝对不是最好的选择

图 223

小盘股联动式机会一旦启动，“战图”就在“关联个股”中获取。

小盘股的炒作氛围一旦形成气候，就很容易出现蔓延的态势。道理很简单，小盘股的上涨所需要的资金并不大，一旦市场投资者情绪被充分激发，市场运作资金此时就喜欢群起而动。各路英豪浮出水面，借助投资者起来的情绪采取联想式地刺激各个小盘股，从而获取更多的战机达到更为疯狂的

境地。

面对这种有可能发生的情形，作为操盘手，手中就必须要有一份比较全面的小盘股综合“战图”，其中跟阶段性市场崛起的龙头小盘股股本相近的个股，更是具有连锁反应式的战机。所以，在“关联个股”的资料中，找到股本相近个股这一小环节，在特定情况下，就具有了重要的“战机”意义。

如熊猫烟花，既然其阶段性已经爆发，那么，股本相近个股也就具备了研究价值。只是，不管如何，需要强调的是，这些所谓的机会都是阶段性机会，而且仅仅适合小打小闹快进快出式的作战策略，至于重仓参与运作或大手笔运作，其中蕴涵的风险一旦爆发有可能带来致命打击。因此，小盘股绝不是大手笔运作的最好选择，尤其是把握这种联动式机会更是如此，切记！

三、温故知新

（1）建立系统是要经历“有招”，最后才能达到“无招胜有招”。

F10 中一共本应有 16 个大环节，除去“风险因素”（因其所有内容基本都在“公司大事”或其他环节上重复，为避免太多重复而除去），所以只有 15 个大环节。在具体研究过程中，按照第一章从恋爱到结婚的过程，共分成十大部分，分别是：

第一印象（最新提示与公司概况）

开始了解（股东研究）

深入了解（主力追踪）

继续深入（公司大事与行业分析）；

回归现实（股本股改）

接触家长（高层治理）

了解家底（经营分析）

综合比较（财务分析、公司报导、百家争鸣与港澳分析）；

潜在能量（分红扩股）

全面感知（关联个股）

虽然不一定合理，也不是说一定要按照这样的顺序去研究“F10”，但这是为了研究起来更有系统与章法而设立的。

我的思路很简单，作为系统的建立，先要“有招”，等你到了最后达到相当的境界，就是“无招胜有招”了，怎么做都可以，但切记，当自己还没到那个境界的时候，需要经历个“有招”的阶段。(重复是因为重要)

(2) 好好温习八部分。

透过上面学习，我们不妨温习一下，综合起来共八部分：

第一，我们应该知道小盘股机会大但风险也大，机会更多的是阶段性机会，流动性不足的风险务必重视，千万别贸然过于重仓或大手笔，一旦陷入流动风险危机，很可能就是难以自拔的巨大风险。没有绝对把握，应该更多的都是蜻蜓点水，小打小闹地去把握其中蕴涵的机会。

第二，正是因为小盘股小，容易把控，所以有时候，环境还允许的状态下，比如大盘阶段性没有彻底进入熊市，小盘股往往敢于逆势冒险表演。此时的机会，有两种策略：要不继续空仓任由之，要不择轻仓把握下。最危险的就是重仓去博弈这个阶段的机会，毕竟风险第一，机会第二。

第三，千万别沉迷于小盘股，面对小盘股消息的三点建议：

①小盘股从不缺乏消息，别太认真。

②消息向来都真真假假，辩证对待。

③小盘股消息保持平和，逆反思维。

另外，除了消息外，对于小盘股要抓住其重点，这里也要注意的三点则是“净资产”、“业绩的增减状况”与“看看异动上榜的到底是何方神圣”。当然，可以说是第四点了，那就是小盘股中大股东进行过变更的是需要重点关注的，其实就是要重点研究下变更过的大股东状况。

第四，小盘股题材就是生命，其题材要不就是唯一没有对比性，要不就是有很多对比而成为重要行业中很有特色的一员。主流机构一般很少参与小盘股，但创业板是个特例。另外，学会从小盘股看似简单的“股东户数”与“户均持股”数据嗅出味道出来。

第五，面对小盘股的股本需要注意两点：①小盘股大多是“民营”。②小盘股的股本变化隐藏机会。正因盘小，股本才会具备更多的变化，不论“国有”还是“民营”都有着天生的变化欲望。

第六，判断小盘股董事长是否能够给上市公司带来阶段性机会的两原则：①董事长本身的背景与经历是否能够体现其折腾的能力，能力体现得越突出，那么，就越好。②董事长用人策略上面是否够灵活，甚至不拘一格。

人乃企业的根本，尤其是小盘股，有时候董事长可能影响一切！

第七，面对小盘股，财务分析会让我们看透其本质保持冷静，坚守阶段性把握机会为主的原则。

很多时候，小盘股都很难进入主流研究机构的法眼，这主要因为两点：一是确实觉得小盘股小而没有太大的研究价值。二是研究机构的服务对象是主流运作机构如基金等，它们对小盘股的兴趣小，在客户就是上帝理念的制约下，缺乏对小盘股研究的欲望，顶多就是适当点评一下。

第八，小盘股中的“分红扩股”环节能发现两大信号：一是能够发现其炒作的机会。二则是可以发现其中期是否真正具有希望。最后，小盘股联动式机会一旦启动，“战图”就在“关联个股”中获取。

（3）面对小盘股，强调态度与思路，跟资金大小无关。衷心希望用心写出来的东西能给人带来价值与收获。

为何很多人会输得很惨，甚至被市场所淘汰？不知道他们有没好好思考过，本质上就是太投机的结果，而小盘股一旦进入疯狂其实就是变成投机。所以，很多散户其实都是输在小盘股之中，输在重仓小盘股之中。有些人学习后总觉得自己是散户，资金有限，所以经常重仓小盘股无所谓。千万别这样想，一旦流动性风险爆发，那是非常恐怖的。虽然资金不大，但是一旦散户深套后不舍得走人的话，最终的结果就真的是难以想象，这跟资金大小无关。我强调是面对小盘股的一种态度，一种思路。

熊猫烟花是小盘股中比较典型的代表，学会举一反三，学习过程重在领悟，让其最终转化成为自己的能力，这样才是真正学到了。否则，看完后没几天就忘了，没有感觉了，那么，最终也就白看了。这是我最不希望看到的结果，衷心希望我用心写出来的、毫无保留的东西能够真正为投资者、操盘手或大学生等带来价值！

四、课后习题

（1）面对小盘股，在具体把握机会上，一般采取什么样的原则为好，为什么？

（2）如何面对小盘股的消息，什么是小盘股的生命？什么又是小盘股的本质？

（3）如何去发现小盘股的本质，董事长起到什么样的作用？

（4）能否找出10个具有重要“唯一”卖点的小盘股，并阐述其机会一般在什么时候把握比较好？

（5）研究小盘股的过程中，重点是什么，为什么？

（6）简要阐述小盘股与中盘股与大盘股的区别与共性？

（7）透过这里的学习，请问你现在研究小盘股的系统是怎么样的？

（8）透过这里的感受与学习，如果有收获的话，能否谈谈自己心得，以文字的形式（不少于1000字）的形态表达出来？

五、市场随笔

1. 浅谈短线

在股票的把握上，在具体的选择上，特别是短线，谈谈自己的体会。

要从盘面上发现是否有短期资金流入迹象，这在具体的盘面观察上，投资者不妨多从成交量这个角度去看，我选择的时候往往都喜欢从成交量突然暴增或者是持续一段时间成交量相比过去有不少增长的情况，因为这往往意味着有不少资金在持续介入。当然，这时候的股价也应该是保持一定的增长趋势的，或者说能够做到逆市不跌。有资金流入是否短线就一定启动呢？这还要从其题材的角度去分析，如果其一旦大涨起来的话，如果其基本面或者说众多题材足以支撑，你就应该高度关注并随时准备介入。当然，具体介入的价格可以从技术分析中利用日线结合分时图，这样去把握成功概率就更大了。

另外，我观察股票喜欢从一个大的角度去分析，从其大的格局中我发现确实有不少资金介入其中的话，再观察其短期的波动状况，如果短期有一定启动迹象，我可能会随时把握机会跟随进去。当然，刚才谈到的有一定短期资金流入迹象作为介入的前提条件，也可以从另一个角度去挖掘短线机会，那就是短期调整较为充分但量能极度萎缩的状况。当然，这个前提条件是你必须发现其是有不少资金早已布局进去的了。在这里，投资者要明白，既然中线资金早已介入进去，而且其题材也确确实实能够支撑其向上运行，那么短期量能的极度萎缩再联系调整较为充分，这就往往预示着短期抛压盘已经微乎其微了。那就是卖的人或者说做空的动能短期面临衰竭的阶段，这时候，一旦多方反动反攻，或者有资金适当介入进去，往往就会意想不到地持续上涨。因此，如果市场总体保持相对稳定，那么，这时候布局进去做个短线，获取一定收益，把握还是相当大的。

最后，在做短线的过程中，一旦发现自己买入的品种在短期出现滞涨时，不妨多从市场热点中去寻找更好的机会。

其实更好的机会有时候并不是很难挖掘，但最难的是在具体操作的过程中要有果断的判断，以及勇敢的动作，因为，一时的犹豫往往就有可能会丧失最好的战机。

2. 再谈短线

做短线也不要太“短视”。我觉得这是把握好短线的一大关键。既然自己看对了，也确实涨了有几个点，那么，这时候就要更有信心，在没有其他更好的短线品种出现的时候，不妨就再观察一下，别太早落袋为安，至少再等待一两天。

那么具体卖出的时机在什么时候呢？这点投资者不妨在接下来的一两天时间里密切留意其是否能成为短期市场的瞩目明星。这一方面要观察资金流入的状况，更为重要的是看其是否符合短期市场热点。如果符合，则不妨再多一分信心，否则就不要再逗留太长时间，把握好卖出时机随时介入新的目标品种，毕竟这是玩短线。在具体操作中，除非其接下来继续上涨的力度依然保持相当强的姿态，一般情况下，我都会考虑短线出局换股操作。具体在比赛过程中，由于我非常关注权证的短线机会，一旦我发现权证整体出现令我心动的操作信号，我往往会采取坚决在现价出局换品种操作的策略。

有时候会出现这样的情况，可能你卖了不久的品种，在你操作了其他品种后，发现它的短线机会又再次来临了，不过目前该品种的价格则早已高于你前期卖出的价格了，这是否要把握机会再次买入呢？我的答案无疑是肯定的。有很多人往往就是无法克服这样的心理障碍，担心自己买得比前期卖的价格高了就算是亏了。其实这是一种心理误区，要知道，你来到这个市场本质上是来赚取差价追逐利润的，既然它有提供这样的机会给你，可以让你买进去有机会达到目的，就是有机会可以以更高的价格卖出去，知道这点，这就已经够了。就算比起前期高了一倍价格，只要它的趋势依然向上，再买进去又何妨。毕竟你最终看的是股票市值的增长啊。

在股票操作上，一是选对了要敢于多观察一下，二是要密切观察是否具有持续大涨的潜力，如概率小则要准备出局把握其他机会，三是卖出后要敢于在接下来相对高位再接回买涨。

3. 股市如人生

股市起落犹如人生，起的时候看你是否能够把握机会，落的时候则看你是否能够积蓄好能量，为未来再次的起作好充分准备。现在是 2008 年 2 月 16 日早晨，我正在海南岛边，面对窗口呼吸着外面吹进来的海风，在对我们目前的股市作一点思考。

目前我们的股市正进入了一个相对低迷的阶段，股指从 6000 多点调整到现在 4000 多点，几乎就是 30% 的幅度。在这过程中，大部分品种都经历了不小的跌幅，对于一些在这过程中没能抵御住风险的投资者而言，无疑是残酷的，但这就是现实，博弈的市场中总是会有人牺牲的。当然，在这过程中也有极少数不仅能够抵御住风险，同时还抓住了一定机会。但类似这样的赢家毕竟是少数，这也是现实，不管如何，在这市场中最终的大赢家也注定就是少数人。

未来是否还要继续下跌，又或者是要面临着实质的反攻呢？这是仁者见仁，智者见智的问题。其实，在每一个市场的抉择期间，或者是每个点位上面，都面临着这样的问题，只不过有些时候显得比较迫切，有些时候显得比较缓和一点而已。在我看来，市场本身走势很大程度上最终受人的群体行为的影响，而人的群体行为又受到人本身的心理预期的影响。因此，在这过程中，本质上是由最终能够影响这个市场人的群体心理预期来影响市场波动的。为什么人群体心理预期能够影响这个市场呢？因为这个市场最终都是人在进行交易，而不是资金。市场最终只是会让这部分人成为大赢家，无他，因这是个充分博弈的市场，胜者最终必然是少数，这也符合自然法则与经济规律。

少数大赢家最喜欢的策略是什么？其实就是反其道而行，因为他们的对手就是大众，因为他们只有成为少数才能赢。当然，这并没有想象的那么简单，需要具体问题具体分析，但整体思路是这样的。因此，在目前这个阶段，多听听周围人的声音，看看是坚定看多的人多还是坚定看空的人多，又或者是不确定的人多，这里面其实就已经蕴涵着最终的答案了。当然，这仅仅是从人心理博弈这个层面去分析的，具有一定片面性，只有在特殊环境下才有实质效果。

这个时候，面对市场，我们需要考虑更多层面的问题，不妨再结合一下基本面信息，还有技术面信息。同时，也要把握好反其道而行的原则，就是当基本面已经坏了又坏的时候，可能就是要蕴涵转机的时候了，技术面分析也可以遵循如此思路。30%左右的回调，对于这个市场而言，调整是否充分呢？这是仁者见仁，智者见智的问题，不过，有点是可以做到的，那就是当确实有点看不透的时候，最好的策略是不妨休息，等待市场给出进一步明确的信号也不迟。股市也如人生，该休息就要学会休息，欲速则不达，以退为进也不失为大智慧。

在股市里，不仅你的内心起伏会很自然地反映进去，你本身的性格其实也会很自然的反映进去，什么样的性格就决定什么样的人生呀，也就决定你在股市中的操作思路，这或许就是股市如人生的真谛吧！

附录

如何看待F10中不同资讯的界面

最新提示	公司概况	财务分析	股东研究	股本股改	风险因素	公司报导	行业分析
公司大事	港澳分析	经营分析	主力追踪	分红扩股	高层治理	百家争鸣	关联个股

港澳资讯的F10各栏目总的页面，这是一般证券公司交易软件比较常用的，我用习惯了，所以“操盘论道”过程中的各个栏目名称都取自于此

其他软件其实都大同小异，只是栏目名字有所差别而已。学习是取其内在，而不是取其外在

最新动态	公司概况	股本结构	相关报道	公司公告	股改大事	财务分析	重要事项
持股情况	历年分配	分析评论	行业分析	经营分析	高管介绍	机构持股	关联个股

上面是维赛特资讯F10各栏目的界面，其实跟港澳资讯的界面大同小异，里面的内容也是如此，关键是要懂得怎么去看

重要的不是内容编排的形式问题，而是你对内容的解读方法问题

我一直都认为，软件只是工具，只是为了方便研究而已。如果说有什么好的软件能够吸引我，那肯定就是能够让我比较方便地研究的软件，仅此而已。现在一般证券公司的软件其实已经能够最大限度满足我的需求，所以，一般的交易软件对我来说，已经足矣。

我不知道 F10 栏目具体咨询提供商有多少，反正，在证券公司本身的交易软件里，我比较常见到的就是港澳资讯与赛维特资讯这两家，他们都具有大众化的特点。由于我本身用得更多的是港澳咨询的界面，为了让其他如赛维特咨询的投资者也能够更好地去理解这其中的差异，特在此做一些具体的提醒工作。当然，还有使用其他咨询界面的投资者，就不妨从这里的对比过程中，自己举一反三，融会贯通。

一、16 个小栏目

港澳咨询与赛维特咨询在 F10 栏目界面上都采用了 16 个小栏目的方式，

这点从上面的图的对比可以一目了然。

二、八个“等于”

港澳咨询与赛维特咨询在具体栏目上虽然部分名字有所差别，但其实都是一个意思，在此指出实际都为一个意思的对应栏目，左边为港澳咨询，右边为赛威特咨询：

“最新提示” ＝ “最新动态”

“股东研究”与“主力追踪” ＝ “持股情况”与“机构持股”

“股本股改” ＝ “股本结构”与“股改大事”

“公司报导” ＝ “相关报道”

“公司大事”与“风险因素” ＝ “公司公告”与“重要事项”

“港澳分析”与“百家争鸣” ＝ “分析评论”

“分红扩股” ＝ “历年分配”

“高层治理” ＝ “高管介绍”

除了上面列举的八个“等于”，其余栏目名字都一样，就不一一对应了。

三、虽然有差异，但更多的是统一

栏目下面的具体内容，当然每个资讯商提供的内容都会有所差异，但更多的是内容的整理与编排上面的差异，请放心，内容的核心都绝对是一样的，因为这些内容都是来不得半点虚假的上市公司公开信息内容，具有统一性。

当然，也会有各个资讯商本身的差异化信息栏目，这更多的就是体现在它们本身研究基础上的结论了，这就仁者见仁，智者见智，需要辩证参考去对待了。

总的来说，交易软件是不可或缺的，对待它的态度就是相信大众，跟随大众，大众的选择基本都差不到哪去。不管是什么交易软件，对 F10 的解读与把握都非常重要，外在的形式无所谓，重要的是你能获取其中内在的精粹，真正把 F10 看懂从而获取有价值的信息。可以说，F10 简单但又不简单！

后记一

吴国平转型新开始的自白

2016年5月，当我剃掉胡子的时候，其实已经暗示自己要面对新的开始、新的未来；当我站在北京私募国中岛发布会讲台上的时候，其实则已经确定要转型了；当我现在忙着梳理好自己私募国中岛的商业模式，准备第一轮融资的时候，则已经意味着自己已经在转型路上前行了。

一直以来，市场人士都知道我是一位基金经理，直接面对市场博弈。没错，这是我过去的主要角色，现在呢，要转变了，投资不是没有了，而是所占据的比例大幅度降低。比如过去我手中有10个亿，那么，可能8到9个亿是在我手上操盘的；现在呢，如果资金依然是10个亿，我最多拿1到2个亿操盘，剩下的资金会交给培养出来的基金经理手上，我更多的是充当一种协助的角色。我会转型为基金经理的导师、私募国中岛平台的设计师和运作者。

这对我来说，我想是一种水到渠成吧。这样的念头，其实很早就有，也一直在做，同时取得了一些成果。比如我公司的基金经理其实就是我这个导师一路带出来的，现在都可以独当一面，外派威海、参股私募公司的两位弟子陈波和陈旭，就是突出的例子。公司内部还有彭钦海，也是个出色的基金经理，风格相当稳健。这三位可以说是三大干将，从大概2010年熊市开始，一路磨炼成长起来的。

过去授课的时候，点拨的学生保持一定联系的也还有几十位，当然，他们没在我公司内跟随一起前行，他们在各自的地方自我成长。当然，贴身跟随在公司的学生虽然数量不多（目前大概5位左右），但也蛮有潜力。如果说三大弟子是第一批学生，这后面的就算是第二批学生了。看着他们成长，我也越发明白，一个稳健的平台对他们是多么重要的事情。

我公司目前的平台只是一个层次，现在我要打造的是整个行业的平台，这无疑更上了一个台阶，这样，我也才能把很多打造优秀人才的理念和方法更好地展现和推广出去，最终成就更多人，同时也最终成就自己。

跟过去做股票的区别，主要是这次面对的更多的是人，过去面对的更多的是股票。找到有潜力的人，跟找到有潜力的股票，很多逻辑是相似的。

这次转型的底气在于过去这个行业丰富的经历。历经几次牛熊，失败过也成功过，什么滋味都尝试过，可以说，我是最了解这市场的人之一。另外，自己一直也在培养人才，在推动金融文化方面沉淀了相当多的内容，可以说是推动资产管理和金融文化完美结合与健康发展的第一人吧。

不论横向还是纵向，我都有相当的核心竞争力，所以，转型做金融文化推广，也是相当具有竞争力的事情。人生嘛，总要不断向前，不断创新，投资是我一辈子坚守的事情，只是投资的模式改变了，从投资股票到投资人、打造平台、整合行业资源，最终一定能为这行业带来一种新气象，自己也乐在其中。为什么不遵从自己的内心，坚定地迈向新的未来呢？

我一直觉得，自己在资本市场一定具有非凡的价值，现在我更清楚地觉得，这非凡的价值对于我，不仅仅是资产管理的增值，更在于如何更好地去推动行业的资产管理增值，如何更好地让金融文化融入行业里，所以，我这最亲民的私募孵化和最干货的供应平台也就横空出世了。

我最终落地去做了这些事情，而且，此刻我如此坚定，感到由衷的高兴。不论未来如何，至少我遵从了内心，希望你也跟随我一起前行，为这个平台的精彩未来而努力！

（2016 年 5 月 27 日下午，杭州回广州的动车上）

后记二

我为什么是私募国中岛一定成功的核心竞争力

我是谁？我是吴国平。

看完简介，你应该知道，我蛮有特点，从千点牛市而来，经历几波牛熊，对行业生态相当熟悉，不仅对资产管理有相当丰富的经验，对金融文化则有其他私募所不可比拟的沉淀，这点是很明显的唯一性。

操盘规模和操盘业绩虽然目前算不上业内第一梯队，但结合目前拥有的优秀弟子和本身所沉淀的操盘能力来看，未来，那是迟早的事情。本身有巨大潜力，同时金融文化又有唯一性，你说，如果是股票，这不是很有机会成长为未来私募行业最牛的股票吗？你懂的。

做平台是需要整合资源的能力和天马行空的思维的，看看马云就知道了。在资本市场里长久折腾，是将资产管理和金融文化完美结合并推动发展的第一人，你说整合资源能力会差吗？天马行空的思维，这点，看看我昔日专栏的文章，还有长久跟随在我身边的小伙伴，包括很多媒体朋友，应该完全举双手双脚赞成才是。所以，两者我都具备，而且相当优秀，那么我做平台，做私募行业的平台、金融文化的平台、资本和金融文化相结合的平台，你说我会差吗？

这不是我一时的冲动，其实两年前，券商都还没有私募孵化平台的时候，我就有了，只是那时候时机不是很成熟，自己的思路也没现在那么清晰，也就搁置在那放着，自己也没真正当回事去做。现在，则是一种内心油然发出的情感，感觉这不仅是为了事业，还是一种使命。你想，如果做好了，对于私募行业，对于资本市场，难道不是一件非常有意义的事情吗？

两年前我有了这样的想法，那时候我没有落地认真去做，其实也是在等待市场是否有更合适的人去做。现在，两年时间过去了，我发现这个市场依然还处在混沌状态，没有真正有能力的人去做好这件事，你说，我此时不站出来，还什么时候站出来呢？

当然，这两年里，我确实也做了一些孵化的事情，比如在威海参股公司，就是一种孵化模式。当然，我是对自己多年跟随的弟子进行一种孵化，而且成功了。现在那家公司运作良好，等发行产品后，会是阳光私募大军里一支不容忽视的力量。

我还对一些多年跟随的弟子也进行了孵化，不过只是在公司基金管理层面上给予他们一定的机会，让他们可以更快地成长起来。走到现在，他们现在也是完全可以独当一面的大将。还有不少业内同行在地下私募转变为阳光私募过程中，也确实来找过我，请教我在资本市场成长的方式，现在，我也确实看到他们有些最终成长起来。为朋友在私募成长路上给点意见，其实早有之。还有更多的就是那些曾经上过我培训课程的学生，想走上私募之路的有一大群，都希望我能带带他们，原来没当回事，也没那么多时间，关注的重点也没在这里，所以有不少就搁置在那了。现在，完全不一样了，我真的从内心油然而发要去做好这个平台，这样我不是可以真正帮助到更多人吗？凭着过去的积累和沉淀，真要做好做大，舍我其谁嘛！

一切都是新的开始……

（2016 年 5 月 27 日下午，杭州回广州动车上）